Ruth Kölbl

Die Baumfrau

Ruth Kölbl

Die Baumfrau

Liebe zwischen den Welten

Heilung durch Transpersonale Klangtherapie

KOHA

Lektorat: Delia Rösel
Titelbild: Günter Hauer
Gesamtherstellung: Karin Schnellbach
Druck: Bercker, Kevelaer
ISBN 3-936862-51-6

Inhalt

Vorwort - Die Kunst des Lebens

Die künstlerische Kreativität hat sich für eine Zeitspanne von mehr als zwei Jahrhunderten in den Galerien verschanzt, in den philharmonischen Anstalten und Museen. Metropolen der Welt rivalisieren unentwegt darin, welche das herrlichste Kunstmuseum bauen würde oder das vornehmste Opernhaus. Hand ans Herz: Essind in derselben Zeit auch wunderbare Werke entstanden, sei es in der Malerei, Musik oder im Tanz.
Das Leben jedoch in uns und um uns herum stirbt. Tierarten sterben aus, Wälder werden gerodet, Wetterzyklen chaotisiert, Kräftegleichgewichte umgeworfen.
Das Bewusstsein der Erde wurde schon längst zum Schweigen gezwungen, nicht zu sprechen vom Zusammenbruch der zwischenmenschlichen Beziehungen, der sich durch Hungersnöte und Kriege offenbart.
Es ist an der Zeit, sich der Entfremdung zwischen Kunst und der mehrdimensionalen Wirklichkeit bewusst zu werden und aus der verheerenden Zwiespältigkeit herauszutreten.

Ruth und Wolfgang Kölbl haben eine besondere Form der Klangtherapie entwickelt, in der sich Kunst und Medizin, Heilung und Offenbarung untereinander befruchten und ergänzen können, um Hand in Hand den Lebensnöten der Mitmenschen zu begegnen.
Kunst gewinnt dabei die verlorenen Schätze zurück, derer sie durch den Verstand beraubt wurde: die Fähigkeit sich intuitiv an die Wurzeln der Konflikte und Traumen heranzuarbeiten, heilende Impulse in Schwingungen umzusetzen und die verlorene Lebensfreude wieder zu wecken.
Auch die Medizin gewinnt dabei etwas Kostbares: das Vorrecht sich mit der heiligen Matrix des Lebens erneut in das kreative Spiel einlassen zu dürfen.
Sich mit den subtilen Gemütsbewegungen der menschlichen

Psyche zu beschäftigen heißt jedoch nicht, dass die Dimensionen der Weltzusammenhänge vernachlässigt werden. In den winzig erscheinenden menschlichen Verklemmungen sind die Ursachen der planetaren Schicksalstragödien kodiert.
So freue ich mich, dass mit Ruth Kölbls Buch eine solche Kunst umfassender Heilung in die Welt getragen wird und viele Menschen daran teilhaben können.

Sempas, am 27.8.2004 Marko Pogacnik

1. Prolog

Wenn du dieses Buch in der Hand hältst, gehörst du zu denen, die mit uns den Weg teilen, Suchende auf dem Weg der Wahrheit, dem Weg der Freiheit und der Liebe, der Selbstentwicklung ins Licht, aus dem wir alle stammen. Dieses Buch ist Ausdruck des tiefen Dankes an all die, die mich begleitet haben, und Ausdruck der Hoffnung, dir auf diese Weise meine Erfahrungen und Früchte weiterreichen zu dürfen, wenn du dich für diesen Weg entschieden hast.

Als mein Mann Wolfgang und ich uns begegneten, war es wie ein Zusammenstoß im Weltraum, wo sich zufällig zwei Teilchen treffen, die sich vollständig verbinden und dann explodieren. Wir sind beide gleichen geistigen Blutes. Wir lieben es, quer zu denken und manchmal auch quer zu handeln. Wir lieben es, zwischen den Zeilen zu lesen, scheinbare Logik zu entlarven und der Logik wieder die Analogie an die Seite zu stellen. Wir lieben es dort nachzufragen, wo man üblicherweise aufhört zu fragen. Wir lieben es, aus der Matrix auszusteigen. Wir haben uns dem philosophischen Denken und dem künstlerischen Tun verschrieben und versuchen immer wieder, Kunst und Wissenschaft zusammenzubringen und die Grenzen des Denkens und des Schaffens zu erweitern.

Die *Lebenspraxis* ist uns zum *Prüfstein der Wahrheit* geworden und unsere medizinische, therapeutische und heilerisch-energetische Arbeit ist der Schmelztiegel, aus dem sich unser eigener Weg formt, der uns durch alle Dimensionen des Lebens und auf den Grund der Dinge führt. Dort sehen wir, was hinter all den Oberflächen und menschlichen Schutzvorrichtungen steckt. Der Körper lehrt uns etwas über die Seele und der Ausdruck der Seele über den Körper. Wer ist das Ich, das Selbst, das höhere Selbst; was ist Sinn; was die Wahrheit, die wir suchen; was steckt hinter den Symptomen einer Krankheit; wie ist der ganze Mensch davon betroffen, der eins ist, nicht ein geteiltes Wesen; was bedeutet Sein, was bedeutet glücklich sein...? Wir fühlen uns unterwegs, sind Suchende, die immer mehr in *die Öffnung der Wirklichkeit* gelangen, in der wir die vielen Wirklichkeiten der Wahrnehmung und des Daseins gleichzeitig erleben und in der sich die, durch unsere Vorstellungen und Glaubensmuster geformten Programmierungen zu lösen beginnen. Die Öffnung der Wirklichkeit schenkt uns die Erfahrung, in die eigentliche Freiheit und Liebe des Seins zurückkehren zu dürfen, zu Gott.

Es gibt nur eine Realität und die ist *symbolon* aller Realitäten, die der Mensch je auseinander dividiert hat. Der Geist manifestiert sich bis in den Körper und der Körper verfeinert sich bis in seine Energiefelder, die er ausstrahlt, bis zur höchsten Form seiner selbst. „Wer Augen hat, der sehe und wer Ohren hat, der höre." Sehen und hören zu lernen gibt es unendlich viel, von dem wir glauben, dass es dies nicht gäbe. Die Seele des Menschen schreit und drängt nach Vollendung und nach Auflösung der selbst gemachten Beschränkungen aus Angst, Wut, Trauer und Zorn. Steckengebliebene Gefühle drängen in ihre Ent-wicklung hinein, um sich zu entfalten und zu re-integrieren.

Der Weg der Selbst-Erkenntnis und des Heilwerdens zeigt sich als Weg ins Licht, in die Göttlichkeit, die jeder Einzelne als Funke in sich trägt. Der Weg zeigt sich als *Wiedererinnerung* und *Geburt* in die große Wirklichkeit des allverbundenen Seins, der Liebe. Therapie zeigt sich uns immer mehr – wie auch schon Sokrates die Philosophie einschätzte – als eine Hebammentätigkeit, als Geburtshelferin ins Leben hinein. Und hier verbinden sich wieder die großen Disziplinen des Lebens, die der Mensch von Alters her hervorgebracht hat: Medizin, Kunst, Philosophie und der Glaube, der immer schon die Basis aller Lebenseinstellung bildete.

„An den Früchten werdet ihr sie erkennen", ist nicht nur ein Wahrheitsprinzip, das Jesus zugeschrieben wird, auch viele alte Weisheitslehren und Philosophien verwenden dieses Energiegesetz als einen Prüfstein der Wahrheit. Dieser Satz hat uns auf unserem Weg begleitet und unser Vertrauen in die Arbeit gestärkt, wann

immer der Weg schwer war und uns außerhalb der ausgetretenen Bahnen führte.
Dieser Weg entwickelte sich zu einer Reise zwischen den Welten, wo das Bewusstsein lernte, sich zu erweitern und die Sinne zu verfeinern. Das Hören auf den Klang – wie er in allem erklingt, aber besonders in der Musik – erwies sich dabei als das eigentliche Werkzeug, um an das Ziel menschlicher Sehnsucht zu kommen: die Liebe zu finden und im großen Kreislauf des Lebens frei und leicht daher zu wandeln.
So kann Heilung von Grund auf geschehen, im Zustand der Bewusstseinserweiterung, der innere und äußere Wirklichkeit zusammenführt und emotional Verdrängtes integrieren hilft. Die Welt der Klänge wird zum Mittler zwischen beiden Welten und ist ein wunderbarer Weg für die Seele, sich zu entfalten und in der Öffnung beider Welten zu leben. Es gibt nur eine Wirklichkeit, aber die ist offen und transzendent. Körper und Geist sind eins und alles Körperliche ist auch immer von einen Geist beseelt. Wir müssen es nur „sehen" und „hören" lernen. Die Seele ist unser Vermittler. Sie schwingt, wenn Musik erklingt. Wir hören letztlich mit dem Herzen, so wie wir auch nur mit dem Herzen gut sehen.
Der Klang ist „das Tor in die Wirklichkeit", das Ohr der „Schlüssel" dazu. Die Reise hier wird zur eigenen Initiation, zum „Sprung des Ichs in die Wirklichkeit".

An dieser Stelle möchte ich all meinen Lehrern und den Menschen danken, die mir auf meinem Weg und so auch für das Zustandekommen dieses Buches hilfreich zur Seite standen. Eine persönliche Anmerkung noch zu meinen Lehrern, die manchmal gar nicht meine „Lehrer" waren, manche von ihnen sind längst verstorben, andere viel zu weit weg, als dass ich physisch je in Kontakt mit ihnen gekommen wäre. Und doch hat es diese „Lehrer" oder Begleiter gegeben, die plötzlich auftauchten und mir vielfach zur Seite standen, wenn ich sie brauchte, und zu denen ich im Laufe der Jahre eine tiefe Beziehung entwickelt habe,. „Gott ist groß", sagte einmal jemand zu mir, „wir kennen nie alle Pfade und Ebenen des Wirkens." Das ist absolut wahr. Und unser Verstand sollte sich vor dieser Wahrheit verneigen und sie anerkennen. Dann findet er seinen wahrhaften Platz im Verbund unserer geistigen und seelischen Fähigkeiten, die uns nicht nur nachahmen und erkennen, sondern schöpferisch sein lassen.

Mein besonderer Dank gilt so meinen Lehrern Dr. Josef Simon, Dr. Heino Moll, Gerti Emde, Ray Swartley, Dr. Valentin und Edna Hampjes, Nora Henke-Mayer, Maria Zielke, Eugen Müller, Dr. Peter Brunck ...

Wunderbare innere Führung und Unterstützung habe ich von meinen geistigen Begleitern erhalten, die mich vor allem eines lehrten: „Du bist frei! Und die Kehrseite der Medaille ist deine Verantwortung dafür! Nimm sie! Höre auf die eigene Stimme, so wie wir dich darin unterstützt haben und transzendente Erfahrungen ermöglichten, die sonst nicht möglich gewesen wären." In diesem Sinne danke ich Yogananda, Israel Kamakawiwo Ole, und Kazimoto, die mich inspirierten.

Mein lieber Mann Wolfgang Kölbl war mein bester Lehrer, was ein wahrhaft ganzheitliches und tieferes Verstehen der Zusammenhänge in der Medizin anbelangt. Seine liebevolle Begleitung meines Tuns, und seine fruchtbare Mitarbeit haben dieses Buch ganz wesentlich unterstützt. Unsere Beziehung, diesen geistigen Weg in Liebe miteinander zu gehen, wurde Teil des Buches. Wo immer es sinnvoll und bereichernd war, seine Sicht hinein zu nehmen, ist dies geschehen, und seine Texte sind namentlich von ihm gekennzeichnet.

An dieser Stelle will ich auch den wahren, und nicht nur fantastischen Büchern von Lynn Andrews danken, dem Geist ihrer alten indianischen Lehrmeisterinnen, die auch mir Lehrerinnen wurden und mir in der Traumarbeit viel Wissen erweckten, das in den Tiefen des Unbewussten versunken war. Rückerinnerungen haben tiefe Wurzeln, die von alter Zeit bis in die Gegenwart reichen und wirken. Im Inneren der Seele gibt es keine Zeit, alles was wirkt, ist jetzt.

Besonders danken möchte ich auch den Freunden und Helfern,

die vor allem durch ihr Interesse und ihre Vermittlung geholfen haben, dass dieses Buch ein Buch werden konnte, Paul Behrendt und Konrad Halbig.
Und ich danke meinen Eltern, die mir das Leben und ihre Liebe schenkten, früh den Sinn für Ethik weckten und für die Frage nach dem Sinn des Lebens –, dass es sinnvoll ist, „hinter die Dinge" zu schauen und selbständig zu denken, wenn man gut überleben will.

Ruth Kölbl

2. Prolog

Ein neues Zeitalter ist angebrochen.
Die Pforten der Wahrnehmung öffnen sich mit steigender Geschwindigkeit.
Begriffe von Raum und Zeit verschieben sich und werden frei verfügbar. Wirklichkeit wird immer mehr zu dem, was sie ist und weniger zu dem, was sie *sein soll,* weil wir es so wollen.

Die Entdeckung der Transpersonalen Klangtherapie ist de facto der „Sprung in die Wirklichkeit“. Es ist das Wagnis, der Mut zum Abenteuer, sich auf das Jetzt in seinen vielfältigen Dimensionen einzulassen, mit all seinen Facetten und Möglichkeiten. Es ist die Abkehr von überholten Glaubenssätzen, die einen Großteil der Wirklichkeit verschließen und uns glauben machen, das Leben sei mühsam, arm und grau.

Sobald sich die Pforten der Seele geöffnet haben für Toleranz, Güte und Verständnis, und das Flussmittel der Liebe verbindet, was getrennt erschien, bricht das neue Zeitalter mit Macht herein und berührt uns in der Tiefe unserer Seele. Damit wird die Wirklichkeit lebendig und erfüllt uns mit Kraft und Freude.
Das Einzige, was zu tun ist, ist *ja* zu sagen zu dem, was *ist* und es so sein zu lassen. Es geht nicht darum, die Wirklichkeit verändern oder gar „erledigen“ zu wollen, sondern sie in ihrer Tiefe und Bedeutsamkeit zu verstehen.

Jeder Gedanke, jedes Gefühl, auch jede *Ein-bildung* entspringen einer Wirklichkeit, die sich in eben dieser Form uns eröffnen will. Ein Bild, das wir nicht an uns heranlassen, das wir uns nicht *einbilden*, bleibt außen vor und kann nie in seinem inneren Gehalt verstanden werden. Ergreifen wir diese Chance der Einbildung, die sich in der Intuition mit der Wahrnehmung vermischt, machen wir

von innen heraus eine persönliche Erfahrung und erkennen etwas. So wird Wissen zur Gewissheit in Anerkennung dessen was ist, gerade weil es so ist. „Es ist, wie es ist", sagt Erich Fried in seinem berühmten Gedicht über die Liebe und legt ihr diese Worte in den Mund.
Das Geheimnis der Transpersonalen Klangtherapie besteht weder nur in ihrer Technik noch in der Wahl der zugegebenermaßen faszinierenden Instrumente, sondern vor allem in der Erlebnisfähigkeit des Augenblicks, in dem sich in analoger Form die Wirklichkeiten vielschichtiger Ebenen öffnen. Die Übersetzung dieser Form liefert uns unser Bewusstsein in Formen, die uns als „Bilder" und als „Geschichten" erscheinen.
Wie *wahr* diese Geschichten sind, hängt einzig und allein von unserer Fähigkeit ab, wie weit wir die uns geschickten Bilder und Erlebnisse glauben und akzeptieren können. Oft sprengen sie den Rahmen der uns bekannten Wirklichkeit. Glauben bedeutet Vertrauen. Und Vertrauen sagt ja und nimmt etwas wirklich an, auch wenn ich es noch nicht verstehen sollte.
Das Wirkliche erscheint im Innern der Seele, die allein imstande ist, aus diesen Bildern in symbolhafter Form ein Ganzes zu formen.
Gerade das Unaussprechliche der Wirklichkeit, das, „was zwischen den Zeilen steht" bestimmt den Fluss der Zeit, wie das Leben so weiter geht. Es wirkt bis ins Gefüge der Zellen und Organe hinein und bestimmt den Lauf der Gedanken und damit die Einsicht ins Lebendige selbst.
Möge dieses Buch jenen dienen, die bereit sind, sich von „weiblichen" und „männlichen" Emanzipationen zu lösen und vor allem in der Kraft der Vereinigung der Gegensätze, die geballte Ladung göttlicher Energie zu spüren.
Mögen sich jene daran erfreuen, die sich die Erlebnisfähigkeit ihrer Seele bewahrt haben und sich berühren lassen von der Kraft der Liebe, die zu suchen wir aufgebrochen sind.

Wolfgang Kölbl

Der Sprung durch die Zeit

Frei und leicht
im Lande der Zeit,
sprang ich einst
in die kleine Ewigkeit.
Die verwandelte sich in des Todes Reich.

Und die Welten teilten sich.
Fingen mich ein in ihrem Zwischenraum.
Schwebend leicht, die Glieder gebrochen und still.
Trunken im Nebelreich der großen Göttin.

Im Schoß der Erde landete ich
hielt die Zeit an in dem Glauben,
es werde besser, und ich wieder heil.
Wartete mit großer Sehnsucht auf die Wandlung der Erde
im Lichte der Liebe
die ich fühlte im meinem Herzen.

Doch das Vertrauen in sie und mich
war auf leisen Füßen entschwunden, -
eingegraben in der Zeiten Wunden.
Tränen schwemmten sie aus und machten rein,
Schickten die Erinnerung tief in die Erde hinein.

Heute ziehe ich mit meinen Füßen ihre verwandelte Kraft
durch diese Wurzeln hinauf.
Verbinde mich mit den Welten als der blühende Baum,
der im Reich des Vergessens still und langsam wuchs.

Jetzt streckt er seine Krone in den Himmel hinein.
Und sein Sonnenlicht erinnert mich,
wer ich bin:
Ein Kind des Lichts und der großen Göttin.
Ich verneige mich.

****

Frei und leicht wandle ich.
Lausche dem großen Geheimnis.
Mein Weg scheidet die Reiche, wenn es ist an der Zeit.
und fügt zusammen, was ist entzweit.

RK. 2003

Die Baumfrau oder der Sprung in die Wirklichkeit

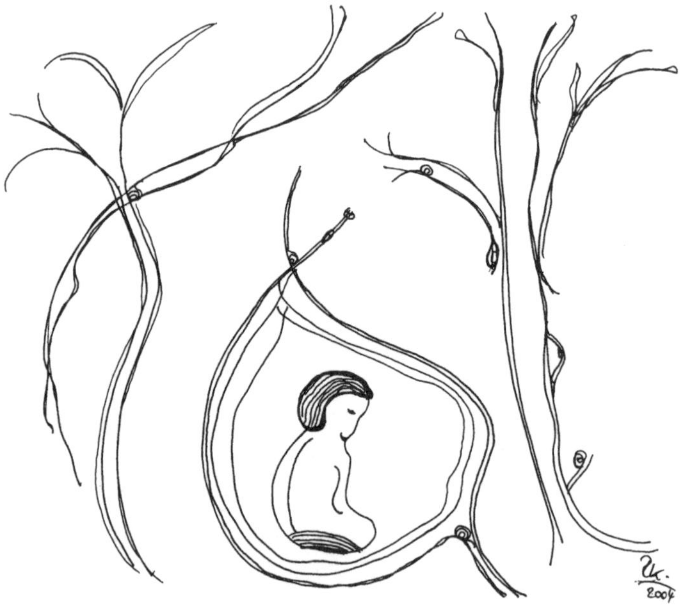

An einem feucht kühlen Novembertag stehe ich auf einer Waldlichtung mit Blick auf den See und zurück in den bewaldeten, felsigen Falkenstein. Alles ist feucht, der kräftige Waldboden rutschig mit seinem dichten Laub über dem verzweigten Wurzelwerk. Die alten Wurzeln scheinen sich hier mit dem Felsgestein vermählt zu haben. Sie wachsen in knorrigen Formen drunter und drüber mit eigenartigen Gesichtern an den Knotenpunkten ihrer langen Finger. Ausgewaschen wirkt die Erde zwischen dem schroffen Stein- und Wurzelwerk und doch sehr reichhaltig in ihrem weichen Erdreich. Jeder Schritt von mir sucht einen sicheren Halt auf diesem knorpeligen Waldboden, der sich unregelmäßig und doch kunstvoll wie ein Relief hebt und senkt. Langsam dringt die Sonne aus dem Nebel mehr heraus, und in ihrem Licht glänzt die Feuchtigkeit des Waldes wie kleine Perlen auf dem kräftigen Waldboden, der mit Heidekraut, Waldbeeren, verstreuten Farnen und hohen Gräsern bewachsen ist. Ein bunt tönendes Herbstpanorama bietet sich mir. Mein Auge schweift durch die Landschaft, ich halte in meinem Schritt inne.

Jeder Blick hier entdeckt Neues und keiner gleicht dem nächsten. Ich liebe diese Natur, die man schon seit langer Zeit in Ruhe sich selbst überlassen hat, was heutzutage schwer zu finden ist. Mit jedem Atemzug sauge ich die kräftige Luft ein, lausche den Vögeln und ihren Rufen, entdecke einen Bussard, der sich in die Lüfte erhebt und suche mir einen guten Platz und setze mich auf einen bequemen Felsvorsprung mit weiter Aussicht. Die Stille macht den Wald ganz lebendig, niemand ist jetzt mehr unterwegs. Der November ist, wie man sagt, die „tote" Jahreszeit, fast überall ist geschlossen. Der Hochnebel hängt häufig am Morgen zwischen den Bergen, später lichtet er sich dann, wie jetzt in diesem Augenblick. Ich genieße die Ruhe und Stille, die die Natur lebendig werden lässt. Sie hat jetzt in ihrem Verdorren die Kraft des Herbstes gespeichert und bereitet sich langsam auf den Winter und die Zeit des Schlafes vor.

Ich berühre das weiche Moos, das sich um die Wurzeln eines toten Baumes rankt und sich dort ausgebreitet hat. Hoch ragt der Baum mit breiten Ästen noch in den Himmel, eine alte ehrwürdige Fichte, die weit über den See geschaut hat. Er ist ein alter Wächter, der seine Aufgabe an eine jüngere Fichte weitergegeben hat, die direkt vor ihm hoch aufgewachsen ist. Wie so oft lasse ich meinen Blick über die Baumformationen gleiten und entdecke Gruppen oder Familien, wie sie sich lange vor dieser Zeit von selbst angesiedelt haben. Neben einer dreier und einer fünfer Gruppe von alten Fichten und Buchen fällt mir eine vierstämmige, vereinzelt stehende Hainbuche auf, die ganz mit Moos überzogen ist. Ihre Form der Stammbildung hat es mir angetan. Wie ein gleichmäßig sich öffnender Kelch entfaltet sie ihre alten Stämme in die vier Himmelsrichtungen. Sie trägt noch ihr Laub, das gelb und fahl leise im Wind raschelt. Ich setze mich in den Stamm hinein und lehne mich an, schließe die Augen und nehme einen tiefen Atemzug. Liebevoll begrüße ich sie mit einer Handberührung und nehme Kontakt auf, indem ich mein Herzzentrum öffne und zu lauschen beginne.

Sie ächzt und murmelt leise. Ich erkenne ihr altes weibliches Wesen und wir nähern uns an. Sie wiegt mich ein in ihrem langsamen Rhythmus wie die Großmutter ihr Enkelkind, das lauscht und ihr über die alten runzeligen, wettergegerbten Hautfalten streicht. Lebendig wird die Rinde, es zeigen sich Gesichter und jedes Gesicht hat seine Geschichte aus alter Zeit. So lange steht sie schon an diesem Fleck und hat vieles kommen und gehen gesehen, viele Jahrzehnte lang, bis in die Weite der Jahrhunderte trotzte sie dem Wetter und harrte aus. Ich bewundere sie, segne sie und nehme mir ein Stück ihrer alten Kraft, die sie tagein tagaus bewiesen hat. Auf einmal, ich will schon gehen, versinke ich in die Zeit und falle in eine tiefe Erinnerung, die sich wie aus einem Nebelschleier langsam lichtet. „Wer bist Du?“, spricht es zu mir. Es ist auf einmal die helle junge Stimme des Baumes aus alter Zeit. „Wer bist du? Erinnerst du dich nicht mehr, kleine Baumfrau?“ – Und ich erinnere mich, spüre meine alte Liebe zu dem Baumwesen, das mir einst Schutz und Geborgenheit bot, als ich ganz allein war, _ wie das Sternenkind auf die Erde gefallen – und mitten im Wald in der großen Höhle eines tausendjährigen Baumstammes lebte, einer alten, ehrwürdigen Buchenmutter, die neben einer Waldquelle stand und die Tiere versorgte. In einer kleinen Rindenmulde zu ihren Füßen gab es immer Wasser. Und die Baumhöhle wölbte sich wie der schwangere Bauch der Buchenfrau darüber. Dort hatte ich Zuflucht gefunden und mein bescheidenes Lager aus Laub und Stroh gemacht. Ich schlief im Baum und untertags sammelte ich Beeren und Kräuter. Das Gefühl tiefer Verbundenheit taucht auf und ist jetzt wieder neu erwacht. Und ich freue mich über die wiedererweckte Empfindung und betrachte meine große Liebe zu alten Bäumen, und ganz besonders zu alten Buchen, mit neuen Augen.

Wie so oft, wenn eine alte Erinnerung auftaucht, fühlt sich das Leben hinterher vollständiger an. Und ein Teil von mir kommt richtig an. Meine Intuition, mein Grundgefühl weitet sich um diesen Teil und ich gehe, nachdem ich mich verabschiedet und bedankt habe, beschwingt und besinnlich weiter. Und mir fällt der Satz von Platon ein: „Alles Erkennen ist ein Sich-Erinnern...". Und jedes Erinnern birgt eine Überraschung und ist zugleich etwas vertrautes, das sich in einen größeren Zusammenhang „betten" darf, – wie die Baumfrau sich als Einsiedlerin in den ausgehöhlten Stamm schmiegte.

Ich gehe weiter, suche den Pfad, wandle auf den Spuren des heiligen Wolfgang, der sich vor ca. tausend Jahren, hier auf dem Falkenstein am Wolfgangsee, aus dem Stadt- und Bischofsleben von Regensburg zurückgezogen hatte, um als Einsiedler im Wald zu leben und damit wohl seinem inneren Ruf gefolgt ist. Wie auch ich meinem Ruf gefolgt bin und immer wieder die Einsamkeit und die Verbundenheit mit der Natur suche, in der die Stimme des Einen lauter als sonst wo widerklingt und mich wie sein Gefäß zum Schwingen bringt, wenn ich lauschen kann. Wie ich einst das Lauschen zu lernen begann in solchen besonderen Momenten, in denen die Natur zu sprechen scheint. Deshalb bin ich hier, denke ich und gehe weiter über Äste und durch Sträucher, die den Weg überwachsen haben.

Der Pfad ist kaum zu erkennen im dichten Laub und in dem steinigen Auf und Ab der Schluchten alter Flussläufe und der zerklüfteten Berghänge. Mein Blick schweift unbehindert und sucht im offenen Gelände nach meist etwas verborgenen und abseits liegenden Kraftplätzen, wie sie durch besondere Baumgruppen, Mulden oder Bodenformationen gekennzeichnet sind. Ob der heilige Wolfgang wohl hier war, was hat er da getan, und wie hat diese

Landschaft vor tausend Jahren wohl ausgesehen? Ich träume mich zurück. Bei einem alten Flusslauf, der heute längst trocken ist, und dessen Flusssteine jetzt als Steig dienen, dessen Lauf aber noch gut zu erkennen ist, gelingt es mir und ich spüre die Urkraft dieser alten, felsigen und dichten Waldlandschaft und folge dem Fluss, wo er in den Wolfgangsee mündet. Wunderschön schaut es hier in der alten ursprünglichen Landschaft aus, viele ältere Bäume und mehr Durcheinander von lebendigem und totem Baumbestand! Die Bäume sind von jung bis ganz alt alle anwesend! Welch ein lebendiger Austausch unter ihnen und welcher Reichtum für mein Auge! Wir haben ja inzwischen die Alten fast alle ausgerottet in unserem profitorientierten Nützlichkeitsdenken und dann junge Bäume, meist schnell wachsende Fichten, meist in soldatischer Manier, in Reih und Glied und viel zu eng gepflanzt, man nennt es: aufgeforstet. Und ich tröste mich hier an der noch vorhandenen Schönheit und Wildheit am Falkenstein. Ob der heilige Wolfgang da wohl ein wenig mithilft?

Während ich so einige Tage auf allen verborgenen Pfaden, abschweifend vom offiziellen Pilgerweg, gewandert bin, habe ich mich im Stillen öfter mit dem heiligen Wolfgang unterhalten. Schließlich ist er mir auch über seinen Namensvetter Wolfgang, meinem wunderbaren Mann in Liebe zugetan. Auch wurden wir von einem Freund und Namensvetter Wolfgang, einem Benediktinermönch und Priester, der seinem Namen alle Ehre macht, getraut und haben uns dann schließlich selbst getraut, *unseren* Weg zu gehen, genauso steinig, steil und schön, wie ich jetzt auf den Spuren des alten Heiligen wandere. Wenn der heilige Wolfgang da nicht sowieso vorherbestimmt wäre, in mein Leben zu treten: Jetzt bin ich da, dies nachzuholen – an einem ganz bestimmten Punkt in meinem Leben, vielleicht an einer Wetterscheide oder einem Sattel angekommen, wo sich das Wetter oder die Gehrichtung oder die Befindlichkeit ändern.

Was suche ich hier? Was bewirkt die kleine Pilgerreise gegenüber der großen, auf die wir uns alle eingelassen haben, als wir in dieses

Leben getreten sind? Ich freue mich, weiterzugehen. Der Pfad, den ich ständig neu suche, so wie es der Augenblick mir rät, ist voller Geheimnisse. Das ist es, was ich liebe. Und wenn das Dunkel sich lichtet und ein kraftvoller Ort mit schöner Aussicht erscheint, dann fühle ich mich ganz verbunden und getragen im Hier und Jetzt. Diese kostbaren Momente hebe ich wie Steine vom Wegrand auf, die ich mitnehme und denen ich später einen besonderen Platz gebe.

Der Steig führt mich auf dem Kamm des großen Felsgesteins in Ufernähe weiter. Die Sonne steht schon tief, das Licht hat sich verändert und ich bin mitten im Wald und zwischen den Dörfern. Der Boden ist sehr steinig und verwurzelt und es geht rauf und runter mit vielen Windungen. Zwei alte, knorrige Fichten säumen hier oben den Pfad und bilden ein eigenartiges Tor gen Himmel, wo der Weg in einer Kurve zu verschwinden scheint. Weiter unten taucht er wieder auf und verschwindet erneut. Ich schreite ganz bewusst hindurch und denke dann an den Rückweg, für den es langsam Zeit wird. Nachdem ich mich noch ein wenig umgeschaut und die tiefer hängenden Schatten beobachtet habe, das Abendrot ist jetzt dunkelblau abgetönt, durchquere ich nochmals diesen etwas unheimlichen Ort und gehe zurück. Die Nacht erzählt von Schatten, die unerkannt bleiben wollen, und etwas zerschlagen wache ich am nächsten Morgen früh auf.

Gegen meinen ursprünglichen Plan beschließe ich, noch einmal den Falkenstein aufzusuchen und dort weiterzuwandern, mich einfach führen zu lassen.

Heute ist das Wetter grauer und es sieht nach Regen aus. Ich bahne mir heute einen eigenen Weg zum Hochzeitskreuz, das an einem besonderen Platz hoch über den Felsen direkt am See steht. Es geht die Sage, dass hier vor langer Zeit im Winter eine ganze Hochzeitsgesellschaft aufs Eis hinausgetanzt, dann eingebrochen und ertrunken sein soll, wobei sich das Hochzeitspaar selbst glücklicherweise auf den vorgelagerten flachen Felsen, der jetzt grünlich durch das klare Wasser hindurchschimmert, retten konnte. Gestern war es hier sonnig und ruhig, eine Idylle der Kontemplation, heute komme ich von einer anderen Seite, alles ist grau eingefärbt. Ich schaue mich mit neuen Augen um, fotografiere die besonderen Baumformationen und Wurzelgestalten, die sich den ganzen Hang breit gestreut hinaufziehen. Das Ufer fällt hier fast senkrecht in großen Felsblöcken ab. Und der See hat richtige Höhlen unten aus dem Gestein ausgewaschen. Als ich mich mit dem Rücken zum See drehe und aufwärts steige, höre ich ein merkwürdiges Pfeifen und dann ein Klatschen, fast wie Kindergeschrei, und ein kurzes Rascheln, als sei jemand direkt hinter mir. Ich erschrecke und drehe mich schnell um, aber es ist niemand zu sehen. Ich spähe in die Landschaft, ob irgendwo Menschen auftauchen, doch niemand ist zu erspähen. Immer wieder, in unregelmäßigen Abständen, ertönt das pfeifend aufweinende Geräusch und ich beginne mit den Augen nach der Herkunft zu suchen: Ist es ein Tier? In der Stille trägt ein See den Schall sehr weit, sage ich mir zur Beruhigung. Das Klatschen scheint von den unruhigen Wellen zu kommen, die heute besonders gegen die Felswände zu schlagen scheinen, so als würden sie etwas erzählen. Ich lausche. Es klingt sehr lebendig und es hallt eigenartig, so gar nicht nach bloßem Wellenschlag. Wo ich auch stehe, beide Geräusche wechseln sich unregelmäßig ab und holen mich immer wieder ein. Von hinten scheint es erschreckend nah auf mich zuzukommen. Mir wird Angst und die unheimliche Stimmung legt sich über die ganze Natur, die grau eingefärbt erscheint. Nur Blätter sehe ich fallen und Vögel gleiten durch die Luft. Leise bewege ich mich und lausche durch den Nebelschleier der Angst hindurch.

Dann kehre ich diesem Platz den Rücken und steige den Pfad weiter aufwärts, direkt am steil abfallenden Ufer entlang. Jetzt, wo ich mich von diesem Platz abgewandt habe und nicht mehr hinschaue, habe ich den Eindruck, ganz verschwommen, wie aus ferner Zeit, Menschen im Wasser strudeln zu sehen, die am Ertrinken sind; immer wieder dringt ein Schrei hierher und auch die Tiere sind unruhig und laut, schreien mit, eine eisige Nacht. Ein Schauer rinnt mir durch den Körper, mein Mitgefühl lässt mich eine Sekunde lang eintauchen. Und genauso unmerklich verblasst dieser Sinneseindruck auch wieder. Aber das Erleben klingt nach, und die unheimliche Stimmung bleibt erhalten. Ich finde etwas höher eine merkwürdige Mulde im Hang, die etwas erhöht liegt, nicht ganz einsichtig und ruhe dort vom Anstieg ein wenig aus. Wie ein Elfenplatz sieht es aus, die lockere Anordnung der Felsensteine, wie von oben in die Mitte geworfen und an den Seiten an den Stümpfen noch erahnbar eine alte Baumgruppe, die den Platz bewachte; jetzt zum Teil umgeknickte, ganze Laubbäume, die den Zugang versperren. Junge Bäume und Sträucher sind überall hindurch gewachsen und die ganze Mulde ist dicht eingewachsen und sehr feucht. Mit einem Gruß und einem Zeichen meiner liebevollen Ehrerbietung den Naturgeistern gegenüber, bitte ich um Zutritt und stelle mich ganz in die Mitte der Mulde. Wie ein Baum strecke ich meine Arme zum Himmel, atme tief ein und aus und verbinde mich mit meinen Wurzeln in der Erde und dem Himmel über mir. Dieser besondere Ort lädt dazu ein, sich zu öffnen, dies zu tun und ich traue meinem Gespür und meiner Liebe zur Erde und den Pflanzenwesen, die sie besiedeln und schützen. Wie ein Trichter sich nach oben öffnet, öffnet sich über der Mulde spiralförmig ein Energiefeld, wo sich kosmische Kräfte mit den Erdkräften verbinden können. Es gleicht einem Kanal, durch den besonders hell schwingende Energie zu fließen scheint.

Ich beobachtete dieses Phänomen schon an ähnlichen Naturplätzen, oft sehr verborgen und durch quer oder wie „Durchfahrt verboten" im Weg liegende Baumstämme geschützt und erkundete ihr Kraftfeld durch meine Konzentration auf die feine Sinneswahrnehmung. Oft ist es durch Sonnenlicht oder Mondlicht verstärkt wahrnehmbar. Mit der Erlaubnis der Naturwächter dieses Platzes ist es ein besonders auftankendes Erleben, mich hier zu verbinden: einfach eins zu sein im tiefen Atemzug mit Mutter Erde gemeinsam, auf der ich stehe. In diesem Augenblick gibt es nichts anderes als einfach „Da-Sein". Und ich danke für diesen Moment der Rück-Verbindung, der eigentlichen „religio", die keine Trennung kennt und still im großen Tempel der Mutter Erde stattfinden kann, wenn ich das hindurch schwingen lasse, was da ist. Das Lauschen hat mich etwas über das „Sehen“ gelehrt und das Lauschen ist mir ein Prozess geworden, langsam mehr und mehr „mit dem Herzen für wahr zu nehmen“. Wie lange sind wir schon auf diesem Weg, das Lauschen zu lernen? Mit dem Wanderstab des Wissens, das ich erfahren habe und der feinen Melodie der Sehnsucht im Herzen? Mein Leben fließt in diesem Moment durch mich hindurch, öffnet sich in dem Trichter des Lichtes, in dem ich gerade stehe.

Und ich schaue auf den Beginn meiner Reise, als ich ein Kind war, das älter wurde und lernte, mit seiner Kompliziertheit und seiner Verträumtheit zurecht zu kommen. Meine Liebe zur Musik und das Lernen durch die unendlichen Klanggestalten der Musik war der erste große Abschnitt meines Wanderlebens auf der Suche nach meinem Sinn, hier auf der Erde zu sein. Die Traumwelt schien mir sehr weit entfernt, wie ein verlorenes Land, in das man sich leider nur zum Träumen zurückziehen konnte. Die Wirklichkeit schien dagegen wie ein Korsett, so „real“ und nüchtern, aus harten Fakten zu bestehen, die einschränken und fordern, was zu tun ist. Ich habe lange gebraucht, um auch hier meine Illusionen zu stürzen und meine Glaubensvorstellungen zu lösen. Die Wirklichkeit ist weiter und freier geworden, weil ich selbst freier geworden bin, vor allem von meinen selbst auferlegten Einschränkungen wie etwas zu sein habe. *Es ist*, was in mir ist und was ich wahrnehme. Traum und scheinbare Wirklichkeit sind wie Tag und Nacht *der einen Wirklichkeit*, die wir haben und gestalten: die Wirklichkeit als Traum und den Traum als Wirklichkeit! Es versteht sich scheinbar so leicht und ist doch im Tun noch lange nicht für wahr genommen. Das Gleichgewicht ist ein feiner Pfad, so fein wie das Glück zerbrechlich ist und zart wie Schmetterlingsflügel.

Und ich atme tief die würzige Luft des eingesenkten Ortes hier am Felsenhang hoch über dem Wolfgangsee. Die Einsamkeit ist heilsam wie die Luft und meine Bewegung. Gestärkt gehe ich weiter hinauf und bemerke nach einer Weile, dass ich meinen Freund, den am Wegrand gefundenen alten Stock, meinen Wanderstab, vergessen habe. Da er mit mir schon eine ganze Weile mitgewandert und mir ans Herz gewachsen ist, gehe ich zurück zur Mulde und hole ihn. Mit meinem alten Stock, der mehrfach ganz weich gewunden ist und sehr kräftig im Holz, oben mit einer Gabel geschmückt und ganz glatt und fast weiß, entblättert von seiner Rinde, fühle ich mich wieder vollständig und gut gerüstet für den weiteren Anstieg kreuz und quer über den Falkenstein, wo weiter hinten gelegen auf einer geschützten Lichtung, fast einem Hochtal, der heilige Wolfgang gehaust haben soll.

Meine Nase soll mich führen, nachdem ich mir in den letzten zwei Tagen eine grobe Orientierung verschafft hatte und heute besondere Plätze aufsuchen will. Oft geht es mir so, dass ich etwas suche und mich auf den Weg mache, aber noch nicht weiß, was. Aus diesem Zufall heraus habe ich schon viele Erlebnisse gehabt, die sehr wichtig für mich wurden und mich im Inneren tief bewegten. Jedes kreative Tun, und wenn es das schlichte Wandern und Sammeln von Gegenständen ist, aus denen ich dann etwas forme, gebiert sich aus einem solchen spontanen Moment.

Weiter oben auf dem Kamm beginnt es so stark zu winden, dass die Vögel schreien und die Bäume zu ächzen beginnen. Die Blätter schaukeln wild im Wind. Es zieht sich dunkel zusammen wie vor einem Unwetter und beginnt leicht zu regnen. Da es beim Nieseln bleibt, gehe ich weiter und kehre nicht um. Oben auf dem Kamm ist es wild und ohne Weg. Es führt mich von hinten dann zur Lichtung herunter, nachdem ich einem wilden Auf und Ab auf dem vorderen Kamm des Falkensteins gefolgt bin. Hier unten ist es windgeschützter, sieht aber immer noch bedrohlich aus, wenn ich in den Himmel blicke, wo der Wind die Wolken türmt und jagt. Am Waldrand, bei einem Stein, entspringt die Quelle, die der heilige Wolfgang gefunden haben soll, indem er mit dem Stock gegen den Stein schlug, ganz wie Moses beim Auszug aus Ägypten, um seinen Schülern in diesem unwegsamen Gelände Wasser zu spenden. Weiter hinten auf dieser Lichtung hat man ihm zu Ehren eine kleine Kirche in die Felswand gebaut, in der Nähe seiner Schlafstätte, wo es merkwürdig runde Löcher in der Felswand gibt, die sich hier in der Höhe ganz stark vorwölbt. Als ich dort entlang gehe, ächzen die Bäume oben auf der Felswand ganz besonders laut und es fliegt ein Stein herunter. Er landet direkt neben mir auf dem Boden vor meinen Füssen. „Hallo", grüße ich nach oben zurück, wo der Stein herkam. Die Felswand rührt sich in ihrer gewaltigen Größe. Überall rieselt es und in den Spalten ächzt der Wind. Meine Füße finden den Weg von selbst, während mein Blick auf die erhabene Höhe der Felsenwand gerichtet bleibt. Der Geist des Berges scheint wach und mir seine Anwesenheit kundzutun. Mein Ich wird durchgerüttelt.

Die Quelle hat es mir besonders angetan, sie entspringt aus einem Felsen direkt über dem Boden der Lichtung und fließt leise und ganz langsam, aber eiskalt. Ein gutes Quellwasser. Als würde es seinen Wert hier an diesem Ort kennen, fließt es sehr bedächtig in einem feinen, dünnen Strahl heraus. Ich trinke es und fülle mir meine Wasserflasche. Es schmeckt köstlich, so richtig nach Wasser. Ich bleibe ein wenig und schaue dem Wasser zu, erkunde den Ort seiner Quelle, der vor tausend Jahren wohl ganz anders ausgesehen hat. Ein sehr alter Baum steht beschützend in der Nähe und die freigemachte Lichtung verwächst sich vor meinem inneren Blick eine Sekunde lang in ihre ursprünglich wilde Pracht von Fels und Wald, die heute von Menschenhand gerodet und gelichtet wurde.

In der Kirche, die noch einen alten Büßerstein rechts hinten in der nackten Felswand enthält, eine Art Durchschlupf durch die Dunkelheit, in der man seine Sünden lassen konnte, wenn man durchgeschlüpft ist, gelingt es mir zufällig, die Glocke dreimal hintereinander beim ersten Ziehen zum Klingen zu bringen. Dies soll Glück bringen und einen Wunsch erfüllen, ganz schnell wünsche ich mir etwas. Bald fröstelt es mich hier ein wenig und ich gehe rasch wieder ins Freie, nach unten auf die Lichtung. Da es schon spät geworden ist und ich Hunger verspüre, entscheide ich mich hinab zu gehen und am Ufer des Sees eine Jause einzulegen.

In der freien Natur sitzend, am besten in der Sonne, esse ich am liebsten. Jedes Butterbrot schmeckt im Freien besser als drinnen. Beim Hinabsteigen über den offiziellen Pilgerweg bemerke ich, dass der Wind und das schlechte Wetter schlagartig nachlassen, als ich tiefer komme und den Falkenstein verlasse. Hier ist es ruhig und wärmer. Die eigenartig bedrohliche Stimmung löst sich ganz auf und ich suche mir eine ruhige Stelle direkt am Wasser, einen flachen Stein zum Sitzen und packe mein Jausenbrot aus. Ich esse genüsslich und sinniere mit dem Heranrollen der Wellen noch über das, was ich gerade erlebt habe.

Später begebe ich mich ins Kloster zur Abendandacht und lausche aus dem Klang der gesungenen Psalmen in die Stille des Raumes hinein. Noch lange bleibe ich sitzen und schaue ins Dunkel bei Kerzenschein, der kleine Schatten in den Raum wirft. Diese Schatten wandern mit, als ich im Dunkeln auf mein Zimmer gehe. Ich schlafe bald ein, da ich rechtschaffen müde vom Wandern war. Mitten in der Nacht werde ich im Träumen wach und bin in einer anderen Wirklichkeit, tief hinabgestiegen in den Schlund eines alt vertrauten Gefühls. Die Schatten sind da und füllen die Dunkelheit aus mit einer Angst, die plötzlich mein Gleichgewicht außer Kraft zu setzen droht. Ich bleibe wie angewurzelt liegen und schaue in die Schatten hinein, die sich bewegen und tanzend mich fortziehen.

Von ferne dringt eine Geschichte an mein Ohr, es ist meine Geschichte, die mich an den Schauplatz eines alten Geschehens zurückführt. Die Zeit ist reif, wieder zu entdecken, was schon lange wartet, aufgehoben zu werden. Ich lasse los und werde auf die Reise geführt. Rote glühende Fäden leiten mich tief hinunter in den Berg aller Erfahrung des Lebens, die mein Geist- und Körperwesen je erlebt und gespeichert hat.

Herbst

So wanderte ich den herbstlichen Weg,
mein Kind spielend neben mir,
bald rechts, bald links zwischen knorrigen
Sonnenblumen und vertrocknetem Mais.
Die Stoppeln blickten nackt nach oben.
Die rotbraunen Blätter rascheln sich frei.

Der Wind zieht westwärts
dem aufgerissenen Himmel entgegen.
Schwarze Wolken greifen wie Finger
nach dem späten Sonnenrot.
Künden vom Winter, dem blattlosen Tod,
der heute wie eine Ahnung das letzte
blasse Blau streift.

Ich atme die kühle Luft
den reifen Duft aus feuchtem Baum-,
Blumen- und Wiesengrund.
Das Kind steht still.

Es klingt mit vollem Rauschen
jeder Baum, jedes Gras, jeder Berg
und des Himmels Kraft:
„Komm zurück!"
Es ist wohl Zeit.

Die ganze Natur ruft nach ihrem Kind.
Hier kann es sein. –
Es schließt sich das Jahr.
Bald wird es schnei´n
und frieren das Wasser zu Eis.

Das Heu ist drinnen und der Ofen heizt
Doch das Kind, – das schreit –
ich nehm´s bei der Hand
atme noch einmal den Duft meines weiten Blicks
der mütterlich schweift –
Zurück.

Bald sind wir daheim.
Ist es noch weit?

RK.1996

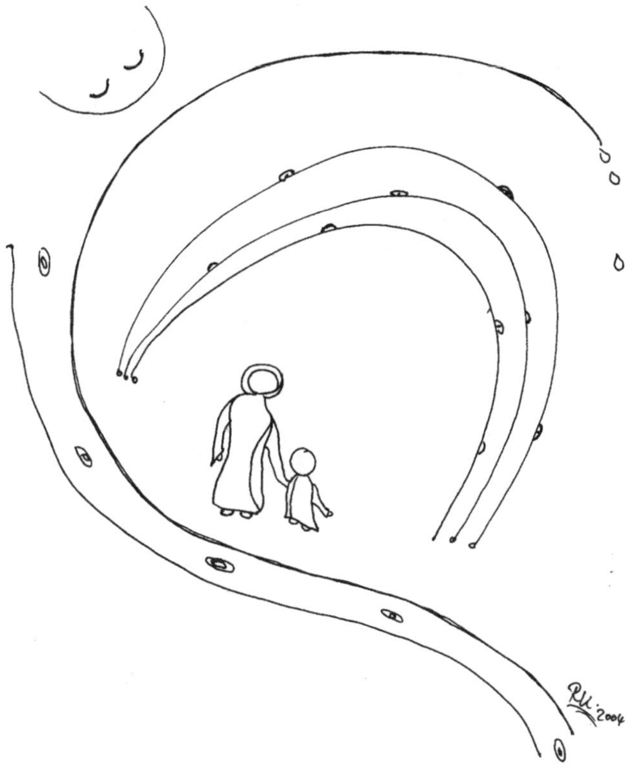

Das Wolfsmädchen

In einem Tal jenseits des großen Berges Simbakwetl geht die Sonne auf. Langsam erstrahlt das dunkle Grün der Gräser und Bäume des breiten Hochtals in glitzerndem Morgenlicht. Die Tautropfen lösen sich von den Blattspitzen und den Grashalmen, die sich im Wind wiegen. Shumai sitzt vor ihrem Tipi und raucht in aller Ruhe ihre Morgenpfeife. Diese hatte sie von ihrem Vater erhalten und hielt sie besonders nach seinem Tod und dem Tode der Mutter in Ehren, die bei einem Angriff durch einen anderen Stamm ums Leben gekommen waren. Sie ist inzwischen 19 Jahre alt und lebt seit dem Tod ihrer Eltern, jetzt schon 9 Jahre lang, in der Familie ihres Onkels Ontipe, springender Hirsch, dem Bruder ihrer Mutter Heowah, weiße Taube. Ihr Stamm der Tokomatl Indianer lebt schon seit langer Zeit hier in diesem Teil von Mexiko, im fruchtbaren und weit geschnittenen Hochtal des Mandak Flusses, das eine mittlere Hochebene bildet zwischen der Küste und dem Gebirge. Weiter gen Osten wird das Tal enger und hier verschwindet der Mandak in einer Felsenschlucht abwärts, wo sich der Fluss schon seit Alters her sein Flussbett geformt hat. In vielen Windungen zieht er dem Meer entgegen und schützt so das Hochtal der Tokomatl Indianer. Auf der westlichen Seite ist das Tal durch den großen Mandango, den heiligen Berg der ewigen Verzückung geschützt, dort wo die Toten ruhen und die Ahnen zu Hause sind in ihren heiligen Jagdgründen zwischen Himmel und Erde.

Ganz genau im Westen scheint es zwischen den Berggipfeln zweier alter Vulkane ein Tor zu geben, durch das immer schon die Alten, wenn sie starben, hindurchgewandet sind. Dieses Tor zur Anderswelt hatte Shumai immer schon interessiert. Oft betrachtete sie versunken die untergehende Sonne hinter den Bergen und schaute in den rot wie Blut gefärbten Himmel hinein. Vielleicht könnte sie einmal ihre Eltern dort erspähen, wie sie durch das Tor wandelten, um nach ihrer Tochter zu schauen, die sie früh zurückgelassen hatten. – Und so ihrem Schicksal übergaben. – Das Tor in die Anderswelt sah geheimnisvoll und einladend hell aus in den frühen Morgen- und Abendstunden. Eines Tages will Shumai, wenn viele Monde durch das Jahr gewandert sind, dorthin wandern und sich diesen Platz genauer anschauen, so wie sie auch früh schon Medizinfrau werden wollte, was ihr in ihrem Stamm aber nicht bestimmt war. Sie hatte viel von ihrem Großvater, dem Vater von Heowah, gesehen und sich mit den heiligen Riten beschäftigt. Auch sie liebt die heilige Pflanze Tabak, vor allem in Form der heiligen Pfeife, wie es schon ihr Vater Yokomachte, schwarzer Jaguar, getan hatte.

Shumai bläst weiße Wölkchen in den Wind und genießt den Rauch der Pfeife, der würzig die noch kühle Luft an diesem Frühlingsmorgen anwärmt. Das Feuer knistert im Tipi hinter ihrem Rücken und sein Rauch zieht durch die Öffnung oben hinaus. Die Pferde grasen friedlich an dem Fluss, der hier noch klein und ruhig durch die Wiesen zieht. Auch liebt Shumai besonders die Pferde, die so herrlich davon galoppieren, wenn sie übermütig sind und spielen, vor allem die Fohlen mit den staksigen Beinen. Heute geht Shumai mit anderen Frauen die ersten Kräuter und Beeren zum Trocknen sammeln, sobald die Sonne hoch am Himmel steht. Die Männer des Stammes sind beschäftigt, die Tipis nach dem Winter auszubessern und das Sommerlager vorzubereiten, Werkzeuge zu richten und Pfeilspitzen zu präparieren. Morgen gehen sie auf die Jagd. Es herrscht ein reges Treiben auf dem Dorfplatz, Maismehl wird gestoßen und es duftet schon nach Maisfladen und Hokaido-Kürbismus, süß und gewürzt mit den Frühjahreskräutern. Shumai, das Wolfsmädchen, denkt an heute Abend, wo sie sich mit Xanthos, Falkenauge, treffen will. Sie spürt ihren Bauch und atmet tief durch. Sie lieben sich schon seit einiger Zeit, wo er sie als heranwachsende Frau und sie ihn als herangewachsenen Mann angeschaut hatten. Leise hatte ihr Interesse füreinander begonnen, beim Wasser holen und am Feuer hatte er ihr manchmal geholfen und sie ihm beim Federschmuck für das große Sonnwendfest des letzten Jahres. Im Verborgenen hatten sie sich näher kennen gelernt. Ihre Zuneigung war inzwischen immer offensichtlicher geworden. Sie enthüllte sich mehr und mehr mit zunehmendem Frühjahr und dem wärmer Werden der Tage. Shumai fühlte sich frei und glücklich, sie liebte ihr Leben hier und sie war ganz selbstverständlich im Rhythmus Zeit und in der Gemeinschaft ihres Stammes eingebunden, wenn auch zwei dunkle Schattenwolken auf ihr junges Leben fielen, wo ihr Lebensgefühl nicht mit dem für sie bestimmten Platz in der Gemeinschaft übereinstimmte oder dieser ihr streitig gemacht wurde: Ihr Wunsch, Medizinfrau zu werden und ihre Liebe zu Xanthos Falkenauge, die von jemand anderem eifersüchtig bewacht wurde.

Trotz strenger Riten waren alle Menschen ihres Stammes an ein gutes Maß an Freiheit und Selbständigkeit gewöhnt, solange sie sich in die große Ordnung einfügten. Zeit bringt Weisheit. Und heranwachsende Kinder haben Zeit. Diesen Sommer würde sich alles entscheiden. Shumai glaubte an die Liebe und vertraute ihrer Stammesgemeinschaft, sie ist ihre große Familie. Es gab eine andere junge Frau, Hesioke, die Tochter des jüngeren Bruders Tamakse von Häuptling Tchochono, großer Jaguar. Tamakse war von hitzigem Charakter und ein Krieger. Seine Tochter Hesioke, Springkraut, war ebenfalls sehr an Xanthos interessiert, der ein liebenswerter Mann und schneller Jäger geworden war. Und ihre Eltern hatten deshalb schon seit einiger Zeit ein Heiratsversprechen gewünscht. Der Häuptling wollte darüber im Ältestenrat entscheiden lassen, da hierzu zwischen den Familien Uneinigkeit herrschte. Hesioke hielt fest an diesem Versprechen und wachte eifersüchtig über Xanthos und Shumai.

Falkenauge ging seinen Dingen nach und hatte keine Augen für den aufbrechenden Konflikt. Sein Vater war der Schwager von Tchochono, großer Jaguar, und seine Mutter Chajekwa war die Schwester des Häuptlings. Sie wollten beim nächsten Ältestenrat um die Zustimmung bitten, dass Xanthos und Shumai heiraten dürfen. Shumai vertraute auf ihren Großvater, der ihre Liebe sah. Da er ein Medizinmann war, hörte man auf seine weise Stimme im Ältestenrat. Auch hier wie überall im lebendigen Leben stoßen tradierte Formen alter Vorstellungen mit dem Inhalt des Lebendigen zusammen, wo das Leben selbst das Leben schreibt und neue Wege beschreiten möchte, und der Aufbruch in eine neue Zeit ist spürbar, wie es die alten Weisen vor langer Zeit voraussagten, noch vor der Aufteilung der Stämme, die in alle Himmelsrichtungen wanderten, wie es überliefert ist.

Im Wald beim Beeren sammeln träumt Shumai von heute Abend, wo sie Falkenauge treffen will. Als eine Träumerin verbringt sie Stunden im Wald und findet immer wieder neue Plätze, wo es etwas zu entdecken gibt, die anderen Frauen hat sie längst hinter sich gelassen. Gerade lauscht sie einem Vogel, der sehr klein ist und auf der Spitze einer alten Kiefer sitzt und zwitschert. Er hat eine rote Brust und schwarz-braunes Gefieder. Sie unterhält sich eine Weile mit ihm, es ist ein Weibchen, das singt, und ahmt die Vogelstimme geschickt nach. Schließlich fliegt der Vogel nach Westen weg, – nach Westen…?

So bahnt sie sich einen Weg zurück durch das dichte Unterholz, bis sie am Waldrand wieder ins Freie tritt. Große alte Bäume mit starken Zweigen säumen hier den Wiesenrand, der höher und direkt zum Osthang des großen Mandango führt. Sie verbindet sich mit ihrem Naturgeist der Kraft und lässt ihre graue Wölfin auf die Pirsch gehen, wie sie es schon länger nicht getan hat und genießt das Gefühl der Freiheit, mit der Natur ganz eins zu werden. Leise, ohne das ein Zweig knackt, schleicht sie durchs Gebüsch. Die Wölfin mit den mädchenhaften Wolfsaugen schaut in die Welt, die unberührt im Licht des fortschreitenden Nachmittags scheint. Weiter hinten an einer verborgenen Wasserstelle des Mantak Flusses entdeckt sie neben einem Baum einen menschlichen Schatten, der sich davonschleicht. Aber beim zweiten Hinschauen ist er schon verschwunden. Einen Augenblick rätselt Shumai, was sich dort bewegt hat, doch dann läuft sie weiter und mischt sich unter die Frauen, als sie wieder am Waldrand ankommt.

Sobald es dunkel geworden ist und die Familie ihres Onkels nach dem Abendbrot, es gab Dörrfleisch und Fladenbrot, beim Feuerschein zusammensitzt, sinniert sie über ihre Zukunft, endlich mit Xanthos zusammen sein zu dürfen. Das Leben fließt und es ist hier und jetzt. Shumai flickt ihr schönes Lederkleid, das mit Fransen und Perlen bestickt ist. Es ist noch von ihrer Mutter, als diese geheiratet hatte. Und es passt ihr genau. Shumai ist schlank und mittelgroß gewachsen, sehr biegsam und flink, was sie sich auf ihren Streifzügen durch den Wald erworben hat. Ihre Wolfsaugen leuchten und sind umrahmt von ihren langen dichten Haaren, die im Feuerschein schwarz mit einem goldenen Schimmer glänzen. Sorgsam legt sie das Kleid wieder weg. Sie fühlt ihr Herz höher schlagen, als sie an Xanthos denkt, sein Gesicht mit den ungewöhnlich hellen Augen vor sich sieht, und sein Mund lächelt sie an. Er macht seinem Namen alle Ehre und ist schon früh ein guter Jäger geworden. Sie lieben sich beide, was können da die Eifersucht der anderen Frau und ein dargebotenes Versprechen, das keine Gültigkeit hat, ausrichten?

In der Nacht, als alle in ihren Tipis sich niedergelegt haben und schlafen, kriecht Shumai aus ihrem Fellschlafsack und geht lautlos in die Dunkelheit. Sie ist mit Xanthos verabredet und sie treffen sich unter der alten Eiche an der Pferdekoppel. Ihre Hände finden zueinander und ihre Körper schmiegen sich zusammen an den Stamm der alten Eiche. Sie schauen ins Mondlicht, das sich in der Wasserstelle spiegelt. Sie schweigen und lauschen in die Stille hinein. Der Ältestenrat wird sich beim nächsten Vollmond zusammen setzen und das ist in drei Tagen. Ein Käuzchen schreit. Sie erzählt von dem Schatten, den sie heute im Wald gesehen hat, sie besprechen noch einige Dinge. Dann lädt Xanthos sie ein, mit ihm zu gehen. Sein Schlafplatz ist etwas abgeschieden, da sein älterer Bruder auf seiner Initiationsreise ist. Und wie schon öfter legt sie sich an seine Seite, zieht die Felldecken über sich und lauscht ihrem und seinem Herzschlag. Sie taucht in ihre Traumwelt ein, die unruhig wie im Feuerschein auflodert und aufflackert.

Die Nacht ist weit fortgeschritten. Plötzlich fühlt sie sich jäh von ihrem gemeinsamen Lager neben Xanthos hochgerissen. Grobe Männerarme und schwarze Schatten sind eingedrungen und ergreifen sie brutal. Mit blankem Entsetzen und aufgerissenen Augen ohne zu verstehen, was geschieht, versucht sie zu schreien. Aber ihr Schrei wird sofort erstickt, indem sie ein Tuch in den Mund gedrückt bekommt und an den Haaren und den Armen aus dem Tipi geschleift wird.
„Xanthos“, schreit sie heiser und ohne Stimme. Wo ist er? – Sie ist doch gerade noch neben ihm gelegen. „Xanthos!“
Jede Hilfe kommt zu spät, sie sind schon ganz in der Dunkelheit der Nacht verschwunden.
Zu den Pferden geschleift wird sie festgebunden. Sie reiten davon. Shumai zittert und weint, spürt ihren ganzen Körper zerschunden. Schock und Entsetzen machen ihren Geist unfähig, einen klaren Gedanken zu fassen, außer der verzweifelten Frage nach dem, was geschehen ist. Warum kommt Xanthos nicht? Kann er sie nicht finden? Eine lähmende und erstarrende Haltung überfällt ihren Körper und Geist. Sie fühlt sich ohnmächtig, unfähig gegen ihre Entführer anzukommen.

Jedes Zeit- und jedes Orientierungsgefühl hatte sie verloren während des langen Ritts durch die Dunkelheit und irgendwann kommen sie auf einer Lichtung an, höher in den Bergen als sie jemals war. Nichts ist zu hören außer dem Schrei eines Raubvogels und dem Zirpen der Grillen. Zwei Männer sind es, die sie hierher verschleppt haben, beide in schwarz-roter Kriegsbemalung, ihr kaum erkennbar oder will sie sie nicht sehen? Der eine ist sehr groß und kräftig, der andere kleiner und dünner. Ehe sie sich orientieren kann, wird sie vom Pferd gezogen und wie ein Stück Fleisch am Boden direkt vor einem Baum gefesselt und so fest angebunden, dass sie sich nicht mehr rühren kann. Wehrlos liegt sie ganz ausgebreitet an Armen und Beinen am Erdboden und flucht auf die zwei Männer, die sie quälen. „Jetzt kannst du keinen Unfug mehr anrichten und anderen Frauen den Mann wegnehmen, du Hure“, murmelt der große dunkle Mann, ein Messer zwischen den Zähnen. Er fesselt sie. Seine Augen funkeln stechend und böse, während sein Körper sie machtvoll zu Boden presst. Er ist ein Verwandter von Hesioke, den sie nur einmal kurz auf einem Fest gesehen hatte. Der andere scheint nur ein Begleiter, er hält Wache. Voll Angst fragt sie, was er tut. „Du wirst dafür bezahlen“, ist seine kurze Antwort. Als er fertig ist, unterhält er sich leise mit seinem Kumpan. Sie trinken etwas und lassen ihr noch etwas Wasser über den Mund tropfen. Eine Galgenfrist. Langsam begreift sie, dass sie vorhaben, sie hier allein zurückzulassen, gefesselt am Boden und der Sonne und dem langsamen Tod preisgegeben. Sie reißt an ihren Stricken, ihr Körper windet sich und sie schreit und weint. Höhnisch lachen beide Männer und meinen, dass sie hier lange schreien kann.

Die Sonne ist längst aufgegangen und es wird heiß hier zwischen den Felsen des Gebirges. Shumai spürt langsam die Hitze in ihren Körper steigen, die Sonne prall hier, ohne Schatten, der Baum steht im Hintergrund. Die Männer haben sich ausgeruht, sie reden miteinander und debattieren, vielleicht was sie tun sollen. Shumais Weinen ist leise geworden. Durch ihre Verzweiflung hindurch klärt sich ihr Bewusstsein und sie sieht den Tod neben sich sitzen. Aber alles in ihr, ihr ganzer Körper bäumt sich dagegen auf. Sie ist jung, wollte bald heiraten, sie sehnt sich mit aller Macht nach Xanthos, den sie liebt. Was hat sie Böses getan? Ist ihre Liebe schlecht? Schmach ergreift sie. Für diese Liebe soll sie jetzt bestraft werden – wird sie hier langsam sterben. Auf einmal steht der große böse Zauberer vor ihr, direkt gegen die Sonne, so dass sie nichts mehr von seinem Gesicht sieht. Sie hat es verloren. Er ist nur noch bedrohlicher Schatten. Er holt aus und blitzschnell hat er ihr einen Giftpfeil in den Bauch geschossen. Sie zuckt und schreit auf vor Schmerz. Er hat sie im Unterleib getroffen. Es blutet nur schwach. Alles zieht sich in ihr zusammen, die ganzen Eingeweide. Sie brennen. Ihr Leib schwillt an, das Blut rinnt aus ihr heraus. Er murmelt einen Spruch, von dem sie nur versteht, dass sie nie wieder Sexualität haben soll und dass sie damit verflucht sei. Dann wenden sie sich ab, lassen sie liegen und verschwinden mit ihren Pferden.

Sie wimmert vor Schmerz, der sich über den ganzen Bauch verteilt hat. Aber nicht nur hier, sie fühlt sich am ganzen Körper vergiftet. Sie versucht es herauszupressen, aber es gelingt ihr nicht. In den Beinen verliert sie langsam ihr Gefühl. Sie fühlt sich geteilt in zwei Hälften und der Durst brennt ihr in der Kehle. Langsam vertrocknet ihr Körper in der Sonne. Und über die innere Wunde blutet sie langsam aus. Shumai hat genug Zeit, solange ihr Geist klar ist, den Tod zu erwarten und sie sieht ihn ruhig links neben sich etwas entfernt beim Baum sitzen. Ihre Trauer und Verzweiflung über dieses Ende ihrer Liebe und ihres Lebens machen es ihr schwer, sich zu lösen und sich dem Tod hinzugeben. Scham ergreift ihren Körper, ohne zu wissen, warum. Sie fühlt sich in diesem schmachvollen Tod schuldig und zugleich lehnt sie sich dagegen auf, – warum nur? Sinnlos hofft sie noch auf Rettung. Ihr Kopf brennt, der Bauch wird ruhiger und ihre Kehle dürstet, ihre Gefühle verwirren sich. Sie entschwinden…

Langsam löst sich der Geist vom Körper. Shumai sieht diesen unter sich liegen, leblos und still. Alles wird hell und löst sich auf. Ein Vogel erwartet sie, der auf dem Baum sitzt und jetzt auffliegt, ein kleiner schwarzer Vogel mit roter Brust. Er zwitschert und weist Shumai den Weg, nach Westen.
Meine zweite Reise beginnt, die ich später noch einmal machen werde. Beim zweiten Mal bin ich mit der Kraft der Erinnerung an die erste, an den Platz des Geschehens noch einmal zurückgekehrt, auf einem Schamanenseminar, in einem Heilungsritual nach der Tradition der Hopi / Navacho.
Auf der Reise weg von der Körperwelt verwandeln sich meine Trauer und mein Schmerz. Ich tauche ein in die andere Welt, bin wie durch

ein großes Loch emporgestiegen, das sich im Himmel auftat. Ich fliege hindurch, der untergehenden Sonne entgegen. „Nimm mich zu dir“, flüstere ich der Sonne zu. Ich spüre mein Herz. Die Sonne ist mir vertraut. Sie weiß alles und hat es aufgenommen in ihrem Aufgang und in ihrem Untergang. Es wird leicht ums Herz, mein Körper schwebt und ich fliege weit hinaus, weg von der Erde. Wie ein Licht-Kanal ist mein Weg hier von lauter Lichtgestalten und wunderbaren Wesen gesäumt. Jetzt, später, das zweite Mal, wo ich bewusst hindurchgehe, nehme ich sie wahr und kann alles mit neuen Augen betrachten, in dem tiefen Wunsch, etwas von mir heim zu holen, das ich verloren hatte, ein Stück meiner Wurzeln, die meine Seele wachsen ließen. Es tut gut, hier in der Sphäre zwischen den Welten begleitet zu sein, nachdem sich die Pforte des Todes so jäh geöffnet hatte.

Das Begreifen erfolgte erst sehr viel später. Was ist Zeit? Alles ging blitzschnell und ist im Augenblick des Geschehens selbstverständlich. Die Welten sind die zwei Welten, die erst zusammen die eine sind, die wir haben, der Tod und der Übergang ins Licht oder das physische Leben und die Transzendenz ins geistige Leben. Leider betreten wir sie selten zusammen oder bemerken auch nur den Übergang. Manchmal erhaschen wir einen Blick, wenn wir aus dem Traum erwachen oder in besonderen Momenten den Kanal in uns öffnen können, um dort hinab oder hinaufzusteigen und eine Reise ins Selbst zu tun. Erst wenn wir hinab gestiegen sind, steigen wir hinauf in die feineren Wahrnehmungsgefilde der geistigen Landschaften, aus denen wir stammen. Der Tod ist das Tor zum Leben. Dies ist die alte Wahrheit des Skorpions, der sich selbst sticht und dessen Wunde ihn immer an diese Wahrheit erinnert. Eine große, tief verborgene Sehnsucht nach Liebe und der Erkenntnis meines Selbst haben mich angetrieben, dunkle Pfade hinab zu steigen. Die alten Erinnerungen begleiten dabei erst unbewusst, später bewusster, je weiter man kommt.
Wenn du bereit bist, deinen Weg zu gehen durch alle Hindernisse und Umwege und Entscheidungen, die ihre Konsequenzen haben,

enthüllen sich diese Erinnerungen. Schritt um Schritt, so wie es an der Zeit ist, lehren sie dich, mehr über dich zu erfahren. Du wächst an deinem Weg und in der Erkenntnis deiner Wurzeln und in ihrer liebevollen Aufnahme, wenn sie abgeschnitten waren. Die Liebe wächst, indem sie verbindet, was getrennt war, sei es durch Tat, Gedanke oder Gefühl. Die Liebe der erneuerten Verbindung macht dich glücklich. Du wirst größer und stärker, voller und weißt doch, dass dein Leben und Glück so zerbrechlich wie der Flügel eines Schmetterlings sind. Jeden Augenblick entscheidest du darüber neu mit deinen Gedanken, Worten und Taten. Sie formen dein Schicksal und es formt dich. Wirkliche Demut ist eine tiefe Erkenntnis der Seele über dich und deinen Weg – und mit Stolz erfüllst du dein Schicksal. Demut und Stolz, die zwei Waagschalen halten dich in der Balance.

Die Lichtwesen auf meiner Reise von dieser Welt in die andere Welt geben mir ihr Geleit zu einem anderen Planeten, der weit vor mir liegt und aus großer Ferne näher kommt. Blau und lila schimmert er. Jesus thront über ihm, ich erkenne ihn gleich. Er schwebt wie ein Schirmherr über diesem Planeten, leicht und hellweiß in seiner Gestalt. Die Entfernung ist hier so leicht wie Licht, und alles ist so durchsichtig wie Licht. Ich bin verwundert, alles scheint wie im Traum. Scheinbar war ich hier zu Hause, meine Seele stammt von hier, wie man mir sagte. Ich komme an und gehe schon durch, ohne durch ein Tor oder ähnliches getreten zu sein. Das äußere Bild des Planeten verwandelt sich. Ich bin dort in eine besonders schwingende, golden weiße Landschaft eingetreten.

Alles ist weiß, wie eine riesige Muschel, die frei schwebt und überall landen kann und dann andockt. Nach hinten öffnet sich dann die Muschel, die vorne geschlossen ist und perlmutt- weiß geschwungene Gebirgszüge zeigt, glänzend wie ein Regenbogen. Wunderschöne unbeschreibliche Räume eröffnen sich mir, mit Perlmutt ausgelegt und geschmückt mit vielen Perlen des Meeres, die aus Tränen so schön geformt und gewachsen sind. Vor den Räumen gehen Terrassen und Gärten weg in allen Grüntönen der üppigen, weichen Pflanzenwelt und doch ist alles in dieses Perlenweiß des Lichts eingetaucht. Ich frage meine Licht-Begleiter, wo ich bin: „Dies ist die wahre Heimat deiner Herkunft. Auf diesem Stern ist deine Seele zuhause. Verweile ein Weilchen. Du darfst hier auftanken und deine Seele mit der deiner Brüder und Schwestern zusammen schwingen lassen, bis es wieder Zeit ist, zu gehen und zu deinem Auftrag zurückzukehren." Ich seufze auf und bin glücklich. Mein Atem schwingt rein, in diesen Räumen ohne Raum und Zeit. Ich bin einfach, die ich bin. Alle Erdenschwere und die Erinnerung sind hier wie ausgelöscht. Sie sind nicht wichtig. Ich bin frei.

Das Rad

Die Liebe reift im Herbst
zu einer wunderbaren Frucht.

Köstlich und süß,
eingetaucht ins goldene Licht,
begleitet sie uns

im Herbst-Sonnenstrahl
durch das kürzer Werden der Tage,
bis die Dunkelheit hereinbricht
in des Winters Stille.

Durch das Tor
der Winter Sonnenwende
führt sie uns heimlich
und strahlt wieder neu

in der ersten Morgenröte,
die sich ewig verliebt und vergeht
im Spiegel
der ringenden Jahreszeit.

Ist doch eins
mit dem Kreis des Lebens
der sich von Jahr zu Jahr
dem Wirken deines Baumes
offenbart.

Hier schlägt dein Herz
und seine Blätter singen dein Gebet,
das aus dem Dunkel
geboren –

seine goldenen Früchte
jetzt dir reicht.
Reif ist die Frucht deines Lebens.

RK. 2002 / 2004

Das Erwachen

Der Morgen dämmert schon, die Sonne steht am Himmel, der noch grau ist, und ich erwache in meinem Alltagsbewusstsein. Ich fühle meinen Körper gesund und schwer, aber etwas zerschlagen im Bett liegen. Ich drehe mich nochmals um. Wo war ich? Die Nachttischlampe steht direkt vor mir. Die Matratze hat eine Kuhle und ich lege mich an den Rand, um die Federn weniger zu spüren. Ich schüttle meinen Kopf, wie um es wahr zu machen und schaue aus dem Fenster. Wo war ich nur im Traum auf der Reise? Alles ist noch da, was ich gerade erlebt habe und mein Körper und mein Herz kennen dieses Geschehen, wenn es auch unglaublich klingt. Die Erinnerung ist voll da und ich bin in ihr und außerhalb zugleich. Ein merkwürdiges Gefühl. Das Erleben meiner alten, jäh unterbrochenen Liebe und meines plötzlichen Todes sitzt mir noch in den Knochen, als sei ich gerade aus einem anderen Leben in dieses gesprungen und noch etwas verwirrt. Ziemlich lange muss ich im Berg meiner alten Träume gewesen sein. Der Gedanke an den Tod lässt mich noch erschauern, es fröstelt mich. Und ich spüre auch meinen Bauch, wo sich jetzt etwas zu artikulieren scheint. Bauch-, oder besser Verdauungs- und Venenprobleme haben mich immer begleitet, von klein auf. Und ich hatte schon auf verschiedenste Weisen, über viele Jahre hinweg, auf mehreren Ebenen an dieser Störung und Verletzung im Bauchraum, an meinem Basis- und Sexualzentrum gearbeitet.

Die Verbindung zu sehen zwischen der Reise in die obere Welt, in das helle Licht des Geistes und der Anderswelt ganz einzutauchen, und der Reise in das alte Er-Leben, hat mich ausgesöhnt. Jetzt begreife ich, dass beide Seiten, die ich für sich schon vage wahrgenommen hatte, als ein Leben zusammengehören: der Tod und das Wiedererwachen der Seele. Damals konnte ich das nicht sehen. Die roten Fäden des Traumas der verlorenen Liebe hatten sich weit in mein

Leben, in die zufällige Wiederholung meiner wieder und wieder unglücklichen, jäh endenden Liebesbeziehungen hinein gesponnen. Mein Selbstwertgefühl war tief verletzt worden, ja durch diese alte Wunde, die ihre roten Fäden bis heute gezogen hatte, untergraben. Doch hatten mich diese roten Fäden der alten Verletzung auch unbewusst auf die Spur gesetzt, sie zurück zu verfolgen. Lange, durch viel Zeit hindurch, hatten sie sich vernetzt und gewirkt, bis ich an diesem Knotenpunkt meiner Schicksalsfäden ankam.

Da ich mir selbst oft in meinem Erleben zuerst nicht glauben wollte, zwickte dieses mich dann solange, indem es meinen Weg blockierte, mir Krankheiten schickte, bis ich annahm, was wahr ist. So hatte ich langsam die Pforte öffnen dürfen, um *hinter die Dinge* zu schauen, wo das unsichtbare Geistwesen, das im Körper weilt, alles gespeichert hält, um zur rechten Zeit die Dinge und ihre Herkunft zu enthüllen. Dies ist ein inneres Schauen, das dem Lauschen folgt. Das Lauschen ist jedoch die Wahrnehmung des Herzens, das still geworden ist. Das lernte ich mit Rubinel in Augenblicken der Stille und unserer Kommunikation auf der Herzensebene.
Ich danke ihm jetzt, Rubinel, meinem Schutzengel und einem meiner geistigen Führer, der mich immer unterstützt, von Vorstellungen zu lassen und Dinge zu erkennen. Viele Einsichten aus Erlebnissen entstammen unserer geheimen und zugleich offenen Zwiesprache.

Ja, manchmal erscheint mir der Weg, den ich schon in vielen Variationen gegangen bin und gehe, mein Lebensweg, und auch der Wanderweg meiner Einkehr hier am Wolfgangsee, wie ein Weg, in „die Kunst des Lauschens" einzudringen. Er erscheint mir als der „geistige Sinn", der die Sinne verfeinert und erhöht. Der Hörsinn oder das Lauschen – er hat mich vieles gelehrt. Das Gehen ist ein natürliches Lauschen auf alles, was sich regt und lebt in dieser ursprünglichen Natur am Fuße des Schafberges. Das Wasser des Sees und der kleinen Bäche, die Vögel, das Rauschen der Blätter, der Wind, die Bäume, die ächzen, die Tiere am Waldboden, mein

Atem, mein Schritt und die entfernten Geräusche der Autos und Menschen auf der anderen Seite des Sees.

Die Kunst des Lauschens scheint zu meiner Aufgabe zu gehören – zu der ich selbstverständlich erst Schritt um Schritt gelangt bin. Erst die Zeit hat sie mich erkennen lassen, als ich schon mitten auf dem Weg war und mich immer wieder fragte, was allem Tun und meiner Motivation gemeinsam sei. Und ich erkannte und fühlte dieses Hinhören, um daraus schöpferisch zu werden. Es ist im Stillestehen, wenn ich einen Kraftplatz gefunden habe und dann in die Natur lausche. Es ist im Zuhören, wenn mir jemand etwas erzählt. Es ist im Hören auf die Musik, die klingt. Es ist das Lauschen auf die Stimmung, die gerade herrscht. Es ist das Lauschen auf die eigene Stimme, meine Intuition. Es ist die Kontemplation, die Harmonie erzeugt, wenn ich lausche. Es ist das Stillwerden und Loslassen. Es ist die Spontaneität, die etwas neu beginnen lässt.

So habe ich mich in meiner Jugend zuerst aus Leidenschaft der Musik gewidmet, sie eifrig studiert und alle inneren Widerstände beim täglichen Üben, das meist nicht täglich ist, kennen gelernt. In der Musik habe ich *mich* kennen gelernt, vor allem meine Schwächen, Ängste, fixen Vorstellungen, aber auch meine Stärken, die allerdings habe ich erst später gesehen. Sie alle zeigten mir, wie sie meinen Körper beherrschen oder dort sitzen und über mein musikalisches Können bzw. Nichtkönnen entscheiden. Und sie zeigten mir, wie sehr über das Empfinden Körper und Können zusammenhängen. Die Liebe zur Musik und zum Klang hat mich aber viel, viel weiter geführt als in die Kunst der Musik. Diese Liebe hat mich in das Leben geführt, in die Kunst des Hörens: einzutauchen in Schwingungen und in innere Erlebnisse des *Seins;* loszulassen und neu zu beginnen; meiner Intuition zu folgen, die blitzartig neue Einsicht gewähren kann.

Das sind besondere Momente, die sich immer nur zufällig, von höherer Macht geführt, mir offenbart haben. Und ich habe gelernt, anzu-

nehmen und zu danken. Mein Dank gilt meinen Geistführern und geistigen Helfern, den schützenden Engeln, insbesondere Jesus und alles in allem dem großen Schöpfer, Gott, der in allem weilt, wenn ich die Dinge so sehen kann. Jede Pflanze, jeder Stein lebt, atmet und strahlt das göttliche Licht aus, wenn wir uns mit ihm verbinden. Wir haben in diesem Sinne schon eine beträchtliche Sammlung von Steinen und Pflanzen zuhause, die wir von Reisen und Spaziergängen mitgebracht haben, sie erzählen uns ihre Geschichten in ihrer eigenen Art. Die Steine verkörpern in ihrer Art der *Versteinerung* ganz altes Wissen von der Erde. Sie sind, wenn wir zu ihnen in Resonanz gelangen, ein Ort der Sammlung und der inneren Stille. Steine können sprechen und haben wie wir ihren Charakter, der schon sehr alt ist. Sie sind eins der ältesten Wesen hier auf der Erde und haben entsprechendes Wissen gespeichert.
Die Indianerkulturen wussten viel mehr von diesem Wissen, das uns hier im Westen längst entschwunden war, als die Weißen Amerika eroberten. Wir wurden abgeschnitten durch zu viele „tote Gesetze", wie sie uns Staat und Kirchen zuteil werden ließen, um Ordnung zu schaffen.
Die „lebendigen Gesetze" sind lebensfördernd, von ihnen sprach auch Jesus, als er uns lehren wollte und uns die Liebe zum Nächsten vorlebte. Die „lebendigen Gesetze" gilt es zu entdecken hinter all dem Toten, das wir in unserer Zivilisation und Lebensweise angesammelt haben.
Die Gefilde des Himmels oder der geistigen Sphäre sind so groß wie die Vielfältigkeit der Ebenen auf der Erde. Und so muss ich schauen, aus welcher Gesinnung und mit wessen Geist ich mich verbinde. „Es ist immer gut, sich zum Allerhöchsten zu wenden und sich durch ihn mit all seinen Wesenheiten zu verbinden, die in seinem Namen arbeiten." Das hat mir vor langer Zeit eine alte weise Frau als wichtige Empfehlung mit auf den Weg gegeben. Und es ist mir immer in Erinnerung geblieben.

Der Tag ist schon lange angebrochen und ich mache mich schnell fertig. Ich wollte ins Kloster rüberschauen, noch einen Blick in die

Kirche werfen. Schon wieder ertönt heute die Motorsäge aus dem Wald wie jeden Tag, den ich schon hier bin. Sie scheinen viel Holz zu machen jetzt im November. Heute möchte ich Richtung Schafsberg hoch, der eine besondere Ausstrahlung hat, ein wenig düster heute, sehr mächtig wacht er über das Land und den See.

Ich gehe in meinem eigenen Schnellschritt, es ist grau und schaut regnerisch aus, so dass ich mich beeilen will, und biege am Dorfausgang in den Wald hoch. Eine Forststrasse zieht sich in großen Serpentinen den Berg hoch. So äuge ich links und rechts, ob es nicht einen anderen, kleineren Weg hier gibt, einen Steig, der mehr in der Natur geht. Es ist ein Jammer mit diesen breiten geschotterten Wegen und Forststraßen, die nur an die bequeme Fahrbarkeit und die Bequemlichkeit des Menschen gedacht haben. Sie sind langweilig und haben die Natur wegrationalisiert und begradigt auf Kosten von viel natürlichem Wald und alt gewachsenen Bäumen. Die alten Steige sind nie langweilig und bieten mit jedem Schritt Neues und lassen dich die Landschaft und alte Bodenkultur sehen und unter den Füßen spüren. Trotzdem ist es interessant hier. Überall gibt es etwas zu entdecken. Mit offenem Auge gleitet mein Blick über die Hänge und Wiesen mit den Bäumen, die sehr zerzaust und viele geknickt vom ersten Schnee dreinschauen. Nach mehreren Serpentinen entdecke ich eine Fluchtlinie, wo oben ein Baum wacht. Im Herunterziehen dieser Energielinie fließt ein kleines Rinnsal ab. Es scheint von einem alten ausgetrockneten Fluss abgewichen zu sein und mündet in einen Kalksteinbruch direkt am Weg, wo sich ein kleiner Wasserfall gebildet hat. Der Stein schaut glatt und gelbweiß marmoriert aus. Das Wasser sammelt sich in einem Becken aus Stein. Es schmeckt sehr gut. Ein schöner Platz, und ich nehme einen Stein mit, der sehr locker ist. Er spricht mich an und ich bitte ihn um Erlaubnis, ihn mitnehmen zu dürfen. Seine Marmorierung ist reliefartig gezeichnet wie eine alte Höhlenmalerei. Und er kündet von dieser älteren Zeit, wo es hier noch anders aussah, viel wilder, die Bäume viel älter und in enger Symbiose mit den Steinen, um die sie so gern ihre Wurzeln schlingen und manchmal als Boden nur Stein haben. Nach der nächsten Kurve weicht der kleine Wasserlauf irgendwie rechts vom Weg ab und verläuft sich mit schmalem Durchlass. Dem gehe ich nach, wie es schon meine Gewohnheit geworden ist vom Hauptweg abzuweichen und kleinere, ursprünglichere Pfade oder Plätze zu finden.

Und tatsächlich, es freut mich, scheint hier auch ein viel älterer Weg vorzuliegen, der teils sehr verwachsen ist und in weichen Windungen schmal von dannen zieht. Wo dieser ehemalige Pfad eine Kurve am Hang macht, kann ich die Befestigung erblicken und erkenne alte Pflastersteine, die überwachsen sind. Dieser Weg wählt einen anderen Einstieg in den Berg zur Bewältigung seiner Höhe. Der Verlauf ist ganz anders. Jetzt überquert er den ausgetrockneten Bach und ich suche mit den Augen das alte Bachbett. Oft ziehen die Steige am Rand eines Gebirgsbaches entlang. Eine alte kleine Steinbrücke ist hier unter dem dichten Unterholz und den abgebrochenen Zweigen zu sehen, sie ist über dem ausgetrockneten Bachbett eingebrochen. Der Steig verliert sich hier am alten Bach und der Wald wird sehr dicht und unwegsam. Ich steige noch ein Stück weiter, bis ich nicht mehr vorwärts komme, wo alles verwachsen ist. Ich stecke knietief im Unterholz, das mit wilden Ästen und Moosen übersät ist. Ein dichtes Gefühl. Es bewegt mich zur Umkehr und ich steige zum Hauptweg hinunter. Der Berg türmt sich über mir auf, wenn ich einen Blick frei bekomme und versuche, rundum zu schauen, alle Seiten sind verschieden, überall ändert er sein Gesicht. Seine Schroffheit und die große steile Felswand, gleich einer Mauer, sind verborgen.
Als ich hinuntergehe, spüre ich die Anwesenheit einiger Naturwesen. Es ist so ein trüber Tag und niemand unterwegs, dass sie ihre Ruhe haben. Ich begrüße sie in den Bäumen und auf der Lichtung und schicke ihnen gute Gedanken, vor allem, dass sie gesegnet sein mögen und hier noch lange leben dürfen, ohne das Schicksal so vieler schöner alter Bäume zu erleiden, die gefällt worden sind und nur noch als Stumpf in der Landschaft stehen, während ihr Stamm geteilt und geschnitten am Wegrand liegt. Wie würden wir

uns fühlen? Ich habe so viele schöne kräftige und breit gewachsene Baumherren und Baumdamen nach langer Bekanntschaft in alt vertrauten Wäldern – wie im Naturschutzgebiet Siebengebirge mit seinem alten Buchenbestand – in den letzten Jahren frisch gefällt am Wegrand liegen sehen. Es hat mir jedes Mal ins Herz geschnitten, wenn ich den Baum sah und keinen Grund finden konnte, ihn an diesem guten Platz, wo er wirklich eine Aufgabe hatte und gesund an die zwei- oder dreihundert Jahre gewachsen war, zu fällen. Dort wurde die Landschaft ihrer stärksten Kraft, ihres Wächters und Beschützers beraubt. Sie verliert so langsam ihr Gesicht. Es braucht viel Zeit des In-Ruhe-Lassens, bis ein junges neues Gesicht wieder herangereift ist.

Haben wir noch ein Gefühl dafür, wie lange ein Baumwesen braucht, um so groß und alt und schön gewachsen zu sein? Und was das bedeutet, wenn es schon fünfhundert Jahre an demselben Platz still steht? Und dann in ein paar Sekunden gefällt wird? Diese Kräfte haben wir fast ausgelöscht. Alte Bäume sind kaum noch zu finden und die meisten Wälder tragen das Gesicht unseres Nutzdenkens. Ich meine, sie werden soldatisch angepflanzt, in Reih und Glied. Es gibt keinen Platz für Individualität. Jeder einzelne, in künstlich gemachter Ordnung, darf sich entsprechend dieser Ordnung und Enge nur wenig entfalten. Unten stirbt ihre Baumpracht ab und oben recken sich dünne Kronen auf dünnen Stämmen der Sonne entgegen. Ein alter, natürlich gewachsener Wald ist lichtvoll, mit guter Bodenvegetation und Unterholz. Es tut mir gut, mich wieder in die alten großen Dimensionen des Wachsens einzufügen, die wir heute in der Schnelllebigkeit und Hektik des Alltags oft verloren haben. Die Natur enthüllt den wahren Wert und die Kraft des Alters und des langen Reifens. Wer kann dies vollendeter zeigen als ein alter Baum, der genug Platz für sein Wachstum hatte? Er verdient unseren Respekt und unsere achtungsvolle Liebe.
Auch die alten Baumgruppen, Kreise in dreier, fünfer und der vielfältigsten Formation sind wie Familien oder Freundesgruppen nur noch selten aufzufinden. Oft lässt sich die alte Formation einer

Baumgruppe nur noch an verrotteten Stümpfen ablesen, wo es noch vereinzelt einen alten lebenden Baum der Gruppe gibt, der dem besonderen Platz noch dient. Junge Bäume haben sich in der Nähe angesiedelt.
Mir haben schon immer die alten Buchen ganz besonders, aber auch andere Laubbäume wie Eichen, Ahorn, und all die anderen, die alle für sich so charakteristisch in ihrer Stammform und ihren Kronen schwingen, gefallen und mein Herz tief berührt. Ihr lichtvolles Blattgrün, ihre feingliedrige und doch so üppige Verzweigung in ihrem Blätterdach, der Duft ihres Stammes und des Bodens, die Wurzelpracht in ihrer eigenwilligen Form, die sich im Boden verankert, alles in einer Einheit, die fließend ihr Gleichgewicht entfaltet. Und dabei wirklich an ihrer Rinde, an ihrem Zweig und Blatt begreifbar sind. Meine Verbindung zu diesen Bäumen stärkt meine Lebenskraft und hebt meine Stimmung, die stärker und heller wird, was ich im Solarplexus deutlich wahrnehme. Ich spüre deutlich die Baum-Schwingung und wir teilen einen Augenblick der Lebendigkeit, wenn wir uns begegnen. Wir sind in voller Resonanz. Meine Heimat habe ich dort gefunden, wo ich strahlende Verbindungen zu Bäumen, Pflanzen und zur Landschaft gefunden habe. Sie lassen mich aufatmen und zuhause sein. Dort spüre ich mich als die, die ich bin, offen und weit. Ich bin glücklich in diesen zeitlosen Momenten, wenn die Sonne durch das Blattgrün strahlt oder ein Vogel zwitschert, und es gibt nichts, was wichtig wäre, außer da zu sein.

Wenn ich im Winter bei Regen oder Schnee im Siebengebirge zwischen Löwenburg und Drachenfels abseits der Wege wanderte, ganz allein in und mit der Natur, einsame Plätze und alte Bäume fand, die die Jahrhunderte überdauerten, habe ich soviel erlebt und aufgetankt, dass ich mich wie im Märchen gefühlt habe – ganz allein und zugleich gut aufgehoben in der großen Schöpferkraft. Hier war ich wirklich glücklich, im Regen oder Schnee oder Sonnenschein, jedes Wetter hat seine eigene besondere Kraft. Die Natur in ihrer großen Ruhe war hier immer schön und heilsam. Langsam kenne ich inzwischen die Plätze, die mir das Herz aufgehen lassen, so wie ich hier eine besonders starke harmonische Resonanz zu meinem Wesen spüre. Das Herz öffnet sich und tankt fühlbar auf. Dieses Zusammenschwingen verändert das Bewusstsein. Die Natur ist ein großer Lehrmeister, ich habe viel von ihr gelernt, indem ich nur beobachtet und mitgefühlt, gelauscht habe. Ihre Schönheit, wenn sie natürlich wachsen darf oder achtungsvoll in ihrer Lebendigkeit kultiviert wurde, habe ich in vielen Momenten der Kontemplation geschaut: nur still zu stehen oder zu sitzen und zu lauschen, rundherum zu schauen mit offenen und mit geschlossenen Augen von einem Platz. – Dafür wandere ich.

Im Kloster wieder angekommen, gehe ich gleich in die Kapelle. Es wird langsam dunkel. Es ist noch vor dem Abendgottesdienst und ich genieße allein den sehr ruhigen und ausgewogenen Raum, der quadratisch mit zwölf Rundbögen und Säulen verziert ist, in der Mitte der Altar. Daneben ein siebenarmiger Leuchter, der wie die anderen Kunstgegenstände und die Glasfenster künstlerisch in ausgesuchter Form und Farbe gestaltet ist. Die Kunst ist sparsam eingesetzt, und so wirkt jeder Gegenstand besonders im Raum. Der Leuchter gefällt mir sehr. Er gleicht einem angedeuteten Frauenkörper, der, fest verwurzelt auf der Erde, sich empor streckt und in drei Armpaaren der Welt die Arme entgegenreicht, die in die vier Himmelrichtungen und noch diagonal hinauszeigen, um das Licht zu tragen, wie auch der Kopf Lichtträger ist. Die ausgebreiteten Armpaare sind bedeutungsvoll auf der Höhe des Bauches, des Herzens und der Schultern angesiedelt. Die so betonten Zentren des Menschen schwingen aus in die Hände der Lichtträgerin, wunderschön anzuschauen, wenn der Leuchter in der Dunkelheit im Licht seiner sieben Kerzen erstrahlt. Die heilige Zahl der spirituellen Kraft!

Ich bleibe ein Weilchen sitzen und genieße die Stille und Ruhe nach dem Wandern. Den verborgenen alten Weg habe ich entdeckt und bin ihn bis zu einem Knotenpunkt zurückgegangen, wo die Brücke eingebrochen war und er sich dahinter verloren hatte. Ich habe viel gefunden.

Der Entschluss reift in mir, dass es Zeit ist nach Hause zu fahren, meine Zeit hier ist um. Morgen in der Früh werde ich fahren und wieder in den Fluss des täglichen Lebens eintauchen. Den alten Weg weiter zu suchen, wo er sich in meine Lebensstränge bis heute hinein geflochten hat. In Beziehungen, die alt und neu zugleich sind. In meine Arbeit, die eine Wende schon erlebt hat, so wie mein Leben sich schon einmal ganz umgestellt hat durch die große Kraft der Liebe und des schicksalshaften Neubeginns. Viele kleine Tode haben neues Leben gebracht auf dem Schicksalsweg der Entwicklung. Auf den Spuren des Heiligen Wolfgang bin ich gerade gewandelt, jetzt kehre ich nach Hause zu meinem Mann und unserer Familie zurück, die alten Wurzeln spürbar im Bauch.

Auf der Autofahrt lasse ich mein Leben vorüberziehen, suche die roten Fäden der feurigen Lebensadern, die alles durchziehen. So verwandelt sich in meinen Augen die Landschaft, die ich durchquere. Ich bin mit kleinen Geschenken und Naturmitbringseln wie Steinen und Moosen bepackt, unter anderem den zwei großen Wanderstäben, alten Fichtenstöcken, die fast gedreht wirken in ihren Biegungen und mir zugefallen waren. Beide passen wie Mann und Frau zueinander, und ich habe mich von keinem trennen können.

So wie die Liebe mich mit dem Tod vermählt hat, so hat sie mich auch ins Leben geführt, hat mir die Ruhe des natürlichen Wachsens beschert, ja mich vielfältig ermutigt, die notwendigen Schritte zu tun. Es war ein großes Ereignis, das meinen Mann und mich zusammengeführt hat. So wurden wir zusammengebracht aus dem reif gewordenen Zufall, wie sich zwei Welten treffen, die doch von langer Hand geführt und vorbereitet wurden. Wir kannten uns vom ersten Augenblick an und fühlten uns doch so unsicher und fremd. Im Stillen magnetisch angezogen durch ein altes Band der Liebe. „Wer bist Du?", fragte das Ich und fand den Spiegel verschleiert. Er antwortete nicht.

Heute ist es so trüb, dass es schon am frühen Nachmittag dunkel

wird. Die Landschaft verschwindet, ich fahre durch die Berge, die große, dunkle Schatten bilden. Der dünne Kegel der Scheinwerfer, die nicht die neuesten sind, leuchtet mir den Weg. Die Autobahn ist zum Glück recht leer. Es ist Sonntag und es nieselt. Auf der Höhe geht der Regen in Schnee über.
Das Auto fährt mich sicher. Die Berge tun sich auf und verschlucken die Autos, die in der Tunnelöffnung verschwinden, um später hinterm Berg wieder ausgespuckt zu werden. Es ist eine richtige Tunnelstrecke, die mich langsam fahren lässt, die Tunnel der Berge gebären immer wieder neu, ihre Gebärmutter ist zur Schleuse geworden. Spät am Abend komme ich in unserem Dorf an.

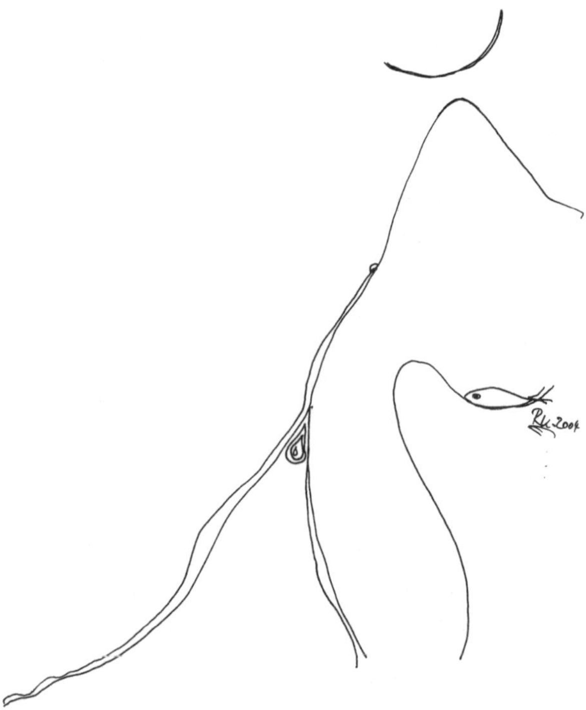

Via Mundi (für Wolfgang)

Weißt du, wie der Mond die Sterne zieht,
dass sie ihm leuchten, wenn er auf und ab geht?
So findet er seinen Weg im Rund der Himmelsbahn.
Morgen steht er hier
und voll
sieht er dich an.

Der Fels, der stark und rau
unverwandt hält die Form,
löst sein Gesicht und verneigt sich:
Tränen steigen aus seiner Tiefe empor,
sprudelnd fallen sie in Kaskaden
und füllen mit sanftem Fall

die Kerben seiner Haut.

RK. 1991

Die Zauberkraft der Liebe

Abends im Bett, an der Seite meines Mannes Wolfgang, zieht es mich zurück in unsere Geschichte, wie alles zwischen uns begann, was dann so entscheidend mein Leben, aber auch Wolfgangs Leben verändern sollte. Ich war damals 30 Jahre alt.

Nach einigem Suchen komme ich mit dem Auto auf dem alten Burghof der zur Tagungsstätte umgebauten Burganlage in der Nähe von Bad Kreuznach an. Auf Empfehlung und ohne wirklich zu wissen warum, denn ich kannte niemanden hier, hatte ich mich für eine spirituelle Tagung angemeldet, die über Hildegard von Bingen ging. Es sollte auch ihr Kloster in Bad Eibingen besucht werden. Das interessierte mich, eine willkommene Abwechslung zu meinem momentan eingefahrenen Philosophiestudium, wo ich aus Verzweiflung über den wissenschaftlich exakten und ständig mit Begründungen und Zitaten behafteten Stil, den eine Doktorarbeit verlangte, zum Gedichte Schreiben gekommen war. Das machte mich freier, schürte aber auch das schlechte Gewissen, nicht die eigentlich richtige Arbeit zu tun. Diese fünftägige Tagung versprach ein geistiges Gegengewicht mit Erlebnisqualität zu werden, schließlich kamen hier gerade über hundert Menschen zusammen, die spirituell interessiert schienen. Von Gemeinschaft und Erleben hatte ich in meinem stillen Kämmerlein beim Schreiben seit einiger Zeit sehr wenig zu spüren bekommen. Auch interessierte mich das Leben der Hildegard und vor allem auch Näheres über ihr Denken und ihre Visionen zu erfahren.

Da ich bisher größere Gruppen immer gemieden hatte, sie machten mir Angst und ich konnte nie in ihnen reden, hatte ich noch nie so eine Tagung besucht. Zudem war ich noch allein da.
Der Empfang war schön, die Sonne schien, die Burg lag auf einem

Kamm eines sanft auslaufenden Hügels und ich war angenehm überrascht über die Freundlichkeit des Hauses und der Menschen, die schon angekommen waren und mir weiter halfen. Ich teilte mein Zimmer mit einer mir fremden älteren Frau. Das störte mich nicht, obwohl es mich normalerweise gestört hätte. Die Atmosphäre in diesen alten Mauern war gut und ich wandelte durch die langen Gänge und genoss die Aussicht, vor allem von der Brüstung draußen im Hof über das Tal. Fast bis zum Rhein schaute ich, wo auch die Abendsonne unterging. Den Rhein, Vater Rhein, mochte ich sehr und kannte ihn gut von seinem Ufer am Fuße des Siebengebirges, das ich mir über die letzten Jahre erwandert hatte.
Ich fühlte mich frei und lauschte den Vögeln um die Burg. Noch zu Beginn des Jahres, das jetzt schon Anfang Mai mit allen Bäumen grünte und spross, passend zur „Grünkraft" der heiligen Hildegard, hatte ich meinen 30 Geburtstag sehr bewusst allein „gefeiert". Ich war allein und es war jetzt gut so. Das war ein echter Durchbruch nach den vielen Trennungen schwieriger, unlebbarer Beziehungen, wo ich mir anscheinend nach einem ähnlichen Muster, das in meiner Seele wirkte, die Männer dazu ausgesucht hatte. Alle Beziehungen, von sehr verliebt bis mehr Ersatzliebe für die unerreichbaren Lieben, endeten unglücklich und ich litt jedes Mal sehr. Dieses schwierige, emotional mich belastende Beziehungs- und Liebesleben beeinträchtigte mein Studium und meinen Verdienst durch Klavierstunden auch erheblich, da ich mich häufig gezwungen sah, meine Wohnsituation zu ändern, wieder auseinander zu ziehen. Den Lebensstandart wieder herunterschrauben, ein neues Umfeld, all dies hatte mich an den Rand meiner Existenz getrieben. Kein Geld, keine richtige Wohnung, Depressionen und Verlassenheitsgefühle, es nicht wert zu sein geliebt zu werden, hatten mich zu Boden gedrückt und sehr angegriffen. Und immer dasselbe, ich betrog mich selbst! Ich war es richtig satt, das Maß war voll! Und ich veränderte mich und mein Tun.

Innerlich kündigte ich mein Verhältnis der Abhängigkeit von dem anderen, ohne den ich glaubte nicht sein zu können, bewegte mich

Richtung Unabhängigkeit. Ich fand innere Begleiter auf meiner Suche nach Erkenntnis über mich selbst und nach der Liebe, die ich leben wollte. Meine Suche dauerte hier schon lange. Jetzt aber, mit 30 Jahren, änderte ich mit aus der Not geborenem, klaren Entschluss die Richtung meiner Suche und meiner Seele. Ich löste mich von den vertrauten Mustern und überantwortete mich einer geistigen Führung, wo ich Verbindung statt Trennung fand. Diesen Schritt setzte ich sehr bewusst allein, nach der Trennung von meinem damaligen Partner – in regelrechter Klausur und mit Ritual zu meinem Geburtstag und schrieb ein Gedicht dazu, das ich mir ans Bett hängte. Langsam dämmerte mir eine neue Einstellung: „Alles lebt und gibt Antwort." Ich war ab diesem einschneidenden Moment in meinem Leben nie mehr ganz allein. Der Glaube und das Vertrauen, dass in der materiellen Welt das Geistige lebt und dass es nicht abgetrennt und unwirksam ist wie etwa eine schöne Phantasie, war eine neue Sicht, die alles veränderte: den „Grund" meiner Gefühle und Stimmungen, die sehr abhängig von der Gunst und Freundlichkeit der Außenwelt gewesen waren. Und hier liegt eine Hauptsteuerungszentrale für unser Denken und Tun! Ich übte mich, der Stimme meiner Intuition besser zu folgen und dem Lebendigen, vor allem der Natur, die in dieser einsamen Zeit mein treuer Begleiter wurde, meine Sinne zuzuwenden und auf diese innere Resonanz und Zwiesprache des Herzens zu achten. Es wurde ein langer Weg, der jedoch mit jedem Schritt gut tat und mich freier werden ließ. Ich genoss gerade mein alleiniges Dasein und hatte zum ersten Mal in meinem Leben mit der Erwartung abgeschlossen, jemanden finden zu wollen, der mich verstünde. Dankbar nahm ich diesen Wechsel in meiner Einstellung zur Kenntnis.

So stand ich hier und schaute in das Abendrot. Die Welt sah jung und schön aus. Ich atmete die laue Frühlingsluft ein. Sie versprach neues Leben. Später hörte ich auf meinem Zimmer klassische Musik mit Kopfhörer. Musik war immer heilend und erfüllend für mich gewesen. Sie half mir über viele Stunden der Trauer hinweg. Ihr konnte ich mich ungestört hingeben. Schon als Kind hatte ich mich mit ihr in eine träumerische geistige Welt begeben und dann viel gelesen und gemalt, alle meine Träume und ersehnten Erfüllungen. Mir schien es eine direkte Verbindung zwischen dem Ohr und dem Gefühl zu geben. Oft war Musik mir Ersatz für Freundschaft gewesen, wenn ich keine Gleichgesinnten fand. Ich war als Kind sehr schüchtern.

Am nächsten Morgen saß ich beim Frühstück in dem großen Speisesaal neben jüngeren Leuten, die sich eifrig unterhielten, als mein Blick auf einen jüngeren Mann in Sweatshirt fiel, der neben einer älteren Frau saß. Sie hatte auffällige, hellblaue Augen und wirkte in ihrer Bodenständigkeit sehr ruhig und strahlend. Der Mann hatte die gleichen Augen, ihr Sohn schien es mir. Sie unterhielten sich. Unsere Blicke trafen sich. Er hatte mich schon gestern herzlich begrüßt, da er mich, wie er später sagte, anscheinend mit meiner Schwester verwechselt hatte, die ein Jahr zuvor auf dieser Tagung war. Er fällt mir in der ganzen riesigen Gruppe am meisten auf. Ich ihm wohl auch, denn er blickt ab und zu rüber. Ärgerlich über mich selbst schaue ich mich weiter um und suche Kontakt an meinem Tisch. Sogleich komme ich mit einem jungen blonden Mann ins Gespräch über seine neue Auslegung des „Vater unser", über die er einen Vortrag halten wird. Das interessierte mich zwar in diesem Augenblick nicht, aber irgendwie sprechen wir darüber. So ging es weiter. Alles kam in geordnete Bewegung, die Leute strömten zu den Vorträgen und Gruppen, die Zeiten waren geregelt. Mal ganz anders als bei mir, wo ich selbst immer meine Disziplin und mein Wecker sein musste.

Am besten ist mir der Ausflug nach Eibingen im Gedächtnis geblieben, wo wir das Kloster, die Kirche und den Garten besichtigten und zum Abschluss einen Vortrag der Äbtissin hörten, über die „Posaune Gottes, Hildegard von Bingen". Das war sehr beeindruckend in der dunklen schweren Kirche, die leicht feucht und modrig roch. Wolfgang saß ein paar Bänke weiter vorne, so dass ich ihn schräg in meinem Blickfeld hatte. Ich studierte seine Bewegungen und wie er auf den Vortrag reagierte.

Irgendwie rührte sich etwas zwischen den Zeilen des Gesprochenen über die Grünkraft des Lebendigen, die Hildegard beschrieb und zwischen uns, Wolfgang und mir. Energie schien ohne Worte und ohne direkten Blick hin und her zu fließen. Ein Rücken kann auch beredet sein. Es waren immer so viel Leute um ihn herum, vor allem ein paar Frauen – eine redete unentwegt auf ihn ein, was mich schon nervte – dass wir kaum Gelegenheit gehabt hatten, einmal ins Gespräch zu kommen. Und das Ansprechen viel mir sowieso schwer. Und ich dachte natürlich, es hat eh keinen Sinn, er ist nicht interessiert. Er fühlte und dachte übrigens das Gleiche von mir, wie er mir sehr viel später sagte. Er fand auch nicht die Gelegenheit, mich anzusprechen. Es ist erstaunlich, wie sich die Dinge immer wieder als gespiegelt erweisen und vice versa geschehen.
So kamen wir die ganze Tagung über, trotz unseres geheimen Wunsches, nicht recht zusammen. In diesen Tagen erfuhr ich später von anderen, dass Wolfgang verheiratet war und vier Kinder hatte und eine Landarztpraxis in einem Ort in den Bergen, auch dass er Schwierigkeiten hätte. Das war sehr klar und deutlich. Alle zarten Anklänge eines Kontaktes verstummten meinerseits. Mein Verstand reagierte sofort, verbündete sich mit der Vernunft und sagte: „Aha, lass sofort los und vergiss ihn." Und ich tat mein bestes, denn ich war anerkanntermaßen, wie mir viele zu meinem Leidwesen wohlwollend sagten, ein vernünftiger und realistischer Mensch. Natürlich war ich auch das Gegenteil, und niemand verstand früher besser den Satz von Goethes Faust: „Zwei Seelen wohnen in meiner Brust." Und die eine ist meist damit beschäftigt, die andere zur Ruhe zu bringen. Ein sehr anstrengendes Bemühen, das mich viele Kämpfe gegen mich selbst in jüngeren Jahren gekostet hatte.

Dennoch sind mir dieser Vortrag über Hildegard von Bingen, ihre „Grünkraft" der Pflanzen und des Lebens, und meine doppelte Wahrnehmung in dieser dunklen Kirche sehr lebendig im Gedächtnis geblieben. Eine schwebende, zarte Verbindung von Geist zu Geist im Zwielicht der knarrenden Kirchenbänke: gefühlt im Zeichen der inneren Ungewissheit, da ich nicht wusste, was dieser unbekannte Wolfgang wirklich dachte und fühlte. Dass dies ein Sinnbild innerer Prüfung ist, wie sie uns auf den inneren Pfaden der eigenen Entwicklung immer wieder begegnet, erkannte ich erst viel später, als mir die Struktur solcher Situationen immer deutlicher wurde. Und was es zu lernen gilt: inneres Vertrauen auf das, was ich, und sei es noch so fein, wahrnehme; und das Überprüfen des Wahrgenommenen. Nichts ist gleich. Wenn ich glaube, etwas zu kennen, wird es anders sein. Erst wenn es sich erhält, durch die Zeit und die Unwegsamkeiten hindurch, hat es Bestand. Ich lernte loslassen und unsere Liebe hatte Bestand.

Ich greife vor, wenn ich nun sage: Es wurde ein langer Weg und er begann scheinbar gänzlich aussichtslos. Nur die Hoffnung und der Glaube, dass wir Menschen eigentlich „Kinder des Geistes" und der Liebe sind, und dass wir bereit waren, unseren Weg ganz in die Transzendenz des geistigen Lichtes zu stellen, jeder von uns auf seinem Entwicklungspfad – nur diese Hoffnung und dieser Glaube haben uns geführt und lebendig verbunden. Sie haben immer wieder den Weg beleuchtet, wenn es dunkel wurde, und der Weg undurchdringlich im Dickicht der Unversöhnlichkeiten der physischen Existenz stecken blieb. Wundersamerweise kommen Lösungen dann aus einem anderen Bereich als dem faktisch-rationalen. Der Verstand kapituliert und daraus ergibt sich das Neue: eine neue Ebene der Lösung – und du weißt selbst nicht, was geschehen ist, dass aus Streit Versöhnung folgte, aus „geht nicht" „geht doch", aus „nein" „ja" wurde. Was ich nur wusste, war, dass ich bereit war, es zu übergeben, da ich es nicht lösen konnte. Und es geschah. Und ich lernte allmählich das Unbekannte zu *beachten*, später im Zuge größerer Bewusstwerdung zu *ehren*. Die Sioux sagen: „Gott ist groß". Wir kennen nicht alle Wege. Wir sind alle Kinder des „großen Geistes".
Gegen alle Erwartungen führte es Wolfgang und mich in der letzten Nacht der Tagung auf dem Nachhauseweg von einer Schenke in unsere Herberge zurück zusammen. Ein kleiner Zufall wollte es so. Und so begann alles. Eine große Weiche meines und auch seines

Lebens tat sich hier auf und lenkte den eingeschlagenen Weg, der so sicher schien, um.

Ich war schon von der Gastschenke aufgebrochen, um mit einer kleinen Gruppe zurückzugehen, der ich mich angeschlossen hatte. Wir alle hatten an einem großen Tisch gesessen, getrunken, gelacht und viel ausgetauscht. Wolfgang saß in einer ganz anderen Gruppe und blieb noch. Wir hatten kein Wort gewechselt. Ich gesellte mich in den ersten Aufbruch. Morgen früh sollte es nach Hause gehen. Als ich angezogen war und nach draußen trat, waren die anderen schon davon gegangen und hatten nicht auf mich gewartet. Da ich den Weg nicht im Dunkeln allein gehen wollte, begab ich mich wieder hinein und setzte mich noch einmal. Jetzt kamen wir ins Gespräch und brachen etwas später in einer anderen Gruppe gemeinsam auf. Draußen schluckte uns die Dunkelheit. Als wir auf dem Bergrücken kurz vor dem alten Tor der Burgherberge ankamen, es war inzwischen kurz vor Mitternacht und warm, wir ins Gespräch vertieft, entschlossen wir uns, noch etwas spazieren zu gehen. Die Nacht hatte uns zusammengeführt. Die Tagwelt lag im Dunkel. Der Wald auf dem Bergrücken mit seinen alten Buchen glänzte geheimnisvoll im schwachen Mondlicht der weißen Sichel über unseren Köpfen und beleuchtete samtig den Pfad, der auf dem Bergrücken entlang zog und zu beiden Seiten den Blick freigab in die anliegenden Täler. Es duftete und roch feucht nach Waldboden, Moosen und Farnen. Die Blätter der hohen Buchen rauschten leise und raunten uns zu. Die Dunkelheit und die Stille des Waldes enthüllten das Leben hier, das unheimlich und berauschend zugleich mir ins Ohr raunte. Alle Sinne waren hellwach, so wie die Augen im Dunkeln tappten und sich nur schwer an den bewegten Schatten orientieren konnten. Das Sehen wurde jetzt anders, mehr ein Fühlen. Die Sinne vermischten sich.

Ich weiß nicht, wie lange wir so dahingegangen sind, mal blieben wir stehen und lauschten, dann gingen wir mal auf dem Weg, mal dicht am Hang, um den Ausblick zu genießen. Raum und Zeit lösten sich auf. Wir waren eins mit der Natur, so wie die Dunkelheit uns nicht preisgab. Leise federnd, im gleichen Schritt, bald einzeln, dann Hand in Hand. Mein starkes Naturempfinden und meine Liebe zu den alten Bäumen kamen mir hier erstmals voll ins Bewusstsein. Ich lebte mit jedem Muskel meines Körpers und genoss diese Einsamkeit der Nacht, die sich zart mit der Zweisamkeit unserer Herzen vermählte. Eine geschenkte Zeit zwischen Nacht und Tag, die zwischen den Welten lag und uns einen Blick in die Geist-welt der Natur erlaubte. Wolfgang erzählte mir von Naturwesen, die er vorbeihuschen sah und wie ich sie erblicken könne, indem ich sie nur im Vorbeischweifen des Auges, aus der Unschärfe des äußeren Winkels, in den Blick nehmen könne. Sobald man sie fixieren will, sind sie weg. Und ich erlebte es, erst ungläubig mal ganz zufällig, später häufiger, mehr Vertrauen in diese Wahrnehmung gewinnend; und entdeckte diesen Hauch der Elfen-Wesen zwischen den Bäumen, auf Lichtungen, in geschützten Mulden, auf feuchten Wiesen, wie sie tanzen – all das, was ich als Kind so gern gemalt hatte – und dass es Vertrauen braucht, sie zu sehen. Der Zweifel fegt sie sofort hinweg.

Von da an suchte ich sie auf meinen Spaziergängen und Streifzügen durch die Natur, ihre Orte, die meist versteckt liegen, die feinen Zeichen ihrer Anwesenheit und fand viele Kraft-Orte und lernte aus dem Erleben und Beobachten mit allen Sinnen viel über sie. Ich war nie mehr allein. Meine ausgedehnten Spaziergänge, die mich immer mehr von den Wegen abführten und einluden, querfeldein durch die Natur auf natürlichen Pfaden zu streifen, wurden meine größte Quelle der Regeneration und Meditation, mit mir in Einklang zu kommen. Allein in der Natur zu sein, weit genug ab von Menschen, die laut und unachtsam die geraden Autobahnwege bevölkern, wurde für mich zu einem Fest wirklicher Vereinigung von Körper und Geist. Einfach *zu gehen* bedeutete mir, einfach *zu sein, da zu sein* mit der Lust aller Sinne. Und die Natur wurde mit der Zeit immer lebendiger und geistvoller. Eine wahre Begleiterin auf ausgedehnten Wegen und Antrieb, auch neue Gebiete zu erkunden. Diese Lebendigkeit fand ich vor allem, wenn ich Landschaften durchstreifte, wo die Resonanz in mir stark und harmonisch ist: Dort, wo einem das Herz aufgeht. Hier lernte ich viel von

dem inneren Wissen und dem Wesen von Klang und Musik. Ganz anders als in meinen Übungs- und Studienjahren.
In diesem Moment hier, der mir eine Ewigkeit zu währen schien, dem Ort unserer ersten Begegnung im Buchenwald bei Bad Kreuznach, war ich wirklich glücklich. Es war einer der schönsten und glücklichsten Momente meines Lebens, eine wirkliche Berührung im Sein, eine tiefe *Seinserfahrung*, würde K. Graf Dürckheim sagen, wo alles zusammenfloss und eins wurde. Die Sterne leuchteten auf uns herab, die Zeit war außer Kraft gesetzt, ein Geschenk der *anderen* Zeit, wir teilten unser lebendiges Naturempfinden, wie ich es noch nie mit jemandem teilen konnte. Es gab einen, der auch lauschte und still sein konnte und Dinge erlebte, die man nicht sehen kann. Unsere Körper fühlten sich im wahrsten Sinne des Wortes zu einander *hingezogen*. Es vibrierte, als würde durch unser Nebeneinander-Gehen Strom von Körper zu Körper fließen und uns in einem Kreislauf verbinden. Die Schwingung erhöhte sich durch das starke Vibrieren und die Seiten unserer Körper zogen sich an, als wären feine Magnete in die Hautzellen eingebaut. Dieses Gefühl ist immer wieder aufgetaucht, wenn wir uns nahe kamen. So saßen wir lange, lange dicht nebeneinander, im Strom der Zeit, zusammen auf der Bank unter einem Baum mit Aussicht auf ein Tal, die Zeit floss dahin, und wir lauschten in diese Unendlichkeit. Schauten tief in das Tal hinunter, das blau-schwarz mit wenigen Lichtern vor uns dahin floss. Als wir uns trennten, Arm von Arm, hatte ich das Gefühl, als fehlte mir auf meiner rechten Seite etwas, mein Arm schien offen an der Außenseite. Ich wartete auf etwas. Obwohl wir damals dunkel gekleidet waren, sehe ich uns weiß leuchten: auf dieser Bank, schüchtern Hand in Hand und Arm an Arm gelehnt, wie Zwillinge, die in die gleiche Richtung gucken. Und der Mond lächelte mit dem Gesicht seiner freundlichen Sichel. Das zarte Grün der Blätter streichelte mich und ich nahm ein Zweiglein mit.

Auf dem Rückweg blieben wir nur einmal stehen und er nahm mich ohne ein Wort ganz still in seine Arme und wir spürten uns, die

Haut, unseren Herzschlag, unsere Rücken, wo die Hände ruhten. Ich spürte seine Durchlässigkeit, seine weichen Muskeln, seine Kraft. Die Ähnlichkeit unserer Konstitution. Es war ein eigenartiges Gefühl, fremd und vertraut zugleich. Wir fassten uns kurz bei den Hüften und gingen dann still nebeneinander weiter. Als wir das Tor unserer Herberge erreichten, nahmen wir Abschied, so selbstverständlich und wussten doch nicht, ob wir uns nach Morgen je wieder sehen würden. Alles schien auf einmal so unwirklich. Ein Traum, der eine Sehnsucht entfachte, die von einer Anderswelt spricht. Aber wohl nicht in diesem Leben, dachte ich. „Ade!" Und doch: Allein dieses Gefühl des Zusammenseins kennen gelernt zu haben, dafür hatte es sich gelohnt, auch wenn es nur ein winziger Augenblick im Weltengeschehen war. Und dieser Augenblick war in meinem Herzen entzündet. Das wollte ich mit nach Hause nehmen.

Der nächste Morgen brach früh herein und nach dem Frühstück begann die allgemeine Hektik des Abreisens. Zu meiner eigenen Überraschung wurde ich zu zwei Abschiedsspaziergängen eingeladen, von Karl, dem blonden Mann mit dem Vortrag und von Wolfgang. Es wurden zwei sehr verschiedene Spazierrunden, die wir jeweils wieder über den Bergrücken auf der Seite der Burg gingen. Ich kannte mich inzwischen dort gut aus, im Hellen wie im Dunkeln. Der Weg zeigte sich so verschieden, wie später die Beziehungen verschieden wurden; und ich hörte merkwürdige Dinge, wie die verzehrenden Schatten der Liebe einer Kerze gleichen und was Hölle sei, in der man lebt. Ganz diffus nahm ich das damals wahr, weil mein Glaube über Liebe ganz anders geartet war. Ich war hoffnungslos romantisch und ein starrköpfiger Idealist, trotz aller Erfahrungen. Und genauso diffus machte ich mir damals klar, dass es so etwas wie Glaubenssätze oder Programme geben müsse, die sich in der Erfahrung formen und dann in der inneren Einstellung manifestieren, weil ich danach lebe. Es war beängstigend, gerade weil solche Programme scheinbar von mir unbemerkt bleiben und doch zur Resonanz kommen und dann meinen Lebensplan schreiben.

Wolfgang habe ich ein Jahr nicht gesehen und nicht gesprochen, nur imaginäre Briefe an eine imaginäre Adresse. Jeder Kontakt war unmöglich. Mit Karl war ich trotz vieler emotionaler Turbulenzen einige Zeit befreundet, dann gaben wir den Versuch einer Beziehung auf. Ich war allein, und die vielen Streifzüge und Spaziergänge durch meine Lieblingslandschaften des Siebengebirges hoch über dem Rhein waren für mich die wichtigste Beziehung und mein geheimer Ort des Träumens. Hier hatte ich so ein Gefühl wie Heimat. Hier war ich ganz ich selbst und fühlte mich frei und glücklich, allein in der Stille des Waldes den Bäumen zu lauschen und die Ausblicke in mich aufzunehmen. Die Natur wurde mir immer lebendiger in ihrem wohlgeformten Körper der Hügel, Mulden und Lichtungen, der natürlichen Wege und Schneisen. Und es wurde mir egal, welches Wetter war: Der Frühlingsregen segnete das Land, die Sommersonne ließ es reifen und die Herbstwinde kündeten von der Ernte, die fallenden Blätter boten mir ein herrliches Sitzen und Liegen auf dem Waldboden an, alles war schön und kraftvoll, ich fühlte mich eins im Gehen und Lauschen. Und ich begann mich zu unterhalten, damals in meinen Gedanken, heute mache ich es auch praktisch, ich bringe kleine Gaben mit oder mache kleine freie Rituale.

Die ältesten Bäume dort wurden meine liebsten Freunde, die ich jedes Mal begrüßte und auf ihren Plätzen an ihrem Stamm verweilte. Hier empfand ich eine ganz eigene Resonanz, einen Widerklang zwischen ihnen, den hohen Herren oder Frauen des Waldes, und meinem innersten Wesen. Unsere Obertöne und unser Grundton schienen zusammen zu schwingen in einer sehr harmonischen Ordnung, vielleicht vergleichbar mit der so lieblich ansteigenden kleinen Sexte, dem Wesen der Venus gleich. Und meine vielen kleinen *Unstimmigkeiten* beruhigten sich und verloren an Gewicht. Ich stimmte mich ein, wieder *wesentlich* zu sein. Meine innere Waage kam in Balance und ich fühlte mich besser.

Wenn ich dann zuhause war und meine täglichen Klavierstunden gab, konnte ich das Phänomen der Resonanz ganz anders studieren, je nachdem wie gut oder schlecht mein jeweiliger Klavierschüler gerade drauf war, wie wir uns verstanden und wie sein Gefühl für

Musik war. *Der Ton macht die Musik*, wie wahr ist dieser Satz, nicht nur die technische Perfektion oder die Reinheit der Tonschwingung, nein, all das ist nur eine Voraussetzung, ein Handwerk. Schönheit und wirkliche Resonanz kommen von innen, aus der Mitte dessen, der spielt. Das aufmerksame Hören mit allen Sinnen findet immer den Weg zum Herzen. Und aus der Verbindung von Ton zum nächsten Ton, aus diesem lebendigen Fluss erwächst so etwas wie Schönheit und wirklicher Klang – ganz aus dem Augenblick. Ein einzelner Ton ohne Verbindung stirbt an Einsamkeit, er ist *nichts*, wenn er nicht ins Fließen kommt. Eine Person, die „schön" oder „gut" spielt, wie man sagt, strahlt eine unglaubliche Präsenz und innere Lebendigkeit in ihrem Spiel aus, sie *ist* ganz Musik. Sie fließt. Diese Hingabe ist sehr berührend. Und genau um das geht es. Überall im Leben.

Im nächsten Jahr brachte die gleiche Tagung dann die Entscheidung. Ich traf Wolfgang dort wieder, ohne es vorher zu wissen. Es war eine Zusammenführung, wie sie nur zu-fällig geführt, auf des Messers Schneide sich entscheidend, gelingt. Er war ersichtlich krank, es stand ihm ins Gesicht geschrieben, dass etwas verändert werden musste, um weiterzuleben. Und in diesem Augenblick schien mir die Rolle eines rettenden Engels zugewiesen, der wieder Hoffnung gibt. Es war zugleich für mich ein Weg in die Freiheit, den anderen in Liebe loszulassen, nämlich den Willen aufzugeben, der den anderen *haben* will.
Als wir uns plötzlich im Korridor des Tagungsgebäudes wieder sahen, fielen wir uns in die Arme. Dann ließen wir uns los, um uns richtig anzuschauen. So viel war geschehen und doch war es nichts. Aus seinem Gesicht leuchteten zwei ganz verschiedene Augen, ein altes, das litt und den Blick tief nach innen gerichtet hatte, und ein junges Auge, das sich freute und herausstrahlte. Der Körper wirkte müde und etwas zerschlagen. Ich war fassungslos und konnte es kaum glauben, dass wir uns wieder sahen Und diesmal hatten wir die ganze Tagung noch vor uns! Die „Vierzehn-Heiligen", der Name des Klosters, standen uns zur Verfügung und wir hatten in diesem

Sinne guten Begleitschutz. Das Kloster war alt und etwas abgewohnt, die Kirche dafür wunderschön in der Innengestaltung. Ein zentrales Thema wurde, wie der Zufall so spielt, der biblische Satz: „Liebe deinen Nächsten wie dich selbst." Oder schien er nur mir zentral? Wie dich selbst – was immer das heißen mag – es bestand die Möglichkeit, mit einer falsch verstandenen Nächstenliebe aufzuräumen, die diese aus der Opferrolle kreiert und erfüllt.
Wir haben viel miteinander gesprochen und ausgetauscht, ganze Nachmittage und Nächte. Unser ganzes Leben haben wir uns erzählt, offen und ohne Vorbehalt. Es ist schön und fühlt sich sehr gut an, wenn es auf einmal keine Tabus gibt, und ich alles von mir mitteilen darf. Dieses Gefühl habe ich von Anfang an mit Wolfgang gehabt, dass wir tatsächlich alles miteinander teilen können und wir uns verstehen. Ein Gefühl großer Nähe und zugleich großer Weite, wie ich es in diesem Ausmaß noch nie bis dahin gekannt hatte, erlebte ich nun. Ich fühlte mich im Zusammensein frei. Normalerweise habe ich eher das Gefühl, etwas von mir zurückhalten zu müssen, nicht alles dem anderen zumuten zu können, je nachdem wie weit sein Verständnis reicht. Das sind wohl die stillen Übereinkünfte, die unausgesprochen bleiben, aber wirken. zwischen Wolfgang und mir war dieses Tor zur Wirklichkeit und zum Sein dürfen so offen wie nie zuvor und ich genoss dieses Gefühl der Weite und des gegenseitigen Verstehens. Endlich durfte ich ganz sein. Und ich begann mich zu verändern. Aus der stillen Ruth wurde eine beredte Ruth, die sich frei ausdrückte.
Wenn wir still zusammen saßen, spürte ich wieder dieses eigenartige Gefühl der Wärme und der Vibration von Arm zu Arm. Es zog mich an. Die Tage schnell rasten vorbei und der abschließende Gottesdienst wurde zu einem rauschenden Fest der Engel und Heiligen. Denn sie erschienen auf einmal, mitten drin und gaben Antwort, von Herz zu Herz, und die inneren Augen schauten in dieses Zwischenreich, wo sich physische und geistige Welt treffen: Es wurde sehr hell in der Mitte über dem Altar, ein Strahl flutete von oben nieder, in dessen Licht Jesus in seiner Geistgestalt erschien und lächelte. Viele Engel und Geistwesen standen

mit ihren Licht durchfluteten Gewändern schwebend Spalier und säumten den Altarraum. Sie nahmen uns in ihre Mitte und schienen Antwort auf die Herzensnot zu geben, in der Wolfgang sich befand. Es ertönte in seinem Bewusstsein durch all die Musik hindurch ein klares Ja: „Dies ist deine Frau." Zu mir: „Dies ist dein Mann." Ein warmes Gefühl der Zugehörigkeit und Dankbarkeit durchrieselte mich. Mein Herz bebte. Ohne etwas während dieses Erlebens zu sprechen, nur mit einem leisen Händedruck verstanden wir und teilten miteinander gleichzeitig dieses Erlebnis. Die Antwort, auf dem richtigen Weg zu sein, den Weg der Liebe gehen zu dürfen, wenn er auch schwierig und gegen alle Konventionen verstoßen würde.

Dieses Erleben einer höheren Führung und der echten Transzendenz unserer Liebe haben uns getragen: Aus ihrem unsichtbaren Rücken in allen Situationen der Not und Unsicherheit und des Verzagens tauchte dieser zeitlose Glanz des Lichtes auf, und erhellte zu guter Letzt die Situationen wirklicher Entscheidung.
Bei der Verabschiedung trennten wir uns, Wolfgang wieder mit beschwingterem Schritt und neuem Elan, die Augen klar und strahlend zuversichtlich, und ich wusste, dass wir uns wieder sehen würden. Die Zeit des Loslassens begann und verband uns über mehr als tausend Kilometer. Meine neuen ausgedehnten Spaziergänge ins Siebengebirge und an den Rhein stimmten mich ein in dieses Gefühl tiefer innerer Verbundenheit und Zwiesprache. Die Natur war mein Verbündeter und sie hallte wunderbar zurück und gab mir immer wieder Hoffnung und Mut. Die Frage, was überhaupt *wirklich* sei und was ich mir „nur einbilde" habe ich in meiner Unsicherheit tausende Male gestellt. Und dabei das Lauschen nach innen gelernt und das Vertrauen auf das, was ich hörte. Niemand anders konnte mir Sicherheit geben oder antworten. Ich erinnere mich, wie ich einst im Frühsommer dieses ersten Jahres unserer Verbindung mit einem Brief in der Hand langsam durch die Hügel und Täler am Fuße der Löwenburg wanderte und dann den Blick auf den Rhein genoss. Nach meinem Aufstieg setzte ich

mich auf einen runden Felsvorsprung direkt am Hang und las, las aus seinem Leben, so wie er es mir mitteilte. Der Wald breitete sich unter mir aus. Eine Amsel zwitscherte und die Sonne schien mir direkt ins Gesicht. Eine dicke Ameise krabbelte über meinen Schuh. Ich war glücklich hier. Ganz nah spürte ich Wolfgang durch seine Worte, seine und meine Liebe hüllten mich ein wie ein goldener Mantel, der mich wärmt und zart umfließt. Sehnsucht stieg in mir auf und zugleich war dieser Augenblick hier schön wie die Ewigkeit, das Herz war voll und teilte seinen Gesang mit dem Vogel. Über diesen besonderen Augenblick habe ich später, als ich nach Hause kam in meine kleine Einzimmerwohnung in der Michaelstraße, ein Gedicht geschrieben. Noch heute erinnert es mich an diesen erfüllten Augenblick, wo viele Lebens-Fäden zusammenflossen, so wie das Sonnenlicht Strahlen aussendet.

Ich drehe mich um und spüre meinen Mann an meiner Seite. Ich greife seine Hand und drücke sie. Fahles Mondlicht und ein Sternenhimmel leuchten durch ein Fenster auf das Bett. Es ist kalt. Elf Jahre ist dies nun schon her, dass wir uns das zweite Mal so überraschend und doch irgendwie in der Tiefe unseres Herzens wissend, begegneten. Aufeinander warteten und zusammen ein Leben schufen, indem wir bei null anfingen und in dem der Klang eine entscheidende Rolle spielen sollte: die Kreation des *Zusammen*klanges. Unserer beider Liebe war die Musik und ihre heilige heilende Sphäre der Resonanz und der Möglichkeit, Dinge zu offenbaren, die sonst unsagbar oder ungesagt bleiben. Das „Geheimnis" zu suchen und etwas zu entdecken war schon als Kind das Spannendste und Interessanteste für mich gewesen. Zumindest hat sich diese Sehnsucht durch mein Gefühl des Andersseins und des Alleinseins immer erhalten und mich begleitet. Ich seufze und kuschle mich bei meinem traumwandlerischen Streifzug durch die Vergangenheit tiefer in meine Decke und ziehe sie bis zum Kinn.
Der dunkelgoldene Buddha auf meinem Nachttisch leuchtet mir irgendwie entgegen und strahlt mit seinem Stab über dem Kopf Ruhe aus. Er befindet sich auf meiner rechten Seite, während auf

meiner linken Seite indianische Bilder an der Wand stehen. Auf beiden Seiten zu unserem Bett sind kleine Altäre eingerichtet mit selbst gesammelten und persönlichen wertvollen Gegenständen, die alle ihre Symbolkraft haben und damit ihren bestimmten Platz. Muscheln, Steine, ein Salzkristall, Bilder, Kerzen, ein Kelch, Räucherwerk, Federn, ein Engel, ein Eichenlaubzweig, ein Kreuz, ein Baum aus Jade und Amethyst, und einiges mehr, was mir lebendig und heilig ist aus der Ordnung der 7 Elemente. Es ist vor allem mein Ort des Rückzuges aus dem Trubel des Alltags, wo ich ganz in Ruhe in die andere Seite des Lebens eintauchen kann, um mich aufzutanken.

Und die Welt des Traumes ist hier sehr lebendig. Über allem wachen Jesus, Buddha und Yogananda, der mir ein geistiger Vater geworden ist. In seinem Gesicht finde ich die tiefe Verbindung von Ost und West, ein großer Lehrer der allumfassenden, verbindenden Weisheit. Ich sehe beide Welten in seinem Gesicht, so wie ich mich verbunden fühle, ausgestreckt zwischen den Welten von östlicher und westlicher indianischer Lebenskultur. Ganz von Angesicht zu Angesicht, mit seinem geheimnisvollen Lächeln, ist er mir eines Tages auf einem Foto begegnet und lebendig gegenübergetreten. Zu meiner eigenen großen Überraschung. Und ich habe mich mit ihm sofort unterhalten können Es hat nicht lange gedauert und ich habe dieses seltene Foto, das man nicht kaufen kann, von der Frau geschenkt bekommen, bei der ich es gesehen hatte. Es gibt mir nun Antwort und tröstet mich immer, wenn ich es brauche. Yogananda ist mir ein guter zweiter „Vater" geworden. Sein Lächeln ist so sanft, weise und unmittelbar heilsam für mich. Das Gefühl von *Vater* war beim ersten Anblick des Fotos einfach spontan da. Voll Dankbarkeit erinnere ich mich an den Satz, der mich seitdem begleitet hat und der sich immer wieder erkunden lässt. Ich fand ihn in der Huna Philosophie aufgeschrieben und er half mir meine Erfahrungen zu vertiefen und stärkte mein Vertrauen: „*Alles lebt und gibt Antwort*" Alles! Praktiziere es! Diesen Satz zu lesen und zu verstehen war ein Augenblick der Befreiung. Es ergriff mich richtig und rückte etwas in meinem Denkgebäude und meinen Glaubenssätzen zurecht, was mir Freiheit schenkte. – Und Yogananda lächelte wissend mir zu. Viel habe ich durch dieses Lächeln gelernt und es berührt mich, wenn ich hinschaue, jedes Mal von neuem. Unsere Verbindung lebt. Er lebt und ich lebe.

Die nächtliche Reise führt mich beim nächsten Eintauchen in die Traumwirklichkeit oder Anderswelt, wie die Indianer sagen, an einen Ort, der schon weit zurückliegt und doch genauso jetzt lebendig ist – gibt es doch eigentlich im Bewusstsein keine Zeit – an einen älteren Ort der Verbindung. Vom Osten bin ich in den Westen gewandert, vor langer Zeit. Jetzt scheint meine Aufgabe mich wieder hierher in den Westen zurück zu rufen, und mein Weg geht durch lichte Kornfelder links den Pfad hinauf, der auf beiden Seiten Erinnerungen birgt und weiterführt. Eine ganze Landkarte tut sich in meinem Körper auf: die Nord-Süd-Achse geht durch den Rumpf, die West-Ost-Achse von der linken zur rechten Seite. Und auf beiden Seiten erkenne ich Leben und Erfahrung. Symbole von Landschaften tauchen auf. Ich muss mich entscheiden. Intuitiv weiß ich, dass mein Weg mich jetzt nach links, also nach Westen tiefer hineinführt. Auch weiß ich, dass ich hier schon einmal war und bei diesen Kornfeldern gelebt habe, vor allem Krieg mit den Weißen, friedlich und im Einklang mit den Naturrhythmen. Nun wähle ich auf meine Frage hin, „wohin jetzt diese Reise führt?“, einen zweiten Pfad weiter nördlich, der aus den leuchtenden Kornfeldern herausführt, weiter nach Westen.
Die Erinnerung an die alte Verbindung von Wolfgang und mir – und auch an alte angeschlagene Wurzeln meiner selbst – steigt langsam in mir auf. Diese Erinnerung will jetzt ihre Lebenskraft in den Stamm meines Lebensbaumes schicken. Leben wir nicht alle aus alten Verbindungen, die uns nur meist verborgen, besser unbewusst sind, doch von denen wir manchmal etwas erhaschen, wenn sich etwas intuitiv auftut, was wir eigentlich nicht wissen können? Wir stoßen darauf, wenn wir unserer inneren Stimme Gehör schenken.

„*Vergangenheit* und *Zukunft* sind die beiden Seiten der einen Medaille, die Gegenwart heißt", flüstert mir eine alte indianische Stimme ins Ohr. „Es gibt keine Zeit. Sie existiert nur als Vereinbarung in unseren Köpfen, wo die Programme geschrieben werden." Das sind die scheinbar objektiven Gesetze der Wirklichkeit. „Doch die Wirklichkeit ist viel größer, auf der anderen Seite von Zeit und Raum." – „Folge mir", flüstert sie weiter und ihr Bild mit dem alten runzeligen Indianergesicht mit zwei grauen Zöpfen verblasst und verwandelt sich in das einer jungen Frau mit schwarzen Haaren in türkisem Gewand mit einem geflochtenen goldenen Gürtel mit besonderen Symbolen. Mit meinem Traumkörper sehe ich, dass es ein anderes Gesicht von mir ist, das sich mir zeigen möchte und nach einem kurzen Moment, ohne zu wissen, wohin die Reise geht, nehme ich es an und lasse mich weiterführen durch den Tunnel des blauen Lichts. Die Zeit beginnt sich zu verschieben. Wogen und Schwaden tauchen auf, werden größer, öffnen und verschieben ihre Formen, die sich von innen nach außen schälen. Mein Traumkörper taucht ein.

Hingebung

Bist Du der Kreis,
der für mich sich erschloss,
zu finden das Leben
in Liebe
aus Deinem Schoß?

Sich öffnend
empfindet in mir
meine Liebe
strömt zurück zu Dir.
Beginnt Neues dann
unbekannt.

Ein schön´res Land
zeigte Gott uns
zu reisen dorthin –
wie nur in diesem Sinne
Leben hat Sinn.

Horchen und Lauschen.
Wie lautet der Plan?
Gehorchen
und nehmen
was immer auch kam.

Hoffen,
dass niemand mein innerstes Wesen,
die Seele mir nahm.
Wissen,
dass nur in der Hingabe selbst
erlaubt ist zu lieben
ganz als Du Selbst.

Wirken ohne Netz,
ohne Deckung
den anderen zum Sein
Seiner Selbst
zu bringen.

Aus zwei Sonnen,
Ruhe und Anstoß,
verbindet der Keim
sich – zu neuer Blüte – reift-
Bittet um Reinheit
Gott, das ewige Licht,
zum Leben in Unsterblichkeit.

WK. RK. 1993/2004

Der Sprung und die Wirklichkeit teilte sich

Himmel und Erde

Wir kommen von den Sternen, unsere Heimat ist ewig dort.
Wir sind auf die Erde hinab gestiegen,
ihr Licht mit der Erde zu vermählen.
Durchleuchte deine Seele und sieh das Licht der großen Mutter
und ihrer Kinder!
Segne sie! – Sie dankt es dir tausendfach.
Du reist durch die Zeit ihrer Jahrtausende. Sie sind eins.
Sei hier. Dein Stern ist da.
****

Wisse, wer du bist. – Erinnere dich!

Und ich sauste mit dem Kopf zuerst in die Tiefe, ins Meer hinein, immer tiefer, bis ich am Grund an einer großen Ziegelmauer ankam. Riesig breit zog sie in der Tiefe des Meeres entlang und lag eingehüllt in das blau-violette Licht. Durch ein Loch zog es mich, eine eingefallene Stelle und einen Tunnel weiter, wo überall Steinbrocken herumlagen. Alles eingebrochen und das Gemäuer uralt. Irgendwie kam ich hindurch, flog, bis der Tunnel sich wieder öffnete und den Blick nach unten freigab. Unter mir befand sich eine riesige, goldene Stadt, groß, mit eingefallenen, ehemals geraden und spitzen Türmen, verfallen und doch noch prächtig von altem Glanz. Ihre verflossenen Farben und Lichter flackerten, ich flog drüber und wagte nicht zu landen, vielleicht konnte ich auch gar nicht landen.

Ich erhaschte einzelne flüchtige Sekunden dieses alten Lebens, wie Fetzen hier im ewig blauen Licht. Eine Ahnung der Zeit. Die Lebenden waren tot und doch hielt sich etwas von ihrem Wesen hier auf, im ewigen Fließen des Meeres: sprachloses Staunen, versunken auf dem Meeresboden. Ich flog weiter über Atlantis und das untergegangene Reich, das sich in viele Länder zerteilte. Viele Wasser durchquerte ich zwischen dem Westen und dem Osten und tauchte wieder auf. Wo war ich gelandet?

Ich lebe in einem kleinen Dorf am Rande der roten Felswüste und der hohen Berge. Es ist heiß und staubig hier und es gibt viele Kakteen und Gummibäume. Mein Vogel, Crow, die Krähe, fliegt auf den Baum neben meiner Hütte und krächzt und schreit. Sie ist schwarz und schielt hinunter, als ich mit dem Essen hinaustrete, Bohnen mit Fleisch. Dann flattert sie hinunter, und ich werfe ihr ein paar Brocken zu, die sie gierig aufschnappt. Sie ist immer hungrig. Es ist ruhig und schläfrig in dem Dorf. Die meisten Männer sind auf der Jagd. Ein paar Kinder schreien und lärmen auf dem Dorfplatz. Dünner Rauch steigt aus den Hütten auf. Ich denke versonnen an meinen Liebsten, meinen zukünftigen Mann, der auf seiner großen Reise ist, die Geister der anderen Welt für sich zu gewinnen und sich prüfen zu lassen. Seit Monaten ist er schon weg, mit wenig Gepäck vor Einbruch des Winters. Ich glaube daran, dass er es schaffen und bald zurückkommen wird. Wir lieben uns und zu gern wäre ich damals mitgegangen. Auch ich wollte in die andere Welt eintreten und mehr über sie erfahren. So hänge ich meinen Gedanken nach, was er wohl gerade tut, wie es ihm geht, auf gefahrvollen Wegen allein in der Natur – da erfüllt plötzlich ein dumpfes Grollen die Luft und die Erde bebt. Ich springe auf und laufe ein Stück vor, klettere auf einen Felsen und sehe eine dunkle Schar Krieger auf unser Dorf zu reiten. Das waren nicht unsere Männer! Ich schreie laut auf, renne so schnell zurück wie ich kann. Das ganze Dorf ist jetzt auf den Beinen, alle rennen heillos durcheinander. Es bleibt keine Zeit Verstecke zu suchen oder zu entkommen. Es sind bis auf wenige Männer fast nur Frauen und Kinder und Alte im Dorf. Ich

gehe in mein Tipi zurück und zittere am ganzen Körper, nehme meine wichtigsten Dinge, einen Speer, ein Fell, mein Messer, dann sind sie schon da. Ich ziehe mich ins hinterste Eck zurück und erstarre zitternd, ohne einen Gedanken mehr fassen zu können, es gibt nichts mehr, was sich noch lohnen würde. Von hier drinnen höre ich das Trampeln, Morden, Schreien näher kommen. Einen kampflosen Kampf zwischen Ohnmacht und Gewalt. Es fängt an zu brennen und Rauch zieht in mein Tipi. Ich bin zu Eis gefroren. Plötzlich dringen sie ins Häuptlingstipi hinein, die letzte Hütte im Dorf, und stehen vor mir: Drei Männer, einer voran, ihr Anführer, alle in Kriegsbemalung mit wildem Kopfschmuck ähnlich den Irokesen, stürzen auf mich los. Niemand ist sonst hier, meine Sinne verwirren sich in ohnmächtiger Angst, während ich niedergeschlagen und zu Boden gezogen werde. Der Anführer befiehlt den anderen stehen zu bleiben. Ich bin augenscheinlich seine Beute. Sein Atem brennt mir ins Gesicht, er hält mich an den Boden gepresst, sein Messer blitzt auf. Ich wehre mich heftig, sinnlos, und ich gebe auf. „Das ist das Ende", denke ich.
Plötzlich ist es ruhig, er nimmt mich gewalttätig zu seiner Frau, aber die Gewalt lässt nach. Auf einmal sehe ich einen Mann, einen Menschen über mir, der in mich eindringt, sein Gesicht. Ich fühle meinen Geist zugleich über dem Geschehen, über den Körpern und zugleich noch in meinem Körper. Verzweifelt denke ich an meine Familie, an meinen Stamm, alle tot, und verfluche diesen Menschen, der auf mir liegt und in mich eingedrungen ist. Meine Gefühle teilen sich und ich verliere das Bewusstsein. Als ich aufwache, befiehlt er mir, mich anzuziehen und mitzukommen. Das Dorf ist vollkommen zerstört, alles ist verbrannt, raucht noch und überall liegen verdrehte Menschen, die man in ihrer letzten Bewegung erschlagen hat.

Der Tod hat gewütet. Die Krieger des fremden Stammes ziehen mit mir auf den Pferden ab. Meine Seele brennt und ist genauso am Boden zerstört. Ich bin von meinen Wurzeln abgeschnitten worden, der Faden meiner Geschichte reißt hier ab. Dieser Anführer mit dem wilden Irokesenschmuck und dem athletischen Körper will mich zu seiner Frau nehmen und ich könnte dort leben. Aber ich will nicht. Hass und Groll sind in meinem Herzen für das, was er meinem Stamm angetan hat. Er lässt mich wider Erwarten allein wieder ziehen, und ich kehre zurück. Allein dort. Auch die Männer sind von der Jagd nicht wiedergekehrt, sondern alle von dem kriegerischen Stamm getötet worden. Sie haben unser Land genommen und die Frauen. Es gibt niemanden mehr von meiner Familie, ich ziehe mich in eine winzige Hütte am Rand der großen Felsen zurück, etwas entfernt von dem Platz, an dem das alte Dorf gestanden hat. Lange warte ich auf meinen Liebsten, Weioema, weißer Büffel, dass er von seinem heiligen Pfad aus den Bergen zurückkehrt. Hunderte von Gesprächen führe ich mit ihm in der Einsamkeit und erzähle ihm mein Leben, alles was inzwischen hier geschehen ist. Wo ist er wohl? Ob er noch lebt? Ich zermürbe und werde mit der Zeit einsilbig, die Zeit fließt nicht mehr, sie scheint stehen zu bleiben, wie eine alte Uhr, die einfach aufhört zu ticken. Ich denke daran diesen schamanischen Pfad, die Grenze zwischen hier und der Anderen Welt, den auch ich so gern gegangen wäre, der aber mit all seinen Gefahren ihm vorbestimmt war, zu überschreiten.

Die Alten sind tot. Fast alle sind tot, bis auf mich? Es wird dunkler um mich und schließlich geht die Sonne nicht mehr auf. Der Tod wartet auf mich, denke ich und sehe ihn öfter an meiner linken Seite sitzen, oder ist es meine rechte? Oft gehe ich ganz dicht an den Felsrand dieser großen flachen Klippe heran, diesen zentralen Platz der Aussicht, den ich mir ausgesucht habe. Meist ist er mit Sand überzogen und gibt den Blick über die ganze Ebene in drei Himmelsrichtungen frei. Öde und felsig, mit spärlichem Gras überzogen, auf dem wenige Bäume wachsen. Hier kann man tief hinunter schauen, es geht fast senkrecht viele hundert Meter hinab. Oft sitze ich lange dort und lausche dem Wind und den Steinen. Und beobachte die Vögel, die an den Felswänden ihre Flugkunststücke zeigen. Sie fliegen so leicht und unglaublich geschickt, wenn sie auf der Jagd sind, pfeilschnell wie der Falke oder stolz in der Höhe kreisend wie der Adler… Wunderbar anzuschauen! „Hier gibt es keine Schwere!“ Ich denke oft an den großen Sprung, mit dem es möglich ist, die Schwerkraft aus den Angeln zu heben, aus Raum und Zeit auszubrechen, ja zu fliegen… Eine letzte Prüfung, wie ich es manchmal von den Alten gehört habe. Darüber sinniere ich viel, aber aus dem Wunsch oder besser der Not heraus, keinen Ausweg mehr zu sehen. Wie soll ich weiterleben? Wohin? Für mich gibt es keinen Sinn mehr. Alle, alles ist tot.

Eines Tages ist es soweit, ich kann und will nicht länger warten. Ich bin des Wartens auf die Rückkehr von Weioema müde. So lange schon fühle ich mich hin und her gerissen in meinem Wunsch zu leben oder zu sterben. So oft bin ich an der Klippe gestanden – haben wir uns hier nicht einst geliebt? – Die Zeit scheint endlos vorbei und still zu stehen. Crow, meine Krähe, leistet mir stets Gesellschaft und fliegt vor mir her, um sich dann irgendwo niederzusetzen. Krächzend äugt sie herum. Sie hat alles im Blick. Es ist früh am Morgen, die Sonne geht gerade auf – da springe ich – vom hohen Felsen in die Tiefe. Die Arme breiten sich wie Flügel aus. Aber sie tragen nicht. All meinen Mut habe ich zusammengenommen, um zu springen. – Merke bei meiner schweren Entscheidung jedoch nicht, dass ich eigentlich nicht in den Tod springen sondern leben will.
In diesem kurzen Augenblick zwischen den Welten, dem Gefühl lebendig zu springen – der freie Fall – und dem Augenblick des Todes, wo ich dort unten auf den Felsen aufklatschte, mit gebrochenen Flügeln und gebrochenem Skelett, in diesem Augenblick erfahre ich, was Hölle bedeutet, wie es unauslöschlich in meine Seele eingebrannt wird: Zu springen und zugleich nicht zu springen – in einem Atemzug, in der einen Tat. Es zerreißt mich, immer wieder, als wollte es nicht aufhören, in dem Moment, in dem ich es nochmals durchlebe und an dieses Gefühl bewusst herankomme: zerteilt zu werden, geradewegs in der Luft zwischen Himmel und Erde! Es hält mich hier in dieser Stellung gefangen mit ausgebreiteten Armen: Ohne Zeit ausgespannt zu sein, doch wie angenagelt zwischen Leben und Tod, im „Dazwischen“ stecken geblieben.

Zwischen ja und nein, zwischen der Entscheidung zu springen oder nicht zu springen.
Erst sehr viel später verstehe ich, was es bedeutet, zwischen ja und nein stehen zu bleiben und in einer lebensnotwendigen Entscheidung keine wahre Entscheidung getroffen zu haben: Das ist die Hölle – wie ich später in anderen Geschichten wieder erkennen lernen sollte, in kleineren wie größeren Variationen zum selben Thema. Und wir wiederholen alles, in Variationen, zum besseren Lernen, bis wir es wirklich verstanden haben. Dies nennen wir gewöhnlich „Karma", aber wie wenig hat es eigentlich mit „Schuld und Sühne" zu tun. Es ist „Schule", und wir sind hier, um zu lernen. Gott hat uns dafür mit einem freien Willen und unendlichen Bewusstsein ausgestattet.
Der Aufprall ist furchtbar. Der Schmerz gefriert in der Angst. Und ich habe genügend Zeit, das zu spüren, was passiert ist. Der Tod lässt mich warten, so dass ich der Sonne über mir noch ausgeliefert bin. Sie brennt auf mein Haupt, alles schwirrt um mich, meine Sinne verflüchtigen sich. Mein Geist flattert ziellos in und außerhalb meines Körpers. Die Sonne steht hoch am Himmel, läuft auf Mittag zu und geht langsam wieder unter. Und in der tiefsten Trauer und der Scham meiner Seele öffnet sich schließlich, wie ein Geschenk der Gnade, der Himmel gleich einem Trichter, umrahmt von noch blassen Sternen, und ich werde aufgehoben und davongetragen durch dieses sich mir öffnende Sternentor. – Viele lichte Gestalten säumen den Weg, sind da nicht auch Vögel und der eigentümliche Glanz der Sonne weit hinter dem Sternentor, wartet da etwas auf mich? – Dies nehme ich alles schwach, wie auf einer anderen Ebene, wahr, die weit, weit weg liegt – hier schwirre ich zerschlagen und aufgelöst durch die Gefilde der Luft. Und für lange Zeit senkt sich das Vergessen hilfreich über meine Seele.

Was ich nicht bemerkt hatte, damals nicht bemerken konnte, war, dass ein Mann, schlank und schnell an Gestalt auf meine Hütte zulief, angetrieben von dem schleichenden Gefühl der unsichtbaren Angst, zu spät zu kommen. Er lief und lief, Schritt für Schritt

bemerkend, was geschehen war, er sah das abgebrannte Dorf, die Gräber, die Totenstille und die Hütte, aus der noch eine dünne kalte Rauchsäule aufstieg. Und er betete. Er wusste es, was sich angeschlichen hatte, spürte die Verzweiflung, die wie feiner Tau noch zwischen den Bäumen hing. Würde er es schaffen? Er erreichte das Felsplateau am Vormittag. Es war groß und breit. Ich weiß nicht, wie lange ich dort gestanden hatte. Allein. Den Blick stur nach vorn gerichtet – eine Ewigkeit.
Weioema (heute Wolfgang) konnte die Zeit nicht mehr einholen. Die Entfernung war zu groß. Keine Brücke führte in diesem Augenblick mehr von ihm zu mir. Ich sprang – und er sah es. Er hatte es nicht geschafft! Er rannte mit letztem Atem zur Klippe, als wollte er noch zugreifen. Die Luft. Zu spät! Wie viele Sekunden waren vergangen? Es war eine Ewigkeit. Und diese Ewigkeit kleidete sich sachte in das Gewand der Unterbrechung – wie ein Film, der für mich gerissen war.

Auch heute noch kenne ich dieses Gefühl, *springen zu müssen.* Tief sitzende Erfahrungen verschwinden nicht, sondern bleiben im Körper und in der Seele gespeichert, bis es an der Zeit ist. Und das Gefühl hat aufgelöst werden wollen, indem es mir ganz bewusst wurde, um in seiner zerstörerischen Spannung transformiert werden zu können. Ein so tief sitzendes Gefühl schleicht sich mit den Jahren erst langsam ins Bewusstsein, dass es deutlicher erkennbar wird für die innere Stimme, die immer zu dir spricht. Zuerst ist es mir nur als sehr unangenehmes Grundgefühl meiner selbst in bestimmten Situationen, wo ich nicht mehr weiter wusste, begegnet. Dann wurde mir seine zerstörerische Tendenz fühlbar, weil ich öfters so einen Drang verspürte, wenn etwas schief lief, in Beziehungen zum Beispiel, es mit meiner Reaktion oder Rückzug ganz zu beenden, obwohl ich mir das Gegenteil gewünscht hätte. Mein Gefühl wollte mich aus der unglücklichen Situation hinauskatapultieren, um sie zu reinigen, um zu entkommen. Der Wunsch zu springen war ein Hilfeschrei. Und Springen kann viele Formen annehmen, um gesehen zu werden. Heute springen wir nicht mehr

von Felsen in die Tiefe, heute zerstören wir unsere Lebensgrundlage oder unser Leben auf andere Arten. Damit es irgendwann zu einer Erlösung kommt, treibt uns die Sehnsucht der Seele an, wenn wir bereit sind, auf diese innere Stimme zu hören und der Sehnsucht zu folgen.
Rückerinnerungen haben tiefe Wurzeln, die von alter Zeit bis in die Gegenwart reichen und wirken. Im Inneren der Seele gibt es keine Zeit, alles ist jetzt, was *wirkt*.

Die Geschichte in Wolfgangs Rückerinnerung:

Als nämlich Ruth, damals Keiowa, in einem kleinem Indianerdorf am Rande der roten Felswüste und der hohen Berge nach der verheerenden und endgültigen Eroberung des gesamten Dorfes den Sprung tat, den sie tat als physisches Wesen, und doch nicht sprang als Seele, zur gleichen Zeit von der Felsenklippe, da waren wir schon als Paar vereint. Und das mit einer längeren Geschichte, die von den Wandlungen der Liebe und der Verwandtschaft der Seelen handelt.
Schon immer war für mich die brennende Sehnsucht, alles, was die Kunst des Heilens betrifft, erfahren zu können, in meinem Herzen wach gewesen. So hatten wir uns kennen gelernt. Sie war für mich die schönste Frau des Dorfes. Ihr edler Körper war wohlgeformt, geschmeidig und beweglich. Wie tanzend schwebte sie über den Boden oder saß da, einfach die Natur betrachtend und wie ein Stück aus ihr selbst herausgewachsen. Ein fein geschnittenes Gesicht. Eine leicht gebogene Nase zeugte von Willen, der ausgedrückt werden wollte. Die Backenknochen eher breit und die Wangen zart, die Lippen voll, wohnte der Komposition dieses Gesichtes eine geheimnisvolle Sinnlichkeit und Hintergründigkeit inne. Dies war nicht Schönheit in einem Sinn, die bald vergehen mag, wenn sie zu lange betrachtet wird. Es war die natürliche Würde und Erhabenheit eines reinen und hellen Charakters, der

sie so anziehend machte. Natürlich wollten sie viele und begehrten sie. Man sagte, sie sei hochmütig, weil sie viele abwies. Ich beobachtete sie. Nein, es war nicht Hochmut, der dies tat, denn immer war dann eine stille kleine Trauer in ihrem Gesicht ablesbar, so als wollte sie niemanden verletzen und war sich dessen trotzdem bewusst, dass es so scheinen musste, als täte sie es.
Ich näherte mich ihr vorsichtig und zaghaft, weil es nicht mein Begehren war, sie zu erobern, sondern in mir das Feuer des Herzens und der Erkenntnis loderte, das mich führte. Ihr Haar war schwarz und kräftig, meist mit einem geflochtenen Stirnband gehalten, betonte es anmutig die ovale Form des Gesichts. Sie tat, als bemerkte sie mich nicht. Ich aber konnte fühlen, dass ihr Pulsschlag sich beschleunigte und ihr Gesicht mehr an Blut aufnahm. So vergrößerte sich die Aura und veränderte ihre Farbe, wurde bewegter, wie wenn Feuer Nahrung bekommt und heller wird. So begannen erst unsere beiden Feuer miteinander zu tanzen, berührten sich und entfernten sich wieder – ein stilles Einverständnis ergriff uns als Personen – wir blickten uns an – und wussten. Ich nahm mit meinen Händen ihre beiden Hände – und lange blickten wir uns einfach und tief in die Augen. Wir lasen gegenseitig die Geschichte des anderen und die der Ahnen, geschrieben in der Tiefe, die hinter den Augen liegt. Woher wusste sie das? Was ich in langer Ausbildung zu lernen hatte? Oder wusste sie es gar nicht? Aber sie tat es, das konnte ich genau erkennen. Ich hatte gelernt zu lesen, was der Körper spricht und der Blick sagt.
Dann gingen wir wieder auseinander – mit einer Wärme über dem Herzen und einer Sehnsucht im Herzen. Nachts würden wir uns sicher auf dem Traumpfad treffen. Und so geschah es auch. Nach drei langen und doch kurzen Tagen trafen wir uns in der Nacht auf dem Traumpfad. Wieder war ich erstaunt. So etwas ist normalerweise erst nach jahrelanger Übung möglich. War eine andere Kraft da, die so stark war, dass sie das alles lenkte? Wir ritten über die Weiten des Landes im ruhigen und gleichmäßigen Galopp unserer Pferde. Wir sprachen miteinander in der Sprache des Herzens, die ohne Worte fließt. Wie ein Schiff auf wogenden, weiten Wellen fühlte

sich dies an. Sie erzählte mir ihre Sehnsüchte und Ahnungen und dass es ihr sehnlichster Wunsch war, ebenfalls in den großen Heilungsprozess einsteigen zu können. Sie sei schließlich dazu geboren. In unserem Stamm aber war dies ausgesuchten Männern vorbehalten. Warum sei sie nur als Frau gekommen? Und doch könnte sie als Frau gerade Dinge anders wahrnehmen als Männer und so könnte das Weibliche das Männliche ergänzen.

Ihre Sehnsucht sei die Vereinigung von Mann und Frau, so dass das Ganze eben wieder das Ganze sei und nicht mehr geteilt. Nur in einer solchen Vereinigung sei es ihr möglich, mit jemandem zu leben. Ich meinerseits teilte ihre Aussagen, waren es doch Dinge, die auch mir oft schon durch den Kopf gegangen waren. Aber ich war noch nicht so weit, eigene Entscheidungen diesbezüglich treffen zu dürfen. Ich musste erst den Pfad der Initiation beschreiten, für den ich bestimmt worden war. Ein schwerer und gefährlicher Weg am Rande des Todes, der erst die Reife bringt, die für die Heil-Arbeit eines Schamanen notwendig und Voraussetzung ist. So festigte sich während dieses Ausrittes am Traumpfad unsere Herzensbindung immer tiefer und tiefer. Unsere Verbindung und ihre Verpflichtung war im Tempel unserer Seelen klar.

Am nächsten Tag trafen wir uns bei der großen Versammlung des Dorfes, wo es ein Urteil zu fällen gab. Kein Zweifel – wie wir uns anblickten, spürten und wahrnahmen, war dies, als kannten wir uns schon ewig. Es ging um eine wichtige Entscheidung. Man hörte auf sie und ihre Meinung, obwohl oder vielleicht gerade weil sie ein bisschen eigen war. Sie tat ihre Meinung kund, ohne sich auch nur im Geringsten darum zu kümmern, was die anderen davon hielten oder ob sie einen Vorteil oder Nachteil durch ihre Aussage zu erwarten hätte. Es ging darum, ob ein Mann dafür verurteilt werden sollte, der eine Frau geschlagen und aus dem Dorf hinaus gelaufen war, um sich kopfüber in den Fluss zu stürzen. Wie ein Verrückter schlug er um sich, schluckte immer wieder Wasser, schrie und drohte fast zu ertrinken.

Auf das Schlagen einer Frau stand eine hohe Strafe, denn die Frauen wurden bei uns geachtet und geehrt, waren sie doch die Hüterinnen des Lebens und gaben es weiter von Generation zu Generation. Als man ihn schließlich herausgeholt hatte aus dem Fluss – gerade noch rechtzeitig vor den Klippen, die seinen sicheren Tod bedeutet hätten, wurde er befragt, was denn los sei. Er war starr am ganzen Körper und schwieg. Für mich war seine Sprache so beredt, dass es keinen Zweifel gab. Der Schrei war ihm in der Kehle stecken geblieben. Ich sah es an den wilden, gezackten Formen, die sich in seiner Aura rund um den Hals und Nacken formten – grau bis drohend dunkel – die sich ausbreiteten und so das ganze Wesen in eine Hochspannung bei gleichzeitiger Erstarrung brachten. Er wollte im Fluss diesem entsetzlichen Zustand entkommen. Was war geschehen?

„Weioema, was denkst du?“, fragte der Älteste mich. Normalerweise wurde solch eine Tat mit dem Verweis aus dem Dorf geahndet, was oft einem Todesurteil gleichkam, außer eine andere Frau nahm sich des Mannes an, verzieh ihm und nahm ihn auf. Nun, ich kannte Gomosha, die Mächtige, die er, Konokhai, geschlagen hatte, sehr wohl – und zwar anders, als wohl die anderen sie wahrzunehmen wussten. Mein Lehrer hatte mich schon öfter aufmerksam gemacht, ich sollte sie doch nehmen und bezwingen. Sie war ebenfalls wunderschön – ganz anders allerdings als Keiowa, die Sanfte, die ich liebte. Gomoshas Schönheit war eher grell, vordergründig, dunkel und mächtig, während Keiowas Schönheit zurückhaltend, vornehm, hell und offen war.
Gomosha hatte sich den Stärksten ausgesucht. Konokhai war von kräftiger Gestalt und einfachem Gemüt. Er sollte ihr dienen. Sie war so geschickt vorgegangen, ihn einzufangen, dass er meinte, sie erobert zu haben. In der Folge blieb seine Gestalt zwar bestehen, seine innere Kraft aber begann immer mehr zu schwinden, so als würde eine Spinne nach und nach den Saft des Lebens aussaugen. Ich sagte meinem Lehrer dies, ein bisschen böse, dass er ein solches Schicksal mir zugemutet hätte. Er antwortete nur, dies sei das Schicksal des Mannes Konokhai und ich sollte mich hüten, zu urteilen, worüber ich nichts wusste. Ich hätte sie überwinden

können, aber das war nicht der Weg. Keiner kann weiter sehen als das Schicksal. Die Blicke der Menschen, auch wenn sie noch so weise sind, sind immer kurzsichtig. So wie der Tropfen im Fluss verschiedene Wege finden kann, landet er doch immer im Meer. Außerdem, sagte mein Lehrer, er hätte mich nie motiviert, sie zur Frau zu nehmen. „Aber du hast es mir doch wiederholt gesagt, ich sollte mich um sie kümmern und sie als Frau nehmen", meinte ich. Er antwortete: „Und du hast nur verstanden, was du aus deiner kleinen Sicht heraus meintest. Mach die Augen auf. Glaubst du wirklich, ich suchte eine Frau für dich? Weiß der weiße Büffel denn nicht, wie er sich eine Frau sucht. Weißt du denn nicht, dass du sie schon längst gefunden hast, bevor du das wusstest? Glaubst du, da gibt es etwas zu suchen, oder irgendwer könnte dir das sagen. Du kannst sie nur finden und du wirst innerlich wissen, sie ist es! Hältst du mich für so klein, dich verkuppeln zu wollen? Nun, dann kann ich dich nicht weiter unterrichten." Mit diesen Worten schien er sich zu verabschieden, und ich erschrak. „Ich hab´s ja nicht so gemeint – Verzeih mir, bitte", antwortete ich von Furcht ergriffen. „Und wieder verstehst du nichts. Es gibt nichts zu verzeihen, wo schon längst verziehen ist. Ich habe dich nur auf die Konsequenzen deiner Gedanken aufmerksam gemacht", antwortete mein Lehrer. „Aber was hast du denn dann immer gemeint, wenn du gesagt hast, ich soll sie nehmen, mich um sie kümmern, sie als Frau nehmen?" Ruhig und mit freundlichen Augen antwortete er: „Verstehe: Deine Gedanken bilden die Wirklichkeit, sie verbinden sich mit deinen Gefühlen und veranlassen dich zu Aktionen. Du solltest deine Erfahrung machen. Sie nehmen heißt, zu beobachten und wahr zu nehmen. Als Frau und wie sie sich äußert. Was sie tut und was sie vorgibt zu wollen. Du wirst viele mächtige Feinde haben, wo du blitzschnell wirst erkennen müssen, was sie tun und was sie wollen. Sonst haben sie dich in Abhängigkeit gebracht und getötet, bevor du es überhaupt nur gemerkt hast. Danke diesem Mann, dass er für dich übernommen, was du hättest überwinden können." Dies alles ging mir durch den Kopf. Doch wie sollte ich es den anderen sagen?

Gespräche mit meinem Lehrer waren nicht der Öffentlichkeit preis zu geben, sonst würde ich meinen Status als Schüler sofort verlieren. Ich überlegte lange, dann sagte ich: „Ich bin dafür, Konokhai am Platz der Verschwiegenheit ruhen und reifen zu lassen, bis die Einsicht ihm sagt, was wirklich geschehen ist."
„Was kannst du sehen", fragten die Ältesten mich. „Ich kann nur sehen, dass seine Verwirrung groß ist und seine Kraft klein geworden." „Aber seine Muskeln sind doch kräftig und wohlgeformt?", antworteten sie. „Das habe ich nicht gemeint." Die meisten waren dafür, ihn zu verbannen. Hatte er sich nicht in letzter Zeit immer wieder auffällig benommen und man hatte laute Worte aus Konokhais und Gomoshas Hütte gehört? Hatte sie sich nicht beim Tratsch mit anderen Frauen immer öfter beschwert, dass ihr Mann sie immer mehr vernachlässige und seinen Pflichten nicht mehr nachkomme?
„Was meinst du als Frau", wurde Keiowa, die Sanfte schließlich gefragt.
Sie besann sich nicht lange. „Wenn ein starker Mann wie Konokhai davon läuft, nachdem er Gomosha angeblich geschlagen hat, und sich in den Fluss stürzt, ist dies ein absolut unübliches Verhalten. Ein starker Mann hätte seiner Frau schon beigebracht, den Mund zu halten und innere Angelegenheiten nicht nach außen zu tragen, im Guten wie im Bösen. Obwohl Konokhai außergewöhnlich stark war, war er Raufereien seit jeher aus dem Weg gegangen, ging oft allein spazieren und unterhielt sich mit Tieren aller Art." Ihre Krähe hätte ihr viel davon berichtet, erzählte Keiowa. Und wenn eine Frau sich ihrer eigenen Kraft nicht bewusst ist und dafür die Verantwortung übernimmt, nimmt sie bewusst oder unbewusst die Kraft des Mannes, der ihr dafür untertan wird. Gomosha sollte sich in einer Zeit der Läuterung zurückziehen und sich dessen bewusst werden, und Konokhai seine Kraft am Platz der Verschwiegenheit wieder finden, um dann eine neue Entscheidung treffen zu können. Das Urteil wurde so gesprochen. man ging auseinander. Mein ganzer Körper prickelte. Ich bewunderte Keiowa, die Sanfte. In ihrer Klarheit und Einfachheit und logischen Kon-

sequenz sprach sie wie eine Eingeweihte. Und unsere Blicke trafen sich in stillem Einverständnis.
Am Abend ging ich hinaus zu ihrer Hütte. So, wie wenn ich gerufen würde, zog es mich dorthin. „Und ihr werdet euch erkennen" – waren das nicht die weisen Worte meines Lehrers gewesen?
Sie wartete bereits auf mich. Wir gingen hinaus in die Weite. Hand in Hand und schweigend, als würden wir von einer unsichtbaren Macht getragen und geführt. Wir fanden einen Platz – oben am Felsen, von wo aus der Blick unendlich war. Damals wusste ich noch nicht, dass eine andere Art einer unglaublichen Vereinigung dort würde stattfinden zwischen ihr und mir, nach Beendigung meiner großen Reise. Jetzt aber ließen wir uns dort nieder. Sie entblößte mich und ich streifte sanft ihr Kleid ab. Zart und wie selbstverständlich nahmen unsere Körper Kontakt zueinander auf und wiegten sich miteinander im Rhythmus der Zeit. Die Vereinigung wurde groß und mächtig. So als würde die Zusammenkunft zweier Sterne am Firmament einen Sprühregen von Licht erzeugen, der sich ergoss in die Weite, die uns rundum umgab. So, als spielten wir ein Spiel der Götter in unserer menschlichen Unvollkommenheit nach und könnten damit die Göttlichkeit ein wenig berühren. Damit waren wir auch in unserem Bewusstsein Mann und Frau geworden. Der heilige Akt der Begegnung war vollzogen. Damit waren wir Mann und Frau.

Doch gewährte uns der Fluss der Zeit und seine Bestimmung nicht lange unser Glück. Ein paar Mal trafen wir uns noch in ähnlicher Weise und an anderen Orten, manchmal einfach auch nur, um zu sitzen und zu lauschen in die Unendlichkeit der Natur und ihrer Stimmen. Um im Innersten unserer Seelen die alten Geschichten zu erfahren, die der Wind und das Rauschen der Bäume uns erzählten. Unsere Unterhaltungen waren meist schweigend oder zumindest ruhig, ohne viele Worte zu machen. So war das Verstehen tiefer und es kamen weniger Missverständnisse auf.
Nie äußerte Keiowa ihren tiefen Wunsch, ebenfalls auf die Reise zu gehen und dann Seite an Seite mit mir tätig sein zu können,

zum Heil unseres Volkes, in Worten. Ich aber verstand ihre unausgesprochenen Worte nur allzu gut. Ich durfte nicht – ich konnte sie nicht mitnehmen, noch hätte der Stamm es akzeptiert, wäre sie allein gegangen. Ich konnte es nicht lösen – und so sprachen wir nicht aus, was wir beide verstanden. Warum nur waren die Menschen so gebunden an Gesetze, die der Wirklichkeit nicht gerecht wurden? Natürlich hatten sie einmal Sinn gemacht – aber wie schön und heilsam wäre es doch, die wirklichen Bedürfnisse und Berufungen der Menschen zu verstehen und sie gemäß ihrer inneren Berufung arbeiten und wirken zu lassen. Die Wirklichkeit wieder über die Gesetzmäßigkeit zu erheben. Ich wollte das aufheben, wenn ich soweit war – noch aber war ich Schüler. Und als solcher hatte ich nicht das Recht, weitreichende Prognosen und Vorstellungen umzusetzen – fehlten mir doch der Weitblick und die Erfahrung, die „meinen Schatten erst zweimal überwinden" müsste, nämlich „ in Tag und in Nacht", wie mein Lehrer zu sagen pflegte.
„Hab Geduld, es wird schon richtig kommen", pflegte ich zu Keiowa in solchen Augenblicken zu sagen und umarmte sie zärtlich, indem ich sie in mir aufnahm und selbst in ihr aufging. Es war gut, die Kraft und die Würde dieser Verbindung zu spüren.
Dann war es soweit. Auf unerklärliche Weise wusste es Keiowa schon. Es gab nur einen bestimmten richtigen Augenblick, an dem man geschickt wurde auf die Reise in die „Große Vision, um die Gesetze des Lebendigen kennen zu lernen im Außen wie im Innen", wie es in der Tradition hieß.
Ich traf sie, um sie schonend zu unterrichten, etwas ungeschickt, wie sollte ich es tun, ohne ihr weh zu tun, und doch musste es sein. Sie nahm mir das Wort aus dem Munde: „Ich weiß – es ist Zeit. – Ich bin mit dir, wenn du gehst und werde auf dich warten. Reise auf den Schwingen des Adlers und mit der Kraft des Bären, der Geschwindigkeit des Falken und entdecke den verborgenen Drachen in den Klüften der Felsen und am Firmament." Woher wusste sie diese Bedeutung? Zu dieser Zeit wusste ich noch nicht, wie sehr mir ihre sanften Worte helfen würden in den langen Zeiten der

Einsamkeit, als ich das erlebte, was vorher nur ausgesprochen, wenn auch mit der Sprache des Herzens.
Alles ließ ich zurück. Ein Stück Stoff, ein kleines Fell, ein Messer und Kräuter – und die heilige Pfeife – das war alles, was ich mit auf die Reise nahm. Nahrung war nicht erlaubt auf diesem Weg und Wasser würde ich zu finden haben.
„Geh mit Frieden und aufrecht und mit den Wünschen deiner Frau und deiner Lieben. Dich erwarten Prüfungen, von denen du jetzt noch keine Ahnung hast. Wir alle haben zu erfüllen, was uns aufgetragen ist", sagte mein Lehrer. Was meinte er? Ich wusste ja noch nicht, dass die größte Prüfung erst nach der Reise kommen sollte.
„Deine Frau, die dich wirklich liebt, muss hier bleiben – auch in Gedanken. Sonst bist du in deiner Entwicklung gebunden und kannst nicht frei werden. Dies ist der Augenblick, wo du über das Licht des Tages und die Schatten der Nacht wirst springen können. Ich bin immer im Hintergrund, so lange, bis du selbständig bist."
„Wie weißt du das?", fragte ich. „Das verstehst du dann", antwortete er knapp. „Kannst du mich sehen, wo ich bin?", fragte ich. „Ja und nein, es ist nicht wichtig, zu sehen, wo du bist, sondern dass du bist und in welchem Zustand des Geistes und seiner Ebenen. So sehe ich den Ort, auch wenn ich ihn nicht sehe", antwortete mein Lehrer mit ruhigem Blick und seine Augen leuchteten durchdringend.
„Wann kann ich zurückkommen?" Ich fragte, obwohl ich schon wusste, ich würde keine Antwort bekommen. „Du weißt das dann".
„Solange, bis du die Schatten überwunden hast, begleite ich dich, – dann gehst du allein – und daher weißt du auch den Zeitpunkt."
Es war schon seltsam, wohin zu gehen, wo man nicht wusste wohin. So lange, wie man nicht wusste wie lange. Um etwas zu erfahren, von dem man nichts wusste, was zu erfahren es war.

Also machte ich mich auf den Weg. Ein langer Weg begann. Es ging durch Wälder und über Hügel. Alles war friedlich und schön. Die Gedanken an die eben noch gelebte Vergangenheit begleiteten mich. Wohin lenkte mich mein Schritt? Ich wusste, ich würde den Weg nur finden können, wenn ich zielbewusst ein unbekanntes Ziel ansteuern konnte. Die Landschaft war lebendig in mir – noch wusste ich nicht, was später da alles Schreckliche geschehen würde. Und doch half mir dieses Einsaugen des Bodens unter meinen Füssen. Der Duft der Wälder und das Leben darin waren später eine große Hilfe, die mir half am Leben zu bleiben. Mit der Zeit wurden die Gedanken immer weniger und weniger, und mehr und mehr zählte die Macht des Augenblicks. Die Gegenwart forderte mich heraus und die Existenz stellte sich mir in solcher Wucht in den Weg, dass ich nicht vorbei konnte an ihr, ohne sie zu bemerken. Das Gelände wurde schwieriger. Ich erinnerte mich an all die Übungen, die mir manchmal kindisch und lächerlich vorgekommen waren und die mir jetzt halfen, Dinge zu überwinden, die mir selbst unglaublich vorkamen. In dem Moment, in dem ich glaubte, war es möglich. Glauben mit dem Herzen und in allen Fasern des Seins – so konnte ich Hindernisse und Gefahren überwinden, ohne abzustürzen, Temperaturstürze aushalten und mit Hunger umgehen lernen, der mich immer klarer und klarer werden ließ.

Immer klarer wurde mir, es gab nichts zu lernen, was ich nicht schon wusste, das aber zu entdecken, war die Aufgabe. Und in den Entbehrungen der Einsamkeit kommt man dem immer näher und näher. Die Schwierigkeiten, die ich überwinden musste, oft in physischer Art, mehr dann aber in psychischer und oder auch visionärer Art, halfen mir, die Aufmerksamkeit zu binden, um nicht aufzugeben. Und immer wieder halfen mir die aus dem Herzen fließenden Bilder Keiowas – wo war sie wohl? Was tat sie? Wie ging es ihr? „Hör auf zu träumen“, hörte ich die Stimme meines Lehrers, „du brauchst deine ganze Konzentration. Trag sie in deinem Herzen statt zu träumen und zu stürzen.“

Für den logischen Verstand war dieses Unternehmen absolut sinnlos, weil es kein eigentliches Ziel gab, dem es zu folgen galt – und gerade dies war das Ziel. Der logische Verstand schaltete sich naturgemäß immer wieder ein, war er doch nötig, um manchmal klug und vorausschauend zu handeln auf dem gefahrvollen Weg. Schließlich erreichte ich sie – die kleine Höhle. Ich wusste es wirklich, dass

sie die war, die auf mich gewartet hatte. Gerade so groß, um mir Schutz zu gewähren, dass ich sitzen konnte. Mitten in den Felsen. Es war unverständlich, wie man dorthin kommen konnte, als ich sie von oben erblickte und noch ca. 150 m in die Tiefe musste. Und doch gelangte ich wie selbstverständlich, die glatten Felsen entlang an ihren kleinen Vorsprüngen, schließlich zur Höhle, weil ich auf unerklärliche Weise den Weg wusste und „sah". Ich nahm Platz. Der Blick richtete sich in die Ferne.
Vor mir nur das Firmament, der weite Himmel. Tag und Nacht und Nacht und Tag. Wie lange würde ich hier wohl zu sitzen haben? Es begann zu regnen. Es wurde kühl. Ich nahm die Kräuter, zwei getrocknete Scheiben eines speziellen Pulvers, das aus heiligen Pflanzen gepresst war, und mischte alles zusammen. „Die Meister des Universums" wurden diese Pflanzen und die Kräuter, in unserer Sprache genannt – und so wurden sie verehrt und geachtet. Dies gab ich in die heilige Pfeife, gab der Mutter Erde unter mir etwas davon ab und schlug Feuer. Was ich brauchte hatte ich unterwegs gesammelt. Das Tuch diente mir als Behälter. Ich betete. Schaute. Ich sang die Gesänge der Kraft und der Suche. Die Texte formten sich mit den Melodien aus meinen Lippen heraus wie der Strom einer geheimnisvollen Flüssigkeit, die nach und nach eine Verbindung aufbaute in die Welt der Universen, die mich umgaben. Ich segnete die vier Richtungen und ihre Elemente, die Erde unter mir und den Himmel über mir. „Wie außen, so innen!" Jetzt war es hautnah zu spüren, wie die Elemente sich in mir verwirklichten. Ich lernte die Sprache der Elemente, ihre Ausdrucksweise, ihre Wünsche und ihre Befürchtungen. Ich verband mich mit vielen Kräften und wurde mit noch mehr Kräften und Mächten verbunden. Längst schon hatten Kraut und Pulver zu wirken begonnen und erzeugten einen Zustand zwischen „hier und drüben", so machten sie das Reisen in alle möglichen Dimensionen möglich. „Ich bin", erlebte ich in mehreren Dimensionen zugleich.
Es ist nicht das Eine oder das Andere, es ist alles zu gleichen Teilen, solange ich mich aus jeglicher Beurteilung heraushalte. Wie oft hatten wir das geübt, kam es mir in den Sinn und ich erkannte die

Tiefe der Übungen mit meinem Lehrer wieder und wieder. Aber gerade das war auch die Gefahr. Man konnte sich leicht „verreisen“ und in der Irre landen. Und dieses Erlebnis war so real, dass es töten konnte. Denn war sich der Geist erst einmal sicher, dass dies oder jenes ein Umstand des Sterbens ist, so folgte der Körper oft nach und inszenierte den scheinbar vorgegebenen Plan. „Bleibe im Gebet und in Konzentration, und achte, wohin du reist“, hatte mir mein Lehrer immer wieder aufgetragen. Immer wieder, wenn ich unaufmerksam war, hatte er mich in dieser Weise gestoßen: „Wie willst du denn dann überleben, wenn du schon tot bist, bevor du es überhaupt nur bemerkst? Du musst imstande sein, immer in deiner Mitte zu bleiben. Nimm dir irgend etwas, um dies zu schaffen. Halte dein Fell, um mit dem Irdischen verbunden zu bleiben. Verwende deine heilige Pfeife bewusst. Wo ist der Kopf der Pfeife und wo ist die Steuerung derselben, wenn du den Rauch in die Winde bläst und sie immer und immer wieder drehst. Was du in diesem Zustand tust, ist real. Es ist real in dem Moment, wo du es nicht nur tust, sondern bist. Wenn du Rauch ausbläst und mit Gedanken verbindest, die aus dem Herzen kommen, dann ist dies die Botschaft, die du verbirgst in dem Boot, das du dem Strom des Wassers anvertraust, das die Brücke bildet in die anderen Welten. Was willst du dabei? Achte auf die Gefahren der Illusion und schlafe nicht ein. Denn wenn du in die Reiche der Geister blickst, erblicken sie dich ebenso. Und du wirst viele Reiche durchwandern. Dann sind sie bei dir und du bei Ihnen. Geh achtungsvoll damit um, dann kann dir nichts geschehen. Mit der Unschuld des Narren und der Weisheit des Alten. Und dann lausche – lausche, um zu erfahren, was dir aufgetragen.“

Also vergingen die Tage und Nächte – Zeit hatte sich aufgelöst. Es war alles Augenblick – es zählte nur, was ist. „Immer tiefer und tiefer wird dich die Realität erreichen, die wirkliche, die nur den Augenblick kennt. Die Grenzen zwischen dem Ich und der Umgebung verschwimmen immer mehr. Du wirst nicht mehr nur ein „objektiv Äußeres“ wahrnehmen, sondern ein mit Inhalt gefülltes Außen und Innen, das sich vereint. Das eine dient dem anderen. Das Ich füllt die Dimensionen mit Farbe und diese wiederum geben die Form. Schließlich ist es nicht mehr unterscheidbar", sagte mein Lehrer. Damals verstand ich noch nicht so ganz, was er meinte. „Akzeptierte es einfach und nahm es auf. Du bist – das ist alles", erlebte ich. „Du siehst dich selbst und die Welten deiner Illusionen lächelnd wie ein Karussell um dich tanzen. Die Welt des Friedens, des Zornes, der Rache, der Liebe, der Vereinigung und all der Dimensionen, die dir vorstellbar sind. Wähle, wähle in jedem Augenblick, denn dies bestimmt den Moment der Zeit, den du wahr nimmst und gehst", sagte er. „Dies ist die Vereinigung von außen und innen, wo das Eine das Andere erkennt als sein ihm Eigenes, das ihm dient, achtet und annimmt in Demut, in Achtung und in Würde."

Und dann, eines Nachts, da erblickte ich sie – da oben am Firmament – die Ahnen kamen. Immer deutlicher und deutlicher traten sie in Erscheinung. Allen voran der Großvater meines Großvaters – er war eine mächtige Gestalt. – Menotoka. Nicht vom Aussehen her war er mächtig, aber in seiner Bedeutsamkeit, in dem Licht, das aus ihm strahlte, dem Feuerkranz, der ihn umgab und abhob vom dunklen Firmament. Man hatte mir viel von ihm erzählt, von den unglaublichen Taten, die er verrichtet und der tiefen inneren Verbundenheit mit seinem Volk. Der Meister des Feuers und des Windes. Oft sei er an mehreren Orten zugleich gewesen, so sprach man und man wusste, wenn er anwesend war, auch wenn er gar nicht sichtbar war. Man merkte es an der Wärme, die plötzlich erschien und sich bewegte und seltsame Verbindungen schuf zwischen den Menschen, Tieren und Pflanzen und ihrer Wirklichkeit.
Menotoka aber und die vielen in seiner Begleitung wiesen mit einer bedeutsamen Bewegung ihres rechten Armes und mit geöffneter Hand in die Ferne, die hinter ihnen lag. Dort strahlte ein Licht, das erst in der Verbindung des Herzens sichtbar wurde. Der lebendige Puls und Rhythmus des Herzens, sein weicher Grundschlag des Lebens, das Symbol des Lebendigen, ging in mir auf. Es

erstrahlte, und ich wurde ganz dieses pulsierende Herz in seiner eigensten Form, gleich dem Organ.
Der linke Arm der Ahnen war zu mir gerichtet und zu den Menschen allgemein, so als wollte dies die Verbindung herstellen, die zum Leben notwendig war und wo die Kraft herkam, die aus dieser Energie gespeist wurde. „Dies liegt im Verborgenen“, bedeuteten sie mir. „Dies ist deine Aufgabe“, sprach Menotoka und lächelnd verbeugte er sich vor mir. Ich genierte mich und wollte im Boden versinken. „Nimm es an!“, riefen sie mir zu, „denn das ist das Wissen, das du ausgesucht, es weiter zu geben. Die Aufgabe, die du dir einst gestellt. Wenn du dich versteckst und sie nicht annehmen willst, entehrst du uns und dich selbst – und so müssen wir wieder gehen und warten, bis du wieder bereit bist. Bitte, nimm es in deiner und unserer Namen an und im Namen des Verborgenen.“
Das war nun die Verbindung durch den Drachen, der fliegt und in der Zeit sich ausspannt, der die Welten verbindet. Wie sein Feueratem ist diese Verbindung hinüber ins andere Reich. Die Botschaft, die über diese Brücke geschickt wird, brennt manchmal, manchmal ist sie sanft wie die Brise eines Windes. Manchmal fließt sie wie das Wasser oder braust wie die stürmische See. Manchmal ist sie fest wie die Erde, die geformt ist und in Erscheinung bringt. Hier wird der Wandel des Lichts vollzogen. So nahmen sie mich in die Schule, und der Unterricht begann. Sie nahmen Platz in mir, wo ihr Platz schon längst aus der Sehnsucht des Herzens geboren und bereitet war. „Hier kannst du uns treffen, immer und jederzeit“, sprach Menotoka. Alles, was ich brauchte, bekam ich. Es wurde direkt in mein Herz übertragen. Wie die Transfusion der Essenz eines Fluidums des Lebendigen im Strom der Zeit.

Schon näherte sich das Ende der Lehrzeit – wie viel Zeit vergangen war, ich wusste es nicht. So nach und nach kehrte ich in die physische Gestalt meiner selbst und meiner Höhle zurück. Zwischendurch war immer wieder die Verbindung offen zu den anderen Welten. Da erschien nochmals mächtig am Himmel der Großvater meines Großvaters – er führte mich – und mit einmal verfinsterte sich der Himmel. Funken sprühten. Eine angsterfüllte Stimmung und Grauen breiteten sich aus. Die Jenseitigen blickten mit unendlicher Trauer. Ich folgte ihrem Blick. Da packte mich das Entsetzen. Ich sah sie – wie sie in unser Dorf einfielen – wie alles vernichtet wurde. Ich schrie auf. Wo waren die Kinder? Sie machten vor nichts halt. Was waren das für Menschen? Wo waren unsere Krieger? Da sah ich sie. Sie waren draußen gewesen auf der Jagd. Sie hatten sie aus dem Hinterhalt überfallen und ihnen keine Chance gelassen. Warum? Was hatten wir verbrochen? Was hatten wir getan? Wir hatten immer den Frieden hoch gehalten! Ich konnte es nicht verstehen. Und ich war so machtlos da in meiner Höhle. Wo war sie, Keiowa? Ich sah sie, wie sie sich tapfer schlug, als es keinen Ausweg gab, sogar Krieger tötete in ihrer Ohnmacht und es nicht einmal bemerkte. Doch die Übermacht war zu groß. Ich sah den Triumph des fremden Häuptlings von grober Gestalt und rauen Gebärden. Es gehörte ihm, was er erobert. „Keiowa, ich bin bei dir – hör mich!" „Großvater, sende meine Stimme so laut über die Wege, die ich ging, bis zurück ins Dorf, bis zu ihr, dass sie mich hört!" Ich spürte die Stimmung ihres Herzens, als der Fremde sie nahm. „Wehr dich nicht, es wird nur schlimmer", rufe ich Keiowa zu. Ihr Gesicht ist blutverschmiert und das schwarze Haar verfärbt und zerzaust. Die Brust ist offen und verletzt. „Ich komme", schreie ich und dann bricht es ab. Eilig sammle ich mich, vollziehe das Abschiedsritual in aller Kürze und finde den Weg zurück. Nein, diesmal gibt es keine Schonung. Ein kleines Tier opfert sich mir und ich nehme das erste Mal nach langer Zeit wieder Nahrung zu mir. Doch ich muss weiter, weiter. Ich finde den Weg zurück, eilends, gerade mit den notwendigsten Pausen, bevor ich aus Erschöpfung zusammenbreche. Das also waren die wirklich schweren Prüfungen. Mein Lehrer war ebenfalls gegangen. Er hatte es gewusst – seinen Tod gesehen – jedoch zu spät – und konnte ebenfalls nichts mehr machen. Ich kam an. Irgendwie wusste ich, ich musste zum Dorf – das blanke Entsetzen – so wie ich es gesehen hatte – alle lagen sie noch herum. Die Geier flogen und saßen. Glut und Asche, alles zerstört. All die Bilder des Geschehens lebten in mir nochmals

auf, so als ständen sie fassungslos über dem Dorf, um sich in der Geschichte zu verewigen. Es zerriss mir das Herz.
Keiowa – sie war nicht hier. Ich wusste, wohin ich zu laufen hatte und eilte mit letzter Kraft hinauf – auf den Felsen unserer ersten Liebe. Zerkratzt und erschöpft kam ich an – da sah ich sie – ich rief: „Keiowa, ich bin hier – warte!“, doch meine Stimme war zu schwach und sie hörte mich nicht. Eine unheimliche Erstarrung hatte sich ihrer bemächtigt. Die Wucht des Geschehens und der Schande hatte selbst ihre Kraft vernichtet und sie ihrer Sinne entmächtigt. Ich rief die Krähe an – und doch wusste ich, es war schon zu spät. Wild kreischend flog die Krähe, Crow, auf und nieder. Ich sah, wie Keiowas edle Körper sich trennten. Ein Körper sprang – und ein Körper blieb erstarrt stehen – erstarrt über der Unfassbarkeit des Geschehenen. Klagend schaute er ins Leere – aus Ohnmacht und Verzweiflung, dass ich nicht gekommen war – und doch war ich da. Ich eilte hin, dorthin, wo wir so oft und glücklich hinabgeschaut hatten. Da lag sie. Lebte sie noch? Aber das war fast unmöglich. Ich konnte von oben nicht hinunter, also musste ich den Umweg über den Wald zurück machen, um sie zu erreichen. Die Zeit verstrich. Als ich kam, war sie in den letzten Zügen. Ich nahm sie in meine Arme und beugte mich über sie. „Wir sehen uns wieder. Unsere Verbindung ist so stark, dass sie die Zeit überwindet und besteht. Ich liebe dich.“ So klar war mir, dass sie die einzige Frau meines Lebens war. Große Trauer und Schwäche umfingen mich. Ich weiß nicht, wie lange ich so verharrte. Was hatte das Leben so für einen Sinn?
Doch dann besann ich mich der Lehren. „Geh durch deine Prüfung“, hatten die Ahnen mir gesagt. „Das Leben ist nur ein kurzer Augenblick.“ Teilnahmslos schlenderte und zog ich durch die Wälder. Da entdeckten sie mich und ich sie, die fremden Krieger. Ich wehrte mich nicht. Sollten sie mich töten. Es war mir gleich in dem Moment. „Gomosha!“, entrang sich meinen Lippen. „Zurück von deiner Reise“, fragte sie spöttisch. Aufgetakelt saß sie auf dem Pferd und ließ es sich nicht nehmen, ihren Triumph zu feiern. Sie hatte sich „diese Behandlung“ unseres Dorfes nicht gefallen lassen

und „Hilfe geholt", um ihrer Gerechtigkeit Genüge zu tun. Doch selbst diese Abscheulichkeit konnte mich in dem Augenblick nicht mehr berühren. „Wenn du willst, kannst du mit uns kommen", bot sie mir an. Was für ein Ansinnen! Ich spuckte vor ihr aus. Mehr war ich nicht imstande zu antworten. Sie gab mir einen Tritt mit dem Fuß herab vom Pferd, und der nächste Krieger hinter ihr schwang sein Lasso – um meine Handgelenke – und dann begann der wilde Ritt – über Stock und Stein, Wurzeln und Erde, der meinen Körper wie ein Stück Fleisch über die Erde schleifte. Ein Wunder geschah. Die Natur half mir, sie, mit der ich mich auf meinem Weg zur Höhle so innig verbunden hatte. Ich hatte keine Schmerzen. So als würde es mich nichts angehen, ließ ich die Tortur über mich ergehen. Und dann, dann ließen sie mich einfach liegen. Ich war wohl tot oder nicht? Sie ritten davon.

Ich ging im Wald spazieren und betrachtete meinen Körper, der zerschunden am Boden lag. Doch irgendwie kam es mir seltsam vor, denn der Körper hatte so etwas wie einen Schutzfilm um sich. Die Natur, mein geliebter Wald, hatte ein Wunder vollbracht. Der Wind und die Vögel flüsterten mir zu: „Geh zurück in deinen Körper, er braucht dich noch." Ich nahm die Kraft des Feuers, um mich wieder zu verfestigen und über einen breiten, hellen Lichtstrahl saugte ich mich wieder hinein in meinen Körper, wurde flüssig und schließlich wieder fest. Natürlich hatte ich Schmerzen, jetzt, wo ich wieder drin war, doch waren eine Festigkeit in meinem Willen und eine Klarheit aufgetreten, die mich unerschütterlich begleiteten. Ich zog von dannen, um den nächsten Ort, der mir bestimmt war, zu suchen.

Sie nahmen mich freundlich auf, ein anderer Indianerstamm, der gerade auf dem Weg war. Ich erzählte meine Geschichte – und wie es das Schicksal wollte, brauchten sie gerade einen Heilkundigen. Ich ließ mich bei ihnen nieder und lebte noch ein langes Leben in Frieden und Würde. Ich lernte und lernte – und alles erzählte ich Keiowa, die immer lebendig in mir war. Meine Ahnen führten mich, und das Wissen wurde größer und weiter. „Einst werden wir es gemeinsam leben", versprach ich Keiowa, mit der ich oft sprach, des Tags wie des Nachts – Ich hatte die Kräfte kennen und nutzen gelernt, „die meinen Schatten erst zweimal überwinden mussten in Tag und in Nacht.“

Das Erstaunliche an dieser Geschichte ist die Tatsache, dass zwei Menschen, Ruth und ich dieselbe Inkarnation in Rückerinnerung unabhängig voneinander erlebten. Wir haben, wie viele Menschen, die zusammen kommen, eine gemeinsame Vergangenheit und kennen uns schon lange. Der übliche Schleier des Vergessens lichtet sich nur, wenn es schicksalsmäßig notwendig wird, sich erinnern zu können und dies Konsequenzen für das Leben hat.

Begegnung

Es war eine Nacht
Am Himmels Teich

Ein Hauch
Ganz zart
Und leis –

Mehr?

Kaum hab ich ihm getraut
Kam es eben so über mich
Sagte
Zum ersten Mal:
JA
Bewusst
Und völlig klar.

Eine neue Welt
Zeigte sich
offen und transzendent.

Neu
Und aber wohlbekannt:
Gefilde –
Aus unserem Urbestand.

Konnte nicht lassen
Zu denken fortan
Fühlen, schmecken
Und riechen daran
Wovon ich gekostet
Ganz im Vertrauen.

Würde so gern
In die Zukunft schauen.

WK. 1992

Die Geburt des Klanges

Schweißüberströmt kam ich wieder zu mir. Ich lag auf dem Rücken. Wer bin ich? Und wo? Mein Bewusstsein brauchte etwas Zeit – Keiowa, Ruth. Die Sonne lugte durch das Ostfenster. Ich fühlte mich klar und mit reichen Gaben nach Hause gekommen. Mein Körper war heil. Die Zeichnungen seiner alten Krankheit sandten noch feine Strahlen aus, wie eine Erinnerung „Gib acht auf dich!" Und ich spürte meine linke Seite anders als die rechte und oben anders als unten. Im Bauch die alte Stockung, die kribbelte und pochte, alles war sehr lebendig: die alten Narben genauso wie das Leben, das sich wieder wie neugeboren anfühlte. Was für ein Tag, den ich ganz und frei vor mir hatte!
Meine Hand tastete nach Wolfgang, der neben mir lag und sie drückte. Wir schauten uns in die Augen und lächelten uns an. Wir verstanden uns unmittelbar, als hätten wir zugleich die gleiche Traumreise gemacht. Die wir tatsächlich gemacht hatten, nur zu anderer Zeit und jeder in die Wirklichkeit hinein, die für ihn erhellend und wichtig war. So verbanden uns der gleiche Traum und seine Wirklichkeit außerhalb der Zeit – und doch auch in der Zeit – durch seine zwei Seiten der Perspektive. Ich war wieder einmal glücklich, dass wir es geschafft hatten, trotz all der widrigen Umstände des Schicksals, zusammenzukommen. Die unsichtbaren Fäden des Schicksals hatten uns sicher hindurch und hierher geführt.
Ein frisches Bad, ein frischer Kaffee mit Toast und ein paar Atemzüge Luft im Garten, bevor es zur Arbeit geht, das Kind vorweg in die Schule bringen, alles nimmt seinen gewohnten Ablauf. Und ich freue mich schon aufs Wochenende, wo ich ausschlafen kann. Jetzt geht es erst einmal an die Arbeit, an die des Tages. Wo doch die Nachtzeiten zur Zeit sehr arbeitsreich und anstrengend sind. Und das geht schon den ganzen Winter so. Ich fühle mich eigent-

lich in einer Winterschlafzeit. Es scheint sich bei mir der Tag- und Nachtrhythmus genau so umzudrehen, wie es in der Klangtherapie der Regelfall ist, wo es um Bewusstseinsarbeit geht, die eher mit der Welt der Traumarbeit zu vergleichen ist als mit der Tages- und Alltagswelt– was ich gewöhnlich den Leuten erkläre, wenn sie zur Klangtherapie kommen. Sie kommen in einen nachtblauen Raum, wo die Fenster mit dunklem Stoff verhängt sind, und die Sterne an der Wand funkeln. Alle Farben unseres Lichtes leuchten uns an der Decke in vollem Lichtspektrum entgegen. So tauche ich um so leichter in die Nachtwelt, die Welt des Traumes und des Unbewussten bewusst oder unbewusst ein. Die Instrumente glänzen im Licht der sieben Farben, die sie aus dem Dunkel heraus anleuchten. Eine ganz eigene Atmosphäre, die meist durch den Duft eines speziellen Räucherwerkes gereinigt und erfüllt ist.

Seit mehr als zehn Jahren praktizieren Wolfgang und ich die transpersonale Klangtherapie, die sich scheinbar von selbst, aus einer zufälligen Entstehung heraus, zu einer „transpersonale Bewusstseinsarbeit“ weiterentwickelt hat, mit immer größer werdendem Instrumentarium. Dies geschah im Austausch mit den Menschen und ihren unglaublichen Erlebnissen, die aus den Tiefen des Bewusstseins auftauchten und sich nicht nur im Geist, sondern auch zugleich im Körper abspielten und auswirkten. Von langer Hand geführt – und doch zufällig im Moment des Entstehens hatten wir auf einer Messe einmal tibetische Klangschalen entdeckt und dass man damit Blockaden aufspüren kann, indem der Ton dort anders, dumpfer klingt als an durchlässigen Stellen des Körpers. Dieses Phänomen des Klanges einer einfachen Schale hatte uns so fasziniert und neugierig gemacht – gegen unsere Ungläubigkeit, was Klang denn in der Medizin zu suchen habe – dass wir damit weitergearbeitet und geforscht haben. Und das war nur die Vorhut von den Phänomenen der Wirkmöglichkeiten von Klang in Verbindung mit Tiefenentspannung und Trance. Gleichzeitig waren wir beide Feuer und Flamme, weil wir Medizin und Musik zusammen verkörperten – und unsere Erkenntnis der Psychodynamik von Geist, Seele und Körper einsetzen konnten. Auch war es für uns *Berufung*, zusammen zu arbeiten, ja sogar dabei noch, besser „spielen" zu können. Auch in entsprechenden meditativen Konzerten. So entstand eine eigene Möglichkeit der Transzendenz, die wir im Hinblick auf Heilung einsetzen lernten. Und damit wuchs das Vertrauen in die geistige Welt, in unsere Verwurzelung in ihr und ihre Wirkungsweisen in der physischen Welt, die uns immer wieder durch die Feedbacks der Menschen und unsere eigene Beobachtung zugetragen wurden. Wir arbeiteten ja über den Klang und sein Wesen der *Schwingung*, also nicht Materie zu sein, sondern sich über das Element Luft frei in Raum und Zeit auszubreiten, regelrecht mit geistigen Kräften, Schwingungen, zusammen. Und die Reinheit der Absicht, das Hören auf das, was *von selbst* (gleich: aus dem höheren Selbst) kommen mag, bestimmt die Reinheit und den Charakter der Schwingungen, welchen Geistes Kind sie sind– wie es bei allem, was ich tue, so ist.

Die eigenen Entdeckungsfahrten in die *Landschaften des Geistes* und der Psyche waren überwältigend, zumal Wolfgang und ich eine große Sensibilität und Liebe für den transzendenten Bereich oder den transpersonalen Bewusstseinsbereich haben. Und es entstand eine lange, interessante Entwicklungsgeschichte, immer auf dem Boden der Praxis, in der wir so richtig mit der Arbeit zusammenwuchsen, jeder auf seine Art und auch unsere Perspektiven miteinander harmonisch sich verbanden. Wir konnten immer schon spontan zusammenspielen und gut aufeinander hören, egal wie frei und aus dem Augenblick gerade der Klang entstand, es passte zusammen, vorausgesetzt wir waren miteinander in Harmonie. Die Zusammenarbeit war sehr befruchtend, weil Wolfgang ebenso sehr an Musik und Philosophie interessiert war, wie ich an Medizin und Heilung, wo es um wirkliche und konsequente Ganzheitlichkeit des Menschen ging: Ganzheit gleich Heilwerdung, wie es die alte Kunst des Heilens noch wusste. Das ist auch in letzter Konsequenz die Ebene, auf der Klangtherapie voll und ganz stattfindet und wirkt, was oft, trotz erhöhter Akzeptanz der ganzheitlichen Medizin doch noch nicht ganz im Bewusstsein ist, wie die Art der Fragen oft zeigt: „Wogegen wirkt das? Für welche Beschwerden ist das gut? Wie oft muss man das machen?“ Immer erwarten wir mechanische und vorbestimmte Antworten, die letztlich immer nur aus einem „geschlossenen System“ kommen können und die die eigene Lebendigkeit und ihre selbst immanenten Heilungschancen und -wege missachten. Die Wege zwischen Krankheit und Gesundheit sind viel komplexer und nie monokausal, wie wir es oft so gern hätten, weil wir es dann besser kontrollieren können. Aber Gesundung und Heilwerden fängt da an, wo alte Glaubenssätze und gewohnte Kontrolle aufhören und sich einer neuen Bewusstseinsebene öffnen, die sich wieder im Körper manifestiert. Ja, Klangtherapie ist grundsätzlich für alle und alles heilsam, das heißt stärkend im eigenen Entwicklungsprozess, es gibt keine Beschränkungen, auch keine Regeln, wann und wie oft es zu tun sei, außer der eigenen, dass ich will oder nicht will. Grundsätzlich gilt natürlich genauso, dass keine Klangtherapie oder irgendeine andere etwas *heilt*. Heilung geschieht immer von *innen* heraus, der Organismus heilt sich letztendlich aus sich selbst heraus. Im rechten Augenblick die rechte Information und Anregung in der rechten Form zu finden, darauf beruht die Kunst des Heilens.

Dass ich selbst erspüren lerne, wann ich etwas brauche, ist Aufgabe. Klangtherapie fördert das Bewusstsein der Freiheit des Körpers, des Geistes und der Seele. Sie stärkt das Gefühl der Selbst-Verantwortung und wird von uns, wenn wir um Rat gefragt werden, genau so verwendet, im Sinne einer Hilfestellung zur *Erziehung* zur *Selbstverantwortung*. Im Hören auf den Klang und in hingebungsvoller Empfangsbereitschaft, die in der Entspannung vorbereitet wird, finde ich leichter und schneller zu dieser eigenen mir innewohnenden Fähigkeit: der Selbstwahrnehmung und dem Erlauschen des Selbst aus den tiefen Regionen meines vollen Bewusstseins (meines höheren Selbst), wie es sich auch in der *guten Verbindung* mit dem Wesen des Körpers zeigt. Ich bin nach der *inneren Reise* mit dem Klang *anders* als vorher. Es hat sich etwas in mir geändert. Das Klanggeschehen „öffnet“ meine Kanäle: Ich ruhe mehr in mir selbst und bin klarer in meiner Selbstwahrnehmung. Das

heißt, ich fühle deutlicher, was in diesem Augenblick in mir los *ist* . Oft integriert oder löst sich so auch etwas spontan. Das sind gute Momente, wenn etwas wirklich *in Bewegung* gekommen ist. Sind wir nicht eigentlich „Fließgleichgewichte" auf allen Ebenen unseres Seins, die reguliert, im Fluss und im Gleichgewicht gehalten, beziehungsweise bei denen Verstopfungen oder Engpässe gelöst werden wollen? Passt das nicht besser zu uns, als uns als „feste Körper" zu denken? In diesem Glauben verfestigen wir uns jedes Mal, wenn wir meinen, dass wir „fest" sind. Klang ist *Fließkraft*, die unmittelbar durch ihr Medium auf Psyche und Körper einwirkt und vor allem „zu Herzen" geht. Das Ohr scheint eine wunderbar direkte Verbindung zum Herzen, unserem wahren Gefühlssinn zu haben. Wenn Klang erklingt, schwingen wir unmittelbar mit. Ohne Zeitverschiebung. Und der große Speicher unserer Erfahrung wird in diesem Augenblick mobilisiert und gibt für das, was wichtig ist, den Kanal frei, spontan sich zu äußern. Das ist das Phänomen der *Resonanz:* Mitzuschwingen und spontan „aufzutauen" (oder vielleicht „aufzutauchen?"). – Es kann sich *etwas* von uns *zeigen*, was vielleicht bisher verborgen war oder von uns nicht gesehen werden wollte/konnte. Jetzt hat es die Gelegenheit, *angesehen* und *angehört* zu werden durch die *volle Resonanz* im Klanggeschehen und im vertieften Hören.
Das heißt, jeder wird ganz persönlich aus dem Augenblick heraus zur *Resonanz* kommen. Und das ist jedes Mal anders. Hier gibt es keine Allgemeingültigkeit, was wann zu passieren hat und keine „eins zu eins Übersetzung" von Klang und seinem Resonanzphänomen, außer archetypischen und ungefähren Erfahrungswerten, die aber bitte nicht als allgemein verbindlich angesehen werden dürfen. Es ist im Vorhinein nie absehbar, was passieren wird! Weder für den Klienten noch für den Therapeuten. Ich muss und sollte es aus beiden Perspektiven nach jeder Zielsetzung oder Problembesprechung, wo das „Feld" bestimmt wird, wieder frei geben. „Bestimmen (erfassen, worum es geht) und frei lassen." Dort beginnt die eigentliche Arbeit. Zuzulassen, was von selbst geschieht und dieses zu fördern. „*Die Seele weiß es selbst und sie weiß es besser*". Wir haben

im Voraus nie den vollständigen Einblick in das Ganze. Und es gibt da immer die Dimension über mir, wo eine größere Schöpferkraft ihr Einwirken zeigt. Gerade in der Arbeit mit Menschen, im Dienen und Unterstützen der eigenen Hilfestellung, sind Bescheidenheit und Demut *wahre* Tugenden, die uns hellhörig und wach halten, nicht in gut eingefahrenen Bahnen festzufahren und in der eigenen Sicherheit des noch so guten Arztes oder Therapeuten stecken zu bleiben.

Die Bewusstseinsreisen und die Erlebnisse führten mich weit in die Tiefen der Seele und dies war um so faszinierender, weil es immer mit dem körperlichen Empfinden und einer erhöhten Sinneswahrnehmung gekoppelt war. Hier gab es Synchronizität und Resonanz ohne die zeitliche Verzögerung zwischen Geist und Körper. Das Verbindungsglied, mit dem wir *fühlend wahr-nehmen* und an beiden Bereichen, Geist und Körper teilhaben, ist die *Seele*. Der Begriff der Seele ist heute leider aus den Bereichen der Philosophie und Psychologie fast verschwunden, genauso wie „Gott“ aus der Physik, was sich letztlich nicht ausgeht. Ohne „Transzendenz“ an den „Grenzen“ der Wissenschaft und der physischen Welt zu arbeiten, führt zu einer Leugnung der geistigen Welt, der Meta-physik und einem Stehen-bleiben vor den dringlichen Fragen unserer Existenz. Alle großen Lehrer ihres Faches zeigen diese Öffnung zur Transzendenz und ein Wissen um „die letzten Dinge“, Sokrates, Platon, Augustinus, Philosophen der Romantik wie Fichte, dann C. G. Dürckheim, A. Einstein, A. Schweizer, R. Steiner und viele andere, die von *Gott* und der *Seele* sprechen und sie einbezogen haben.
„ Alles ist *Schwingung*.“ Und das ist immer schon der Beginn unserer Reise. Wir reisen von Anbeginn. Wenn wir Schwingung sind, bewegen wir uns. Wenn wir uns bewegen und dabei wach und bewusst sind was geschieht, reisen wir, sowohl auf der inneren wie der äußeren Reise. Wir *hören* und *klingen* zugleich. Wir sind Klanginstrument und Ohr. Immer, in allem, was wir tun, können wir uns hören– wenn wir in Schwingung bleiben und dadurch feiner schwingen, wie Wellen, die auslaufen vom ersten Impuls weg. Die

Klangtherapie ist lediglich ein besonderes Mittel der „*Bewusstwerdung*" unserer Schwingung. Und durch das Praktizieren oder Erreichen der Bewusstwerdung ist sie ein besonderes Mittel der „*Menschwerdung*". Nicht mehr und nicht weniger.
Eines Tages, es war ganz zu Anfang der großen Reise, die Wolfgang und ich zusammen begannen, ging ich einmal in einem Weinberg in der Nähe von Rhöndorf spazieren. Es war Sommer und ein lauer Spätsonntagnachmittag. Die Sonne schien kräftig und ich wanderte am Waldrand, unter mir die Weinberge, den Hang entlang, mit Aussicht fast bis zum Rhein. Die Weintrauben schimmerten üppig, umrandet von ihren fedrigen grünen Blättern, die alten Fachwerkhäuser sahen gemütlich drein und ich sinnierte darüber, dass ich mir gern hier eine Wohnung nehmen würde. Ich atmete die Luft tief ein. Diese Gegend mochte ich, sie ließ es mir gut gehen. Siebengebirge und Rhein, beides in der Nähe und gleich hinausgehen können, das wäre mein Traum. Und so konzentrierte ich mich darauf, es mir vorzustellen, im Vertrauen, dass es geschieht, wenn ich es glaube, denke, und fühle. „Wir kreieren unsere Welt… ich bin selbstverantwortlich für alles, was geschieht…, meist mangelt es am Glauben…, also *glaube, vertraue* zuerst und *denke* dann deinen Wunsch oder Anliegen… Die Kraft des positiven Denkens… Oder *bitte* so, als wäre dir schon gegeben worden…". All diese Dinge schwirrten auch in meinem Kopf und ich dachte, das wäre jetzt eine gute Gelegenheit, es anzuwenden. Und ich tat es, so gut ich konnte. Wenn es denn so sein sollte und dürfte, was sich mir entzog. Gibt es nicht eine höhere Macht als meinen Willen? Und wie es mir öfter geschah, trotz guter Übung in bewusster Formulierung der Gedanken und dem Glauben an ihre Kraft, ich bekam es *anders*. Und ich glaube auch inzwischen *anders*. Die „Macht des positiven Denkens" ist das eine. Ich will etwas und denke es klar und deutlich mit Gefühl, wie ich es für gut und richtig befinde – und dann lasse ich es wieder los und stelle es frei, „was *sein* Wille ist". Weil es so geschieht, wie es geschieht. Ich kann es *nicht machen* und habe es auch nicht gemacht. Dass ich so etwas wie Werkzeug, Instrument bin, ja. So oft ist es in meinem Leben anders gekommen als

ich es wollte oder dachte. Oft ist es auch trotz meiner Ängste so gekommen, wie ich es ersehnte. Und immer war es später betrachtet gut. Ich „glaube" an einen *Sinn* in allem, was geschieht. Sonst würde es nicht geschehen. So glaube ich an Gott in allem und bitte darum, dass ich den Sinn *sehen* möge, wenn immer es mir schwer fällt. Das ist Vertrauen, was ich lerne und erbitte, jeden Tag aufs Neue zu stärken, dass es mir gut geht in allem, was geschieht, egal, was geschieht. In all den Prüfungen und Herausforderungen, wo ich es anders haben wollte. In dem, was ich fühle, denke und tue und was ich annehme und nicht ändern kann. Und dabei eins zu sein im Fühlen, Denken und Tun– ohne miese Gefühle. Wie schwer ist das oft, wenn die sensiblen Punkte erwischt werden. Bei mir zum Beispiel mein Gerechtigkeitssinn: anschauen zu müssen, wo es gar nicht „gerecht" zugeht. Oft ist es anders, als ich denke, wie es *gerecht* wäre. Das lehrte mich mühsam, dass es gut zu sein scheint, das „Unerwartete", das „Unvorhergesehene" mit einzuplanen, ihm Raum zu lassen, da wir immer nur einen Teil der Wahrheit einsehen können.

So erging es mir postwendend, als ich meine „Bitte" um die schöne Wohnung hier im Siebengebirge „abgeschickt" hatte. Während des Gehens war mir öfter so im Seitenblick ein blaues Etwas aufgefallen. Wie ein Energiefleck bewegte es sich immer an meiner linken Seite am Waldrand entlang, begleitete mich. Es schien sich mit mir zu unterhalten und mit mir all die Gedanken, wie es so eigentlich geschieht, was geschieht, auszutauschen. Ich fragte es auch, warum es keine gescheitere Gestalt habe und nur so ein Fleck, so ein Etwas sei. Und ich erhielt als Antwort, es sei so ein „Fleck", so ein „Etwas", weil ich es so sehe. Plötzlich blieb ich an einem Baum stehen und schaute zur anderen Seite hinunter. Aus dem Nichts tauchte ein Gedanke auf, ein richtiger „Fleck" in meiner Gedankenlandschaft, der sich definitiv bestimmte: „Du wirst *ein Kind* von ihm bekommen." Und dieser Gedankenfleck blieb so einfach und als Gewissheit stehen, wie es eben intuitiv geschieht. Es machte mich sprachlos. Natürlich protestierte ich sogleich und zweifelte diese unverschämte Intuition an, die, ich weiß nicht woher,

kam und dann noch so gewiss sich hielt, trotz meiner Zweifel und Widersprüche. Und es begann sich ein richtiger Streit mit völlig gemischten Gefühlen in meinem Inneren auszubreiten, für und wider, den ich da oben an diesem Platz mit der schönen Aussicht austrug. „Ein Kind bekommen von einem, der schon vier Kinder hat und ich noch keines – bei aller Liebe, aber das ist zuviel, dann käme ich mit einem Schlag zu fünf Kindern, käme zu nichts mehr von dem, was ich will... Und was fällt *mir* überhaupt so ein, wo ich noch nicht einmal weiß, ob wir je zusammenkommen werden und die Liebe halten wird, sonst will ich doch überhaupt kein Kind." Oder: „Es fällt mir nichts Besseres ein, als an ein Kind von ihm zu denken, bevor irgend etwas ist. Ich lebe in Deutschland frei und unabhängig, er lebt ganz woanders mit einer sechsköpfigen Familie, egal was da los ist und wo es brodelt, ich mische mich nicht ein. So verrückt kann ich gar nicht sein. So ein blöder Gedanke und so ein blödes Gefühl!" Ich habe mich ordentlich beschimpft für diese unsinnige – und dennoch richtige – Intuition, die mich begleitet hat, obwohl ich sie frei ließ und ihre Anwesenheit doch immer wieder spürte.
Diese Intuition hat sich erfüllt. Wir haben gut zwei Jahre später ein Kind, einen Sohn, bekommen, ein Jahr nach unserer glücklichen Heirat, die sich ihres „Ja-Wortes" sehr bewusst war. Merkwürdigerweise war diese intuitive Gewissheit vor dem inneren Wissen da, dass wir zusammenkommen würden. Seitdem konnte ich mir leichter vorstellen, wie *eine Jungfrau zum Kinde kommen* mag, von dem sie zuvor gesagt bekommt, dass sie es bekommen wird.

Intuitionen gehören einer höheren Ordnung von Wissen an, wenn sie echt sind und nicht konstruiert. Wir erkennen sie an ihrem überraschenden Charakter. Seit mehr als zwanzig Jahren ist es mein inniger Wunsch, meine Intuition zu trainieren. Dazu gehört es zu überprüfen, was sich wirklich im Erkenntnislicht der Intuition erhält, ob es echt ist und Kraft hat. Das Denken, das mir nicht nur die Philosophie beigebracht hatte, ist dabei eine gute Hilfe, um es selbständig zu tun und wo notwendig auch ein Urteil zu fällen, das ich dann selbst verantworten kann. Mir scheint es dabei wichtig, darauf aufmerksam zu machen, dass ich im guten Glauben und im Vertrauen auf meine Intuition nicht in die „esoterische Falle“ tapse, die mir häufig begegnet, dass ich etwas so und so fordere oder tue, weil es mir „eingesagt“ oder „gechannelt“ wurde oder „gekommen“ ist in Form einer inneren Stimme oder wie auch immer, wo ich dann blindlings folge *ohne es zu überprüfen*, weil das so eine „heilige Wahrheit“ ist, bei der ich nur der Mittler bin – und dann nicht mehr überprüfe, zum Beispiel im Licht der Vernunft, ob ich es selbst verantworten kann, es so zu tun, zu fordern oder weiterzuleiten. Hier habe ich meine Autonomie und geistige Freiheit abgegeben, die ich eigentlich vom Schöpfer mitbekommen habe, um sie zu benutzen. Ich mache mich abhängig, was nie zum Guten führen kann, da es mir obliegt zu prüfen, wessen „Stimme“ ich denn folge. Die innere Anbindung an das Höchste, Gott, die eigentliche „religio“, die dem Menschen im Sinne einer „natürlichen Transzendenz“ wesensmäßig zu eigen ist, wie alle Religionen und großen Lehrer letztlich vermitteln, ist mir persönlicher Garant für den *guten Umgang* mit den Kräften der Intuition, was nichts anderes meint, als der *inneren Ein-gebung*, einer blitzartigen Erkenntnis über einen größeren Zusammenhang, dem so genannten „Aha-Erlebnis, zu folgen. Und dazu gebrauche ich alle meine Kräfte, auch Vernunft und Verstand und vor allem das Gewissen, als die Instanz des Herzens.

Aber gerade durch meine starke kritische und selbstkritische Veranlagung, die mich oft hemmt, wenn sie übermächtig wird, benötige ich besonders die Kraft der Intuition zu meinem inneren Gleichgewicht und Wohlbefinden, die Dinge auch einmal leicht und sicher von der Hand gehen zu lassen. Ein gutes Trainingsbeispiel: Im Geschäft und beim Einkaufen von Lebensmitteln, auch bei Kleidern und ähnlichem ist mir das intuitive Aussuchen sehr nützlich. Ich bin mit solchen Dingen immer schnell fertig und habe trotzdem das „Rechte“ meist günstig gefunden. Wenn es nicht leicht geht, lasse ich es besser, dann stimmt der Zeitpunkt oder der Ort nicht. So spare ich im Alltag viel Zeit, um das Wesentliche nicht aus den Augen zu verlieren. Und um mich nicht im Alltag aufzureiben, da ich viele Dinge „unter einen Hut bringen" muss und es gerne sauber und ordentlich habe; – für mich ist das eine Grundlage der Ästhetik. Auch indem ich oft zwei Dinge zugleich mache, mich im „Stereo-Tun" geübt habe. Aufräumen, Saubermachen und Kochen zum Beispiel. Oder Autofahren und meditieren, oder Rasen mähen und Wildkraut rupfen, falls es stört. Trommeln und Klangschalen oder Glocken zugleich spielen. Gerade in meiner Arbeit, in der Klangtherapie ist das Stereo-Tun mit Hilfe der Intuition sehr wichtig und ein therapeutisch wie künstlerisch wichtiges Moment. Es verdichtet Klang und vernetzt ihn in einen größeren Zusammenhang. Die Erfahrung von Klang und Schwingung findet dabei auf zwei Ebenen, also polyphon statt. Die Kontrolle lässt nach, die Koordinationsfähigkeit ist gesteigert und das Selbstbewusstsein, das aus dem Unbewussten aufsteigt, öffnet sich. Beide Gehirnhälften werden in ihrer Synchronizität unterstützt durch die Langsamkeit der Schwingungen der Klänge und ihrer Stereo-Ausführung.

Es ist immer gut, die Dinge im Alltag zu üben, die ich dann zu besonderen Zwecken sinnvoll einsetzen will. Auch die Transferleistung ist etwas sehr wichtiges für die Erfahrung von Autonomie. Ich habe verstanden, was ich tue. Der oft notwendige Transfer vom einen ins andere Medium gelingt dann viel leichter. Ich lausche im Fall der transpersonalen Klangtherapie auf die *Person*, die für mich „klingt" und spiele, was ich aus ihrem *psychoenergetischen Feld* und zugleich aus der Resonanz der Instrumente „erlausche". Die Instrumente rufen mich gleichsam, den jeweils „richtigen" Ton und Klang zur „richtigen Zeit" für diese Person zu finden. Hören und Klingen wird eins. Ich empfange zugleich, wie ich aktiv spiele. Schritt für Schritt, Ton für Ton formt sich die Klangspirale, die langsam aufwärts steigt, ohne einen Ton zu verlieren. Alles klingt langsam aus, je nach der Naturbeschaffenheit seines Klangmediums. Ich breche oder dämpfe nichts ab. Mit diesem großen Klangvolumen und Potential ist es notwendig, sehr bewusst umzugehen, Zeit zu lassen, zu hören, was sich von selbst formt. Äußerste Kon-

zentration ist die Basis und Stille der Ausgangspunkt, den Klang aufsteigen zu lassen.
Es ist eine Wohltat, der Intuition zu folgen und folgen zu dürfen, wenn sie klar und echt da ist, und so das „Richtige“ tun zu können, mit dem ich mich hundertprozentig wohl fühle. Alle wichtigen Entscheidungen sind in meinem Leben so gefallen; meist waren sie *unmittelbar*, das heißt von Anfang an ganz klar: „Das mache ich jetzt“, und *das* eröffnete einen neuen Weg. Die Intuition ist schließlich viel schneller und treffsicherer als jede Verstandesüberlegung, ob es für mich gut sei, das zu tun oder das andere, und dies dann abzuwägen. Mit der Geschwindigkeit der Intuition, ich würde sie definieren als „die Blitzentscheidung aus Herz und Bauch in Übereinkunft mit unserem höheren Selbst“, kommt das logische Denken nie mit. Es darf sich vielmehr nachher, nachdem die Intuition tätig war, betätigen und diese nachvollziehbar machen und in die Praxis integrieren. Da gibt es dann genug zu tun. In der Entscheidungskraft ist jede verstandesmäßige Abwägung unterlegen und wird nie die klare Entscheidung für etwas bringen, wenn nicht das Herz dabei ist. Es scheint mir *notwendig* im wahrsten Sinne des Wortes (Not –wendend), eine „Entscheidung“ vom Herzen her zu bestimmen, um etwas dann auch von Herzen gern zu tun, das heißt, voll „Ja“ zu sagen. Nur so stehe ich hinter meiner Entscheidung und tue es wirklich.

Hingegen es *zu tun* und innerlich es *nicht zu tun*, indem ich im Zweifel, in der Ablehnung bleibe, oder umgekehrt, etwas *nicht zu tun*, vielleicht aus Verstandesgründen (hier lauten übliche Glaubenssätze: „verstößt gegen Gesellschaftsregel xy …“ oder: „kann ich mir nicht leisten, kann ich eh nicht, bekomme ich nicht erlaubt, etc. …), obwohl das Herz es sich so gewünscht hätte und jetzt trauert – dies führt zu Unklarheit, Unwohlsein, letztlich zu Krankheit und im schlimmsten Fall, wo sich eine unerträgliche Situation verfestigt hat, zum Gefühl von „Hölle“, wie ich sie schon einmal beschrieben habe. So gesehen sind die Intuition und ihre klare Entscheidungskompetenz ein absolut notwendiges Instrument *guter* Entschei-

dung, vor allem dort, wo sich neue Wege oder eine Veränderung ankündigen, bzw. notwendig werden. Und die sind schließlich die Triebkraft jeder persönlichen Entwicklung und jeder Erfahrung von Freiheit in eigener Verantwortung.
So wagten Wolfgang und ich, jeder nach Maßgabe seiner Intuition und gut geprüft durch alle Kräfte – von der Vernunft bis zum Mut, etwas auf uns zu nehmen *gegen* jegliche *Gesellschaftsnorm*, wie „das kannst du nicht tun“, „halte sie dir als Freundin und lass Ehe, Haus und Stelle bestehen“, „gib nicht alles auf, jede Beziehung endet gleich“, … und andere gute gemeinte Ratschläge auch für mich, „einen Mann mit vier Kindern heiraten, das hältst du nicht aus…“, und begannen zusammen einen neuen Lebensweg; – jeder von uns unter Einsatz seines ganzen Lebens und bewusst, ganz neu anzufangen, bei Null, wie man sagt. Die zu nehmenden Rücksichten, die Hypotheken, Spannungen und Belastungen waren über Jahre sehr groß. Die Notwendigkeit der Veränderung war für Wolfgang noch größer. Und die Freude über die vielfach überprüfte „höhere Bestimmung“ diese Liebe und Verbindung leben zu dürfen, ja dass sie Teil unseres Lebensplanes war und ist, war am größten. Diese *Freiheit* sich zu nehmen, hat sich gelohnt und einen Weg ermöglicht, der vorher nicht denkbar gewesen wäre. „Liebe bringt *Geschenke*“, hat einmal jemand zu mir gesagt, die *Geschenke* des Glücks wie die *Geschenke* der Prüfungen. Jedes Märchen erzählt diesen Weg der Initiation durch die Liebe und ihre vielen Prüfungen. Meine Lieblingsmärchen waren, als ich ein kleines Kind war, „Hänsel und Gretel“ und „Sterntaler“. Die Naturbilder dazu sind mir noch heute im Kopf, wie sie dort illustriert waren.
Und oft habe ich mich in Zeiten, die schwer waren, so gefühlt wie in „Hänsel und Gretel“, einsam im tiefen Wald, ganz allein in dunkler Nacht, nur die Sterne leuchten, mit nichts in den Händen, nur ich und das, was ich am Leib trage. Auch unsere trotz aller Belastungen märchenhaft begonnene Beziehung brachte diese Zeiten der Einsamkeit und der Prüfungen, wo du dich fragst, wer du bist und was noch Sinn macht, wo die Liebe hingekommen ist… Und dort, wo alle Märchen aufhören, mit der ersehnten Hochzeit der Lieben-

den, dort fängt die eigentliche Geschichte der Liebe erst an: mit all ihren verschlungenen Pfaden der Entwicklung der Partnerschaft und der Individualität, der Lebensaufgabe beider Partner. Mal synchron, mal verschoben, ständig im Wechselspiel und der eine ist dem anderen ungewollt Spiegel seiner Schatten und andererseits Vorbild. Eine Liebesbeziehung ist die dichteste Art des ständigen Feedbacks und des Lernens, was Mensch-sein bedeutet, was Selbsterkenntnis bedeutet: Hier bin ich ständig gefordert in der *Verbindung*, die auch *Verbindlichkeit* bedeutet, abzuwägen, zu entscheiden, was ich tue, wem ich mich widme, Bedürfnisse zu stillen und haben zu dürfen, zu geben und zu nehmen im Umgang mit Nähe und Distanz, mit Gemeinsamkeit und Alleinsein, mit Mann-Frau-Beziehung bis Bruder-Schwester-Beziehung, Mutter-Kind-Beziehung, all diese Aspekte der Liebeskunst und Fürsorge dessen, was menschlich ist, in Auseinandersetzung mit mir selbst.

Die Farben und Formen einer Partnerschaft und ihres geheimen Innenlebens für mich selbst und meine Entwicklung sind ungeheuerlich groß und geheimnisvoll, solange die Beziehung lebendig und produktiv ist. Und wenn sie stirbt, kann sie wie der PHÖNIX aus der Asche neu auferstehen, wenn der Glaube an den anderen aus der Liebe kommend groß genug ist. Was im Geiste ist, vergeht nicht. Wirkliche Liebe ist „Geist-Geist", sie vergeht nicht, sie ändert nur ihre Daseinsform. Es braucht Glauben und Vertrauen in die Kraft der Liebe und Mut, den anderen und sich *frei* zu lassen, aus dem beliebten Bindungsspiel zu entlassen, was letztlich nur „Abhängigkeit" lautet und mit dem Mantel der Liebe behängt wurde. Diese Ent-täuschung der Illusion ist notwendig, um überhaupt liebesfähig zu werden und das Aufdecken dessen, was wirklich ist, was meine Bedürfnisse sind, die ich an den anderen richte, seine Bedürfnisse, das braucht Ehrlichkeit und den Willen, authentisch zu sein. Meist wird die Liebesbeziehung dann weiter, wenn sie diese anfänglichen Stufen der Bindung durchlaufen hat; andere Aufgaben treten in den Vordergrund, wenn die Individualentwicklung voranschreitet, was uns dann Schwierigkeiten bereiten kann, wenn die Form des

Ausdrucks, zum Beispiel in der Erotik, nicht mehr parallel funktioniert: Der eine will und der andere will scheinbar nicht. Ein Problem, das in fast allen festen Beziehungen einmal auftaucht. Äußere Maßregelungen, wie: Ich stelle dem anderen ein Ultimatum, dass er sich besinnt, was er will, helfen da wenig. Oder sich zwischenzeitlich einen anderen Partner zu suchen. Das ist eine Art Symptombekämpfung in Sachen Liebe. *Lösen* oder *glücklich machen* tun diese schnellen Verhaltens-Abhilfen uns nicht, wenn wir ehrlich sind.

Wenn ich liebe, bin ich in dieser Liebe auch gefordert und willens, den anderen einmal so anzunehmen, wie er ist und die Wirklichkeit zu sehen, wie sie ist. Dann kann ich mich an so etwas wie, *Bedingungslosigkeit* in der Liebe – „unconditional love", wie auch der alte traditionelle *Aloha-Spirit* der Hawaiianer lehrt – heran tasten, wenn wir uns meistens doch so voller Bedingungen fühlen, die alle erfüllt sein sollen. Hier habe ich dann Gelegenheit, sehr genau diesen Aspekt von Liebe zu erfahren, nämlich dass Liebe heißt zu lieben, auch ohne dass meine Bedürfnisse (direkt) befriedigt werden, auch auf die Gefahr hin, verletzt zu werden, denn hier in der Intimität der Liebe *bin* ich am verletzlichsten. Es heißt auch schenken zu können, ohne möglichst postwendend ein Gegengeschenk zu erhalten. Eine Zeit der Prüfung, sicherlich, denn wir sehnen uns nach der Ausgeglichenheit und Harmonie. Auch hier ist der Glaube wieder gefordert, dass diese Zeit der Erfüllung wohl irgendwann, ich weiß nicht wie, kommen wird. Und Glaube ist immer „ein noch nicht Wissen" von dem, was ich unbewusst weiß, was aber noch nicht ins Bewusstsein gelangt ist. So geht jedem Wissen ein Glaube voraus und ist seine Grundlage. Nietzsche hat dies als Philosoph sehr betont. Glaube ist unsere stärkste Kraft des Menschseins, er öffnet uns die Himmel des Vaters, so wie Jesus es in vielen Beispielen nicht müde wurde uns zu lehren und uns vorzuleben.

Es braucht einen langen Weg der Prüfungen, über Stock und Stein im Beziehungsgeflecht der Liebe, um die Fäden, die einen einspinnen wollen in die Welt der Illusionen, der Matrix, richtig zu zerschneiden und den wahren Schicksalsfaden zwischen Himmel und Erde zu knüpfen, der Geist und Körper wahrlich verbindet. Irrlichter glänzen hier auf diesem Weg und das „wahre Licht" der Seele hat einen sanften, aber kontinuierlichen Schein. Jesus leuchtet uns auf diesem Weg ganz besonders mit seinem Licht. In tiefster Betroffenheit habe ich ihn oft gesehen im Schein des höchsten weißen Lichts. Das sind Momente, wo der Tod dein „Ratgeber" wird und deine Tränen der Berührung deiner Seele geweiht sind. Diese Tränen werden zu Perlen in deinem unsichtbaren Lebensnetz, an dem du, mit allem, was du tust und entscheidest, webst. Es wächst mit dir und gewinnt an wegweisender Kraft für dich. Und deine Perlen verbinden sich durch ihre Liebeskraft mit Perlen anderer Lebensnetze, mit denen du dich immer schon verbunden hast.

Traue dich zu lieben, erst dann lebst du wirklich! Und du gewinnst viel, bei allem, was du verlierst. Es erleichtert dich schließlich. Glaube mir, es gehört Mut dazu! Sicherer und ohne Risiko bist du ohne all das zu wagen, bleibst ganz eingesponnen in der *Matrix* deiner Illusionswelt. Wenn du *heraustrittst*, – gern möchte ich mit Kant sagen – „aus deiner selbstverschuldeten Unmündigkeit", so hat das Konsequenzen, die nicht absehbar sind. Der Weg macht sich selbständig und du bist dieser Weg. Es ist ein Weg des Lichts. Es ist der Weg der *mutigen Kunst des Liebens*. Ein Weg der *Macht*, wie die Indianer sagen.

RK. 2004

Und die Zeit tanzt und sticht

Die Wahrheit singt in den Bäumen
und ihre Schatten speisen den Fluss.
Alt zieht das Licht in den Süden
und die Zeit tanzt und sticht.

Und wenn sie gekommen ist:
„Mach auf die Tore und weit
tragen Blumen den Duft hinein.
Farben schwingen ins Licht.
Alles sei bereit!"

Wenn leise der Wind eindringt
und leiser noch
meinen Mund speist –
mit Brot und Wein
dem himmlischen Erdenleib.

Mach auf die Tore und weit!
Alles sei bereit –
Die Wahrheit singt in den Bäumen
ihre Schatten speisen den Fluss –
und die Zeit tanzt und sticht.

RK. 2003

Der zweite Weg

Einst, als ich einmal sehr mit mir haderte und über die Mühseligkeiten und Steine meines Lebensweges kaum hinwegsehen konnte und mir doch vieles bekannt vorkam, ja manchmal ich von Dingen wusste, die ich eigentlich nicht wissen konnte, erzählte mir mein Engelbegleiter Rubinel mehr von diesem Weg. Ich hatte mich zurückgezogen auf die hinterste Bank unseres Gartens, es war ein diesiger, stiller Morgen. Hier gelang es mir oft mich zu sammeln und wieder geklärter an die Arbeit zu gehen. Die Bank stand an einem Eckpunkt unseres Gartens, mit Blick nach Nordosten hinaus über die Felder bis zum Wald. Der Hahn von nebenan krähte mehrfach und erregte meine Aufmerksamkeit. Still sinnierend betrachtete ich die friedlich pickenden Hühner dort unter den Obstbäumen. Ein feiner Windzug streifte mich und ich spürte das lichtvolle Auftreten einer neuen Energie. Blau weiß strahlte sie gleich einem Lichtstrahl von eigener Intensität und doch fein wie ein Hauch, der sich nicht fixieren lässt. Rubinel war da und ich richtete leise meine Fragen zu meinem Weg an ihn, als ich mein Herzzentrum geöffnet hatte. Rubinel antwortete mir: „Viele von euch haben ihn vor langer Zeit schon einmal bewusst gewählt." Und ich traute meinen Ohren nicht und tauchte ein in diese alte Welt des Wissens. „Das Wissen eures ersten Weges war in die Wasser des unbewussten Wissens versunken, weil eure erste Bewusstheit darüber verloren gegangen war." Und er erinnerte mich: „Ihr alle taucht durch den Kanal der Lethe, der griechischen Göttin des Vergessens, wenn ihr in ein neues Leben eintretet. So wie ihr auch durch den Kanal der Mnemosyne, der Göttin der Wiedererinnerung, taucht, wenn ihr das Tor des Todes durchschritten habt und in die andere Welt hinübergeht. Ich möchte dir heute etwas über die alten Wurzeln dieser Wahrheit und eurer Herkunft berichten, so wie du in deinem Herzen gefragt hast."

Rubinel erzählte weiter: „Dieser Weg ist der 'geheime Weg'. Nicht weil er *geheim* wäre, sondern weil er meist nicht erkannt wird und schon gar nicht als der zweite Weg, da die Wurzeln seiner Wahl im Unbewussten liegen: auf der anderen Seite des Lebens, wo ihr ihn gewählt hattet, lange bevor ihr euch hier inkarniert habt.
Er ist der Weg aus dem Unbewussten ins bewusste *Sein* hinüber. Das Bewusste taucht aus dem Unbewussten langsam wie eine Muschel aus dem Meer auf. Es ist die volle Konzentration deines Bewusstseins.
Dieser Weg ist immer schon der *zweite Weg*. Viele von Euch sind ihn schon einmal gegangen.
Ihr seid ihn gegangen und an irgendeiner Stelle, wo ihr hoch hinauf wolltet, wieder gefallen. Ihr seid gefallene Engel und wieder aufgestanden, ihn noch einmal zu gehen und euch zu erinnern an das, was ihr schon einmal erlebt und gelernt habt. Auch an das, was euch Gefahr und Hindernis war, vielleicht so groß, dass die Angst davor sich in euch eingenistet und euch die Augen verschlossen hat. Nun wartet es darauf, wieder ans Tageslicht zu kommen, um befreit zu werden. Um ins Licht hinübergeführt zu werden, wenn das Herz bereit ist. Im Geistigen verschwindet nichts, es wartet auf den Zeitpunkt des Gesehenwerdens: Dann kann es geschehen als der Weg der Transformation und Auflösung alter Blockaden. Ihr seid hier, um die Liebe zu lernen und mit dem Geist zu vereinen. *Nur zusammen* dienen sie euch, die Lernaufgabe auf diesem Planeten Erde zu erfüllen: die Dualität vollständig zu erfahren, um sie dadurch zur Einheit zurückzuführen, mit einem vollständigen Bewusstsein für das, was sie ist. Wenn ihr bereit seid, wahrlich zu empfangen, wie es die Erde getan hat und in eurer Religion euch Jesus der Christus vorgelebt hat und durch beides, Himmel und Hölle hindurchzugehen, dann erst werdet ihr Meister der Dualität sein. Die Meisterschaft hebt alle Gegensätze in der neuen Dimension auf. Ihr löst auf, was aufzulösen notwendig ist, eure Begrenztheit im Glauben und in der verbindenden Kraft der Liebe. Die Erde spiegelt euch diese Kraft. Eure verlorene liebende Verbindung zur Erde, die eure Ahnen noch aus einer stärkeren Notwendigkeit heraus hatten.

Die Göttlichkeit der Mutter Erde ist heute notwendiger denn je zu entdecken und zurück zu gewinnen. Vor diesem großen Tor eurer Entwicklung steht ihr! Betrachtet den Boden unter euren Füßen! Öffnet euch der heiligen Erde mit all ihren Elementen, die sich euch zur Verfügung gestellt haben, öffnet euer Herz und *erkennt eure Wurzeln*! Die liebende Kraft eures Herzen wurzelt hier!
Nicht nur oben, auch unten ist Gott! Ihr steht auf ihm und merkt nicht, dass ihr im Begriff seid euch den Boden – Gott in seinem Nachtgewand der Mutter Erde, der Göttin – unter den Füßen wegzuziehen! Sie tretet ihr mit Füßen. Deshalb ist es der *zweite Weg*. Durch Tag und Nacht geht das Bewusstsein, bevor die Zeit sich wendet. Die Zeit reif. Die Entscheidung ist nahe. Euer Wachstum dient der Erde und damit euch selbst, euch einzuschwingen in die nächste Dimension, von der jetzt alle reden. Das Himmelreich ist hier möglich. Ihr braucht keine andere Welt.

Das ist eure 'versteckte Geschichte', gleich dem unterirdischen Strom, der parallel zum oberirdischen Strom fließt.

Der *zweite Weg* ist *ein unsichtbarer Weg*. Ein Weg wahrhafter Bewusstwerdung des Unbewussten, das dich oft antreibt mit den Wünschen und instinktiven Neigungen oder Abneigungen. Du kannst ihn nur in absoluter Ehrlichkeit dir selbst gegenüber gehen, ansonsten wirft es dich zurück in die Schleier deiner Vorstellungsmuster und Gedankennebel, die dein Bewusstsein trüben, wenn du stolperst. Diesen Gefahren und Entscheidungsnotwendigkeiten seid ihr täglich, in jeder Lebenssituation ausgesetzt und ihr wählt ständig euren Weg, der sich an unendlich vielen Weggabelungen verzweigt. Und jede Entscheidung bringt eine Konsequenz hervor, für die ihr die Verantwortung übernehmt. Das ist Gesetz des Lebens selbst, ein Gesetz der Resonanz. Es dient der Erkenntnis und der Entwicklung der Kraft des Liebens.

Die geheimen Kammern eurer Seele sind groß und voll mit Schätzen und Paketen, die sich dort irgendwann einmal auf eurem Weg abgelagert haben und dann in Vergessenheit geraten sind. Gefühlte glückliche, aber auch durchlittene und traumatische Erfahrungen lagern hier im unbewussten Bereich eures Selbstes, dessen Speicher euer Körper ist, ein wundersames, fein gestimmtes Instrument, das alles aufgenommen und sorgsam an den verschiedensten Stellen abgelegt hat. Der Körper ist ein wahrer Tempel eures Daseins, der alles weiß. Du brauchst dich nur zu erinnern. Alles ist eigentlich da. Dein eigenes inneres Leuchten aus der göttlichen Flamme, die in deinem Herzen verankert ist, steht in der ewig lebendigen Beziehung und Dankbarkeit zum Herzschlag der Erde, der Mutter der großen Empfängnis, aus der ihr alle stammt und aus deren Elementen – Feuer, Wasser, Erde, Luft und als ätherisches Element Klang/Raum – ihr gemacht sind. Die Erde ist die weibliche Form Gottes. Unsere Rückanbindung an sie führt uns unseren inneren Weg zurück zur Quelle. Ohne sie geht es nicht.

Die in der modernen Zivilisation unterbrochene Verbindung zur heiligen Kraft der Erde wieder zu erneuern ist ein großes Anliegen unserer Zeit und Teil der laufenden Transformation, die durch die Erde seit einigen Jahren in Gang gesetzt worden ist. Unsere Verbindung mit der Erde hält Weisheit für uns bereit, wenn wir unser Herz mit ihrem wieder verbinden. Lausche ihrem Klang, den Stimmen der Elemente und der Natur, die uns belebt. Deine innere Stimme, deine Intuition gibt dir Auskunft darüber, wenn du nachfühlst, was los ist. Aber diese Stimme ist oft sehr leise geworden und ihr habt verlernt, ihr Gehör zu schenken. Sie kommt schließlich nicht von außen auf euch zu, sondern sie kommt aus dem Inneren im Inneren zur Resonanz.

Eure Augen sind gewohnt nach außen zu schauen und nur dort, im Äußeren des Lebens, Realität zu finden. *Klang ist ein großer Lehrmeister oder eine große Lehrmeisterin, die Wege nach innen wieder zu öffnen! Hören und Zuhören* erweckt den *inneren Sinn* der Wahrnehmung eurer Wirklichkeit. Und Klang öffnet das Herz. Ohr und Herz scheinen in einer besonderen Beziehung und in einem sehr engen

Resonanzverhältnis zu einander zu stehen. Die alten Kulturen und Traditionen indianischer wie asiatischer Abstammung wussten um dieses Geheimnis. Aber auch jeder, der Musik *liebt*, hat diese Beziehung schon erlebt und weiß irgendwie um dieses Phänomen. Zu allen Zeiten ist mit Klang und mit Körper gearbeitet worden, wenn es um diesen Weg der spirituellen Selbstwerdung ging. Klang hebt für euch – *physisch erfahrbar* – wenn ihr euch mit ihm in einen höheren Bewusstseinszustand einschwingt, Dualität, das heißt *gut und böse, wahr und falsch* auf. Ihr fühlt mit dem Klangerleben ein wenig von dieser 'höheren, umfassenderen Wahrheit', wie aus einer Vogelperspektive auf die Erde schauend. Klang leitet dich gut auf dem Weg in die seelische und geistige Wirklichkeit, die, wenn du bereit bist, Türen öffnet und alte Glaubenssätze sprengt, je nachdem, wo du dich gerade befindest."

Meine Gedanken tragen mich weiter auf diesem Fluss der Erkenntnis, den Rubinel in meinem Herzen in Bewegung gesetzt hat. Wie ein Boot auf dem großen Strom, der ins Fließen gebracht wurde, fahren sie weiter. Klangarbeit ermöglicht Bewusstseinsarbeit. Und Bewusstseinsarbeit gilt dem Herausfinden des *Wesentlichen, meiner Aufgabe*, der Suche nach dem Sinn meiner Existenz. „Das Wesentliche ist für die Augen unsichtbar", wie der berühmte Satz von Exupery vielen gesagt hat, aber es ist dem Herzen – und dem Ohr – zugänglich. Das Ohr „verbindet", während das Auge „trennt", sagte Nietzsche und stellt genealogische Untersuchungen über den Einfluss des Hörens auf die Sprache an. Er arbeitet das Spezifische des Sehens und des Hörens heraus. Das Ohr und das Hören auf den Klang finden den Zugang zum Unbewussten. Dort, wo Resonanz zu meinen gespeicherten Erfahrungen entsteht, wo ich mich angesprochen und berührt fühle, entstehen Kanäle zu den tieferen Schichten des Bewusstseins, in denen entsprechende Erfahrungen abgelagert wurden und dann zutage treten können, wenn ich mit meiner Konzentration bei mir bin.

Das Bewusstsein übersetzt den Klang mittels Resonanz in analoge Bilder und Symbole, die mit im Körper eingelagerten Gefühlen korrespondieren, und fördert sie so in die bewussten Schichten zurück, wo ich sie wieder wahrnehmen und spüren kann. Das, was aus Schmerz verdrängt wurde, darf wieder heim, in die Einheit, die Integration des Körpers und der Seele kommen. Der Schmerz ist ein großer Lehrmeister, der große Lektionen vermittelt. Die indianische Kultur wusste um dieses Gesetz und vermittelte Initiationen in diesem Sinne. Der Klang war auch hier – Schamanentrommel, Rasseln, Gesänge, Gebete – zentraler Mittler bei heiligen Handlungen und Heilungen. Er vermittelt Erinnerung, er weckt Erfahrungen und Gefühle auf, die wir auf unserem Weg haben liegen lassen, obwohl es die unsrigen waren.

Der *zweite Weg* ist auch *ein Weg des Sich-Erinnerns und des Erwachens.* Wir gelangen hier auch im Aufspüren und Heimholen des Unbewussten zurück zu unseren Wurzeln. Je mehr wir uns erweitern und vorwärts kommen, desto mehr gelangen wir auch zurück zu diesen Wurzeln unseres Selbstes, das sowohl in den Sternen wurzelt, wie genauso im Schoß der Erde. Wie oben so unten! Das göttliche Leuchten ist da. Erinnern wir uns, wer wir sind, woher wir kommen und was wir erlebt haben. Unsere Erinnerung an die Vergangenheit unserer Seele macht uns stark. Sie gibt uns Kraft für die Gegenwart und unsere Wünsche, die Zukunft bilden. Durch bewusste Wiedererinnerung an vergangenes Leben können wir besser erfahren, was unser wirkliches Wissen und unsere jetzige Lebensaufgabe ausmacht. Wenn ich sage: „Ich bin, der ich bin", umfasst das alle Zeiten: Vergangenheit, Gegenwart und Zukunft. Dies ist ein sehr machtvoller, energetisch hoch schwingender Satz, der uns unmittelbar verbindet und Kanal sein lässt für das, was wir eigentlich sind: Kinder der göttlichen Quelle, verbunden über den Fluss mit der Quelle. Dieser Satz ist für mich in seiner Einfachheit und Wahrheit eines der wirksamsten Mantren, die ich kenne und tätige.

Vergangene Leben oder Erfahrungen, zurück bis in den Mutterleib oder darüber hinaus, alles Stationen meines Lebensstranges, egal wie weit zurück ich meine Grenzen je nach Glaubensvorstellung stecke, all diese Zeitabschnitte werden letztendlich zu relativen Zeitpunkten meines Lebens und verbinden sich wie Parallelwelten mit unserer einen Welt und Wirklichkeit, ja, sind sie in eins. Dieses umfassende Erleben des Sich-Erinnerns und Erwachens hebt Raum und Zeit aus den Angeln: Und wie Kant schon sagte, sind Raum und Zeit nur „Anschauungsformen unseres Denkens", keine absoluten Größen. Auch die moderne Physik denkt hier ähnlich über die Beschaffenheit der Wirklichkeit und ihre Größen Raum und Zeit (vgl. St. Hawking, Das Universum in der Nuss-Schale).

Der *zweite Weg* bringt all *die Entscheidungen und Lebenssituationen des ersten Weges*, wo noch ein Rest unerledigt, unverstanden oder als Trauma hängen geblieben ist, in verwandelter Form, wie in Variation *noch einmal* – ja, es scheint eins zu sein – so wie das Thema eines Musikstücks sich in seinen Variationen erst richtig entfaltet. So durchziehen solche Themen wie rote Fäden unser Leben und unsere Leben. Sie sind alle jetzt und gehören zur energetischen Struktur der Person und ihres Wesens, wie wir sie in der jetzigen Wirklichkeit erfahren. Wenn wir besondere Erlebnisse tiefer Erkenntnis und Wiedererinnerung an alte Dinge haben, wird oft eine Integration des alten Erlebens möglich und das hilft mir hier und jetzt in meinem Leben freier und glücklicher zu leben.

Jedes tiefe Erleben im Sinne eines Erwachens von Herz und Geist berührt mich im innersten Wesenskern meiner selbst und entsteht dadurch, dass dieses Erleben an etwas älteres, das ich schon irgendwann einmal erfahren habe, anknüpft, d.h. es kommt in Resonanz. Es löst so einen Aha-Effekt aus, wo es mir „wie Schuppen von den Augen fällt" oder die „Dominosteine" meines selbst gezimmerten Lebensgebäudes alle purzeln, wenn nur einer angestoßen wurde. Diese Begriffe beschreiben sehr bildlich den Charakter eines solchen erwachenden Erlebens. Hier gelange ich – Zeit außer Kraft setzend – an essentielle Wurzelpunkte meiner Seelen-Existenz, die sich jetzt als Beginn- und Zielpunkt meiner roten Schicksalsfäden zeigen. Diese roten Fäden können sich nun, Zeit rückwärts drehend, entwickeln und auch entwirren. Sie verbinden mich, in meiner jetzigen Form, mit den Entwicklungsschritten und Variationen meiner Lebensthemen. Ich erfahre, wie sich meine Seele in einer größeren Ordnung entwickelt, wenn sie ein Thema schon öfter durchgegangen ist. Das ist nicht an einen Lebenszeitraum gebunden. Und ich erfahre auch, wie alles vernetzt ist, zwischen der physischen und der geistigen Welt. So wie wir eine Person sind und doch ein „Bürger zweier Welten", ständig auf dem Scheideweg der Entscheidungen, auf dem wir die Konsequenzen unseres Denkens, Fühlen und Handelns lernen, die das Leben uns spiegelt.

Alles, was wir aktiv oder passiv tun oder *nicht* tun, jeder Gedanke, jedes Gefühl, jede Motivation ist Energie, die wir gezielt aussenden und die sich ausbreitet, wie ein Stein, den ich ins Wasser werfe, seine Kreise zieht. Das meint der Begriff „Karma" und dies ohne unsere Wertung von *guten* und *schlechten* Taten, Schuld oder Strafe, die wir erhalten, wenn etwas nicht „gut" war. Diese Wertungen sind Spiegel unseres bedingten, jeweiligen Verstehens und wir urteilen sehr schnell und oft über etwas, wo uns die höhere Ordnung und Vernetzung mit allem auf unserer Erde nicht einsichtig ist. Wenn mir ein Erlebnis des „Erwachens" zuteil geworden ist, bringt das tiefere Verstehen dessen, was mir passiert ist, wo ich Leid erfahren habe, gerade oft eine Umkehrung des bis dahin Für-wahr-gehaltenen! Meine Vorstellungen von Opfer und Täter ändern sich und meine Wertung, was gut und was böse war, hebt sich auf einer höheren Ebene auf! Das Böse hatte einen Sinn. Täter und Opfer haben einander *gedient*, diesen geteilten Entwicklungsschritt, der zur Aufgabe gehörte und wo jeder seinen Lernanteil hatte, als Täter und Opfer zu gehen. Ich erkenne hier meine Lernaufgabe und den Sinn des Geschehens in einer *höheren Ordnung*. Das ist ein unbeschreiblich tiefes und berührendes Erleben, wo die verbindende Kraft der Liebe wieder durchbricht, die abgetrennt war, und ich den inneren Zusammenhang in einer intuitiven, das heißt ganzheitlichen Sicht wahrnehme. Ein solches Herzens-Erlebnis der tiefen Berührung und Erkenntnis verändert mich nachhaltig. Daran erkenne ich es auch, an seinen Früchten.

Der zweite Weg lehrt dich: Alles hat seine Konsequenz, im Geistigen geht nichts verloren. Diese Grunderkenntnis, wenn ich sie einmal erfahren habe, motiviert mich dazu, dass auch im eigenen Denken und Fühlen eine Art Hygiene gut wäre, wo ich mir sehr gut überlege, welchen Gedanken mit welchem Gefühl ich auf den Weg schicke. Hier fangen Umweltverschmutzung, Feindschaft, sogar, wenn es kollektiv geschieht, Kriegsgefahr, an und all das, was wir im Außen finden und abstellen möchten. Wir müssen bei uns beginnen, Frieden zu schaffen und Achtung vor dem anderen und seiner Freiheit und vor allem, was lebt, zu entwickeln. Das „Böse" in der Welt ist, so gesehen, „nur" eine Potenzierung dessen, was alle erschaffen, die Trennung, Streit und Missachtung auf allen energetischen Ebenen ihrer Existenz im Kleinen produzieren. Wir sind alle über energetische Felder verbunden, tragen so des anderen Gedanken mit, geben aber auch den unsrigen weiter in den Kosmos, wo sich alles potenziert. So entstehen „morphogenetische Felder" und so kann der Flügelschlag eines Schmetterlings letztlich auch einen Orkan auf der anderen Seite der Welt auslösen.

Trennung ist eine Illusion, wenn auch eine ungemein hartnäckige und glaubhafte (durch das Trägheitsgesetz auf der Erde unterstützt). Wo immer wir sie ausüben und unseren Geist mit unserer Kritik und Abneigung füttern, erhalten wir sie als ein Resonanzgeschehen zurück. Wir sind einsam, fühlen uns ungeliebt etc., unglücklich oder wütend auf andere. Trennung ist eine verstandesgemäße, abgrenzende Art des Verstehens: Um etwas zu begreifen, muss ich es abspalten, sezieren, ich muss es töten, seine Lebendigkeit auf ein kausales Ursacheprinzip zurückführen. Dies ermöglicht faktisches Begreifen, ja so etwas wie Objektivität. Es zeigt aber auch in einem erweiterten Blickwinkel, der netzartig und mehrdimensional ist und nicht monokausal funktioniert, wie eng monokausales Verstehen ist und von der Lebendigkeit des Lebens abschneidet. Erkennen und Verstehen sind eine Sache des Standpunktes, den der jeweilige Betrachter einnimmt – und als solche sehr relativ.

Insofern zeigt sich der *zweite Weg* auch als ein *künstlerischer Weg*, auf dem der Mensch seine Freiheit des eigenen Ausdrucks entdeckt, die Wirklichkeitsebene zu wählen, die ihm gerade wichtig ist und hierin bewusst seine Wahrheit auszusprechen, innerhalb seiner Grenzen. Oder so viele Ebenen anzuerkennen und zu verbinden, wie ihm unmittelbar im Augenblick der Entscheidung sichtbar sind. Grenzen sind immer von uns *gemachte* Grenzen und dazu da, um überschritten zu werden... Die Kunst ist die tiefere Wahrheit, weil sie *ehrlicher* ist als eine wissenschaftlich objektivierte, die im Abstrakten erkaltet ist: Kunst ist ein Ausdruck des Menschen und ein Akt der Interpretation *seiner* Wirklichkeit. „Wahrheit ist eine Art von Irrtum", ohne den wir schwer leben können, sagte Nietzsche. Dies lehrt uns *die Zeit*, die alles zum Verfall bringt, weil irgendwann ein neuer Horizont auftaucht und die Dinge in einem neuen Licht erscheinen und sich neu verbinden. Und wir geraten in einen Paradigmenwechsel oder einen Zeitensprung, der sich im Laufe unserer viel tausendjährigen Geschichte schon oft ereignet hat, was nicht immer friedlich vonstatten ging.
Ich bedanke mich bei Rubinel und seinen Begleitern, für diese besondere Lektion über den „zweiten Weg" und seine Initiation in meinem Bewusstsein, das die Reise auf dem Strom der verbindenden Erkenntnis machen durfte. Zeit... Viele Steine waren ins Rollen gekommen.

Ein Zeitensprung besonderer Art tauchte für Wolfgang und mich ganz unmerklich still und leise auf, als wir uns endlich unseren Wunschtraum erfüllten und spontan entschlossen mit einer kleinen Gruppe interessierter Menschen nach Hawaii fuhren. Hawaii, das größte isolierte Eiland auf der ganzen Welt, eine Art Paradiesinsel, schien uns unsere Wurzeln geistiger Herkunft zu verkörpern; es zog uns magisch an, dies galt für uns beide.

Nach dem Aussteigen aus dem Flugzeug in Honolulu am Flughafen vertraute sich Wolfgang mir an: „Heim zu kommen an den Quell meiner Heimat berührt mich im Innersten so tief und stark,

dass allein beim Aussprechen dieses Satzes, 'heim nach Hawaii', mir die Tränen kommen. In der Tiefe meiner Brust macht sich ein Sehnen aus einer tiefen langen Erinnerung der Vergangenheit breit, die jetzt als Gegenwart sich mir zu eröffnen beginnt. Als ich ausstieg, musste ich mich auf die Erde niederknien und sie berühren in Erinnerung an eine alte, längst vergessene und doch noch so lebendige Heimat.
Aus diesem Grund mussten wir uns, diesmal als Ruth und Wolfgang, wieder treffen; um zusammen zu leben und unsere gemeinsam vorbereitete Aufgabe an dem Platz, wo Gott uns hingestellt, zu erkennen. Um uns selbst darzustellen und Zeugnis abzulegen, das dies wirklich ist und wahr. Um uns in den Tiefen unserer Seele zu berühren und zu erinnern, zu verwirklichen, was lange vorbereitet worden war auf gleichen und verschiedenen Wegen der Entwicklung.
Viele Male waren wir schon zusammen. Manches ist in der Erinnerung wach, anderes muss erst aufgeweckt werden. So ist eine Kongruenz unserer Rückerinnerungserlebnisse im Sprung der Zeiten so auffällig, dass wir nicht umhin können, sie als unumstößliche Wahrheit zu erkennen und zu achten."

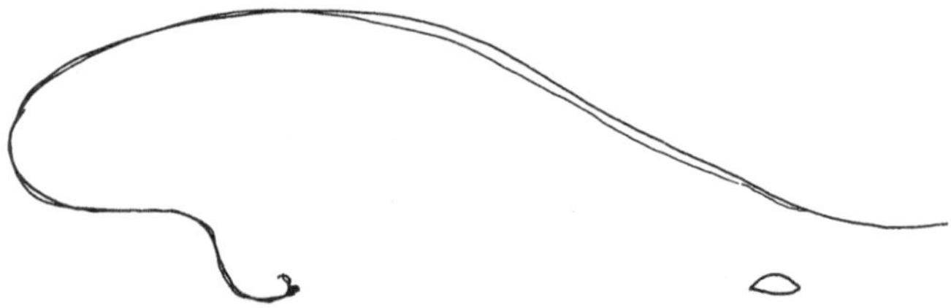

Weißes Glück

Wahre Schätze sah ich ziehen.
Von weißer Hand gebauscht
spielten sie mir wundersame Figuren
die – wie an Schnüren gezogen
aus meiner Fenstersicht entglitten.

Schon türmt sich
ein blauweißer Zug
größer als ein Wolkensturm
und schiebt ganze Wasser
fest gestärkt nach vorn.

Das Auge reist
so fein gelockt
aus seiner Fenstersicht
ins strahlend weiße Himmelslicht.
Dem flüchtigsten seiner Zeichen möchte es nacheilen… –

Es löst seinen Blick
und fällt.
Fällt
tiefer noch –
bis alles es in seinen Händen hält.

RK. 2004

Hawaii, die alte Heimat

Warum sind wir hier?

Aina und *Eiun*, unsere Aumakuas (Hohen Selbste), offenbaren uns auf unserer Reise, noch im Flugzeug von San Francisco nach Hawaii, kurz vor Hawaii, wo wir aus dem Fenster schauen und in die Wolken hinausträumen:

„Aus unserer Heimat von weit her kommen wir, um von der Freude, Herrlichkeit und Schönheit der Erde Zeugnis abzulegen. Es ist unsere definitive Aufgabe, diese zu leben und mit unserer Wirklichkeit zu erfüllen. Das ist der Schöpfung Plan. Erst wenn wir dies als Menschen imstande geworden sind, zu sein, sind wir des Menschseins würdig und gerecht geworden. Die Vielfalt des Ausdrucks dieser Gebärden ist unserem freien Willen überlassen. Erst im wahren Ausdruck dieser Gebärden wird uns die Liebe offenbar. Sie ist die Kraft, ohne die dies alles würde auseinander driften und zerfallen.
Unsere Gebärden finden innerhalb eines definierten Zeitgefüges statt. Dies stellt die ewige Gegenwart dar, in der wir uns befinden. Wann welches Ereignis innerhalb dieses Ablaufs der Zeit geschehen ist oder geschehen wird, ist daher nicht so von Belang, als dass es geschieht und wie es geschieht. Dies beinhaltet zugleich Entwicklung und Erlebtes, sodass sich aus dem gleichzeitigen Geschehen des bereits Erlebten und des noch nicht Erlebten die Entwicklung ergibt, die Bewusstsein aufbaut und ermöglicht. Welchen Zeitabschnitt unseres Erlebens wir nun gerade jetzt erleben, ist daher nicht von Relevanz. Es ist vielmehr die Kraft und Erlebnisfähigkeit, mit der ich lebe, bedeutsam.. Die Erlebnisfähigkeit ihrerseits wiederum ist abhängig von der Kraft der Liebe, die im Vertrauen und im Glauben auf die Gültigkeit des Geschehens als

'Investition' vorab geleistet werden kann. Erst dies fördert Wissen und Bewusstsein.
Es ist unmöglich, etwas zu wissen oder gar zu verstehen, was nicht zuvor von mir selbst geglaubt, und dem ich nicht zuvor aus ganzem Herzen vertraut habe. So ist das intuitive Gefühl der Wahrheit, das primäre Erkennen aus dem Augenblick in Offenheit und Vertrauen, bereits die Wirklichkeit selbst, die in Erscheinung tritt und nur mehr erkannt werden will. Um zu erkennen, dass ist, was ist, ist „die Zeit" notwendig, die allein es uns ermöglicht, im Nacheinander das Erleben der Erlebnisse darstellen zu können als fortwährende Bestätigung dessen, was ist. Wissen *folgt* dem Glauben, so wie die Bewahrheitung der Intuition später, in der Handlung erfolgt, die aufgrund der Intuition geschah. Der unerschütterliche Glaube ist die Kraft, die dir wahrlich hilft, du selbst zu werden. Ein solcher Glaube wurzelt in unerschütterlichem Vertrauen auf die eine reine, gute Kraft, auf Gott, das ewige, vollkommene Licht. Die Quelle unseres Seins. Halleluja, Amen, Aloha, – Mahalo. Wir verabschieden uns."

Hawaii ist entstanden aus einem Vulkan, der im tiefsten Meer verborgen liegt und immer wieder Lava ausgespuckt hat, die dann aus der Meerestiefe empor- und zu einem Inselberg angewachsen ist. Durch die unterirdische Verschiebung der Erdoberfläche, dank der Erdumdrehungskraft, trennten sich diese Vulkaninseln vom Vulkan und drifteten nach Nordwesten ab und es entstanden im Laufe der Erdjahrtausende mehrere Inseln. Hawaii umfasst heute sieben Inseln und die jüngste und, wie man sagt, spirituellste Insel, wo die Feuergöttin Pele wohnt und der Vulkan noch aktiv ist, ist Hawaii oder Big Island. Die erkalteten Vulkaninseln brachten in kürzester Zeit dichte Dschungelvegetation hervor und erwiesen sich als sehr fruchtbar und vielfältig in ihren Klimazonen und Lebensräumen. Und die Lava des Vulkans strömt heute noch ins Meer, wo Feuer und Wasser sich mit elementarer Wucht treffen. Auf diese Weise trotzt der Vulkan dem Meer Land ab. Diese Insel wächst noch.
Und wenn sie völlig erkaltet ist und schließlich von ihrer Quelle,

dem Vulkan, abdriftet, fällt sie langsam der verschlingenden Gewalt des großen Ozeans wieder anheim, der die Küsten stetig abgräbt. Ein Kräftegleichgewicht ohnegleichen und ein warmer, feuriger Boden, auf dem du beschwingt gehst, der ständig leise unter der Gewalt des glühenden Erdinneren vibriert. Und das Erdinnere hat ein Ventil, ein Loch hier in der Erdkruste gefunden. Die Hawaiianer wussten dies von Anbeginn ihrer Besiedelung Hawaiis sehr zu schätzen, einer Insel, die sie mit dem „Atem Gottes (HA) auf den Wassern (WAI), (I: vom Anbeginn Gottes)" verglichen, und sie verehrten die Macht des Vulkans, des Ursprungs ihres Lebens hier, in der Göttin Pele. Ihr weihten sie den ältesten Tanz dieser Insel, den Hula, einen sakralen Tanz, der den Geist des Geistes durch die Bewegungen des Körpers offenbart und im Gesang sprechen lässt, der kraftvoll die Trommel begleitet und keinen Menschen unberührt lässt, der dieser alten Tradition in ihrer unverfälschten Form ansichtig wurde.
Es rieselte mir nur so den Rücken herunter, als eine ältere Frau, die jahrelang den Hula studiert hatte, in den kehligen, schnell die Stimmlage wechselnden, kraftvollen Gesang ausbrach und zu tanzen begann. Eine junge Frau war so betroffen, dass sie in Tränen ausbrach. Der Gesang mit dem Körperausdruck öffnet das Herz, was uns, wenn wir da eher verschlossen sind, aufzuwühlen vermag und Verschüttetes freilegen kann. Die hawaiianische Kultur ist ein Ausdruck und eine Philosophie des Herzens, des so genannten *Aloha*-Spirits. Aloha ist eins der ältesten hawaiianischen Worte mit hoher Symbolkraft und Energie, wie es die Alten noch verstehen, was soviel bedeutet, wie „in Liebe verbunden zu sein mit allem" oder „der Ort, wo der Atem Gottes weilt".
Die Frau mit dem Hula verriet uns nachher, dass auch sie nicht so voller Kraft und Ausdruck singen kann, ohne nachher nicht verändert daraus hervor zu gehen. Es regt letztlich die Kundalini-Kraft an, was nicht ungefährlich ist, wenn man damit nicht umzugehen gelernt hat.

Die alten Orte hawaiianischer Kultur und Heiltradition oder des

echten „Aloha"-Geistes sind für den Fremden kaum zu finden, weil sie versteckt und unscheinbar irgendwo im Abseits liegen und nicht in das amerikanische Angesicht Hawaiis integriert wurden. Das ist auch gut so, weil es auf diese Weise Ruhe und wenig Vermarktung gibt. Das ursprüngliche hawaiianische Bewusstsein wird sich langsam seiner selbst bewusst – nach einer langen Zeit der Fremdbestimmung und -besetzung. Und eine andere alte, ehrwürdige, hawaiianische Grandma, eine Kumu, bestätigte uns, dass nach der Weissagung ihrer Ahnen, eines Großvaters von ihr, der Heiler war, einmal die Weißen kommen würden mit großem Interesse an ihren alten Lehren und Traditionen und ihnen so helfen würden, sich ihres alten Wissens mit Achtung zu besinnen und es wieder zu erwecken. Und sie dankte uns wirklich für unser echtes Interesse, unsere Achtung für sie und ihre Botschaft, die sie in direkter Überlieferung noch aus ihrer Familie bezog. Das berührte mich sehr, da wir oft als Fremde, Weiße, unwillkommen sind, selbst wenn wir uns ehrlich und mit Liebe der anderen Kultur nähern.
In den zwei, drei tiefen menschlichen Begegnungen, dort, wo die Botschaft der *bedingungslosen Liebe* als die eigentliche Essenz von Huna oder Aloha oder der Kahuna-Tradition, wirklich spürbar wurde, kam das zwischen den Zeilen zum Tragen, im Miteinander. Aloha zeigt sich im Geben und im Nicht-Urteilen, selbst wo ich angegriffen werde. Das ist unbeschreiblich im wahrsten Sinne des Wortes. Das gibt es so selten, dass es mich tief bewegt und dadurch verändert hat.
Auf unseren Überlandfahrten zu „heiligen Orten" kamen wir einmal zu einem Tempel, einem Heiau, ganz im Nordwesten, wo das Land und die Küste unwegsam und öde wirken, hier scheint das Nichts zu beginnen, hinter dem Punkt, wo die Sonne schon untergegangen ist. Der Tod scheint daheim, unten am Ufer gab es vor langer Zeit einen Tempel, der dem Kriegsgott geweiht war. Das Wetter war entsprechend, als wir dort ankamen. Die Wolken türmten sich, es regnete, stürmte und als wir vom Ufer weg eine leichte Anhöhe zu einem königlichen Sitz und einer anderen Tempelanlage erklimmen wollten, peitschte der Wind uns den Regen

hart ins Gesicht. Die meisten kehrten um, das Wetter war nur für Leute, die sich darum nicht kümmern oder magisch angezogen werden, wie es mir und Wolfgang erging. Weit hintereinander kletterten wir den stetig ansteigenden Hang Anfurt hinauf, jeder mit seinen Gefühlen beschäftigt. Die Gewalt des Wetters an diesem exponierten Ort schien auf einen Kampf einzuladen, der wie eine Prüfung wirkte. Mir fegte es ein paar Mal fast die Füße vom Boden weg. Kein Mensch war mehr zu sehen. Dann erreichte ich die nach Nordwesten ausgerichteten, gewaltigen Steinterrassen aus runden Lavasteinen auf einem Plateau. Weit davor stand natürlich schon ein Schild mit „kapu“ oder „Betreten verboten“, wie überall, wo es nur irgendwie trittunsicher sein könnte.
Ich bat den Geist des Ortes um Einlass und nach einem Ja näherte mich ehrfürchtig ein wenig mehr, um besser zu spüren. Der Nordwesten fuhr mir mit aller Windeskraft und dem Regen ein,das Meer schien sich ins Unendliche zu erstrecken Und ein Gefühl, wie zwischen den Himmeln, zwischen Tod und Wiedergeburt, ein Gefühl der Auflösung breitete sich aus. Das Ende des Westens, bevor er ganz in den Norden einkehrt und dort zur Ruhe kommt. Ich fühlte die Kraft der Himmelsrichtungen, die diesen Ort infiltriert zu haben schienen, durch mich hindurchströmen. Der ganze Körper wurde porös und durchgeblasen. Dunkle Ahnungen und der Eindruck, hier schon einmal in vergangener Zeit gewesen zu sein, tauchten auf. Der Blick vom Tempel aufs Meer erschien mir wie das von Menschenhand dunkel eingefärbte Tor in die andere Welt. Jetzt war es verschlossen. Neben der neuen Zeit entstand die alte Zeit vor meinem geistigen Auge und die Landschaft kurbelte sich wie in Zeitlupe durch die Jahrhunderte zurück. Oder Jahrtausende? Die Zeit spielte keine Rolle. Wolfgang stand auf einmal mit finsterer Miene, ganz in Gedanken versunken neben mir.

Wir waren beide schon einmal hier und unsere Rückerinnerungen trafen aus zwei Perspektiven zusammen. Wir sind beide hier zuhause gewesen, in einem Stamm, der auf dieser Seite der Insel lebte. Zu der Zeit gab es hier noch Menschenopfer, zumindest in diesem Stamm unter dem Anführer. Ich war ausgewählt, das nächste Opfer zu sein. Wir waren beide jung und kannten uns gut. Zusammen ergriffen wir die Flucht, um diesem für uns unsinnigen Brauch ein Ende zu setzen. Was sollte Gott mit diesen unsinnigen Menschen-Opferungen? Was wollten die Menschen damit erzwingen? Die Opfer waren oft wie ein versuchter Handel mit den Göttern eingesetzt. Und es war Zeit, dieses Gesetz umzuwandeln oder abzuschaffen. Nach erfolglosen Verhandlungen zwischen uns Rebellen und dem Macht habenden Häuptlingsclan, – und das ist Wolfgangs Geschichte, die sich in seiner Erinnerung eingebrannt hatte und schon das zweite Mal, jetzt und am richtigen Ort des Geschehens, wieder auftauchte – hat sich Wolfgang freiwillig gestellt, an meiner statt sich opfern zu lassen. Er wollte damit sich selbst als lebendigen Beweis liefern, dass diese Opfer sinnlos sind, nicht die erwünschte Wirkung erzielten, die der Machthabende wollte: mehr Macht und Stärke, sich die Kraft des Herzens vom anderen zu nehmen. Auf diesem Plateau des Tempels ist es dann geschehen, die Opferung wurde vollzogen. Auf einem Steinaltar wurde ihm mit einem Schnitt, lebendig, das Herz aus dem Leib gerissen, das der Häuptling aufaß und es sich so einverleibte. Nach damaliger Auffassung wurde das nicht als so unmenschlich grausam betrachtet wie bei uns heute, es gehörte zum Leben sozusagen dazu. Leben und Tod lagen dichter beieinander. Aber die Missachtung für den Erleidenden bleibt, auf grausame Art gezwungen ein Mittel zu dem Zweck zu sein, einem anderen mehr Macht zu liefern. Es ist aber ein absoluter Missbrauch eines Menschen und seiner Seele. Das Herz, ja die ganze Person fühlt sich über diese Einverleibung ihres Herzens gefangen im fremden Körper, traurig und eingesperrt, wenn die Seele auch zugleich schon über den Lichtkanal auf die andere Seite getreten ist. Und der andere? Was hat er gewonnen, ein Fünkchen mehr Menschlichkeit, wenn er sich ein „gutes, starkes Herz“ einverleibte? Was fängt er mit dem fremden Herzen an, das den Geist des anderen trägt? Denn alles ist auch Geist.

Die Gefühle laufen, rasen durch den Körper und das Herz schmerzt. Die Wiedererinnerung an dieses alte, schmerzhafte Geschehen bringt

die Todeserlebnisse ins Bewusstsein. Hier, in der Rückerinnerung, trotz all den aufgeweckten Gefühlen, zeigen sich die Erlebnisse in einem anderen Licht: Nur mittelbar von dem furchtbaren Schrecken belastet, sehe ich die Dinge aus einer höheren und umfassenderen Perspektive, die zulässt zu erkennen, was ich daraus lernen wollte, als ich diese Realität wählte. Und der Wert einer solchen Erfahrung ist groß.
Nach einer Segnung des Ortes, ich erinnerte mich an den guten Rat einer alten Weisen: „annehmen, segnen und weiterziehen“, schauten wir uns an und gingen langsam wieder hinunter. Die amerikanische Führerin wartete schon ungeduldig unten am Uferweg auf uns zwei Verlorengegangene. Die anderen waren längst beim Auto angelangt.

Eine andere Fahrt führte uns in die gegenteilige Erfahrung. Auch an der Nordwestküste, etwas weiter im Westen, befindet sich eine Bucht, in der über zweitausend Jahre ein Heilungsdorf gestanden hat und über viele, viele Jahrhunderte besiedelt war, an diesem heiligen Ort, wo aus den Kohala Bergen im Norden vier Flüsse ins Meer strömten. Ein Platz des Lebens und des Heilens! Wo frisches Wasser fließt, das Meer und die fruchtbare Erde den Menschen versorgen und die Berge des Nordens Schutz spenden. Die Familientradition unserer alten hawaiianischen Führerin, die jetzt die geistige Hüterin dieses heiligen Platzes ist, von ihrer Familie aus vergangenen Generationen beauftragt, reichte bis ins 6. Jahrhundert zurück, damals bereits hat ihre Familie dort im Heilungsdorf in der Medizinhütte gearbeitet. Sie kannte sich mit allem aus, mit den Heilpflanzen und ihrer Zubereitung, die hier geschah, und sie erzählte uns aus der alten Zeit, als das Dorf noch in vollem Leben war. Jetzt wird es noch zum Lehren für die alte Heilarbeit benutzt, und die Häuser sind in Steinformationen an den alten Orten aufgezeichnet, auch die Plätze für die Kanus, die Familien und Tiere. Es war beeindruckend zu hören, wie sich jedes Jahr zu einem großen Ritual mit Zeremonie über viele Tage alle Heiler und Schamanen von allen Inseln Hawaiis hier trafen, indem sie mit Kanus kurz vor der Küste landeten und dann durch das Wasser an Land schwammen und die Kanus einholten.

Jede Insel hatte ihren eigenen Landebereich und Platz, ihrer eigenen Anordnung nach, am äußersten Ende begann Kauai, dann folgten O`ahu, Molokai etc. Die heilige Hütte, die Medizinhütte lag ganz am anderen Ende der Bucht, in der Biegung nach Süden, rechts an dem vierten Fluss gelegen. Die Alten und die Kahunas glaubten, dass hier der Mensch und sein Geist in besonderer Weise gereinigt würden. Wir gehen langsam vom Toreingang den alten Wegen zum Ufer nach, die Flussläufe sind wie Wege noch sichtbar, heute aber alle ausgetrocknet, weil in den sechziger Jahren amerikanische Farmer oben in den Kohala Bergen mit ihren großen Ranchen die Flussläufe nacheinander kassiert und gestoppt hatten, um deren Wasser für ihre Ranchen allein zu besitzen. So waren die letzten Menschen, die noch in dieser Bucht lebten, Verwandte unserer Führerin, vertrieben worden. Ohne Wasser kein Leben mehr in dieser Bucht, die noch fern von Wasserleitung und Strom liegt. So verödete die Bucht langsam, obwohl ihre Schönheit noch ersichtlich ist und der Boden absolut kraftvoll. Gott sei Dank regnet es viel. Der Strand hat hier an der Spitze der Bucht weiße, kindskopfgroße Kieselsteine, die ausgewaschen und löchrig wirken, bald wie kleine, weiße Totenschädel. Es sind einmalige Steine, die ich noch nie zuvor gesehen hatte. Sie strahlen mit einer solchen Leuchtkraft und wirken dadurch gewaltig zwischen den sonst schwarzen Lavasteinen, wie vom Himmel gefallene Steinköpfe. Wenn das Mondlicht in diese Bucht scheint, versetzen sie dich in eine andere Welt. Oberhalb der Bucht befindet sich die alte Grabstätte unter dem Schutz dreier alter Bäume, die mit ihrem Laub Schatten spenden. Hier wirkt die Natur mit ihren riesigen Lavasteinen und großen Bäumen sehr erhaben und ehrwürdig. Die Steingräber aus rundem Vulkangestein sind überirdisch, in mehreren quadratischen Schichten übereinander gelagert. Sie strahlen Frieden aus und ihr ruhiges weißes Licht, im feinstofflichen Bereich nur wahrnehmbar, breitet sich über den ganzen Ort aus. Wahrlich, dieser alte heilige Platz, dieses Dorf ist gut bewacht und beschützt. Wir nähern uns langsam auf dem sonnigen kleinen Pfad der Medizinhütte, dem Herzzentrum des Heilungsdorfes und seinem Ufer, das hier etwas steiler hinabsteigt. Die Brandung ist hier stärker.

Hier sehe ich zu meiner freudigen Überraschung die erste wirkliche Hütte, so wie man sich im Traum Hawaii vorstellt: aus Holz, Bambus und mit einem Grasdach. Die Medizinhütte ist von Studenten des alten Wissens, die hier vor Ort noch unterrichtet werden, wieder ganz in ihrer Ursprünglichkeit aufgerichtet worden. Da war der alte traditionelle Baustil Hawaiis endlich zu finden! Von dem sonst nichts mehr auf der ganzen Insel zu spüren war. Und er passte sich um so vieles harmonischer in die Natur ein, als dieser amerikanische Western-Baustil! Es ließ mein Herz schneller schlagen, diese Hütte zu sehen, da diese Hütte an einem besonderen Platz steht, der für Heilungszwecke auserkoren war. Ganz nahe kamen wir heran, ich durfte hineinschauen, sie berühren und verweilte dort ein wenig, gleich im Eingang zum Medizinplatz. Die ganze Hütte hatte eine starke Ausstrahlung, vor allem das Medizinbett oder Lager hinten an der Wand. Aus Bambus geflochten, gleich einer Matratze und auf Bambusfüßen ruhend, sehr einfach und doch wunderschön. Genauso ein kleiner Altar, auf dem die Medizinen, Kräuter und Steine oder andere Heilmittel aufbewahrt wurden. Hier war das Holz vorn in der Front in Knochenform geschliffen und mit einem Kopf verziert und Händen, die eine Abwehr- und Schutzposition ausdrückten. Alles wirkte sehr lebendig und rein. Die alt gewachsene Energie der Schamanentradition an diesem Ort war sehr deutlich für mich spürbar und versetzte mich in eine andere Zeit, wo diese Dinge hier noch lebendig waren. Wolfgang legte sich sogar vorsichtig auf das Bett, nachdem unsere Gruppe schon verschwunden war. Hier gingen die Schamanen oder Kahunas auf ihre Astralreisen zu ihren Ahnen, dorthin, wo sie das Wissen vermittelt bekamen, das sie gerade brauchten. Dies geschah meist zwischen halb zwölf Uhr nachts und morgens um halb sechs. Das war die Hauptarbeitszeit der alten Kahunas. Wo geistige Wege gebahnt sind und Orte

infiltriert mit einem besonderen Wissen, dort ist es leicht möglich, dieselben Wege zu beschreiten. Wolfgang spürte es.
Auntie Maile, unsere Führerin und zugleich die Hüterin dieses alten Heilungsdorfes, deren Ahnen in dieser Hütte gelebt und gearbeitet hatten, sagte, dass der Geist ihrer Großmutter noch hier weilte (Ururgrossmutter...) und dass das Bett noch eine große Kraft ausstrahle, da es ja vor allem für Astralreisen benutzt worden war, um sich mit dem Geist der Alten Heiler zu verbinden. Das spürten die Menschen, die manchmal einfach hier übernachteten und ihr dann am nächsten Morgen wunderliche Sachen erzählten, wie es ihnen ergangen sei. Auch, dass dieses Bett sehr schnell zum Einschlafen verleite.
Draußen vor der Hütte, in ihrem Eingangsbereich, ganz nah beim Strand und doch erhöht und geschützt liegend, meditierte ich ein Weilchen und überließ mich den Elementen, spürte in den Erdboden hinein, der alles gespeichert hielt, gleich den Steinen, die alles aufnehmen. Ich lauschte dem Meer, dessen Brandung jetzt recht stark geworden war und schaute den Wellen am Ufer zu, wie sie sich dort brachen und die Steine umspülten. Sie raunten mir zu, es zischte und spritzte und die Wellen schienen Geschichten zu erzählen. Hier waren also nebeneinander all die Kanus gelandet, und die Heiler und ihre Familien der anderen Inseln angekommen. Erst auf den Ruf des Muschelhorns von der Medizinhütte waren sie in ihrer Ordnung der Lagerplätze dorthin geschritten, zum heiligen Platz, wo die Heilungen stattfanden und die Zeremonie abgehalten wurde. Die Hütten und Kanuplätze waren noch durch die Steinwälle an ihrem Platz gekennzeichnet. Ein Fluss ist von Norden nach Südwesten, direkt an der Medizinhütte vorbei ins Meer geflossen. Und genau vor der Mündung des Flusses ins Meer wurde der Platz für die Medizinhütte ausgewählt. In der Vorstellung der Kahunas bewegte sich der Geist der Ahnen direkt auf den Wassern des Flusses von den Bergen zum Meer – gleich dem ewigen Wasserkreislauf. So war dies ein besonders starker Platz, weil der Fluss hier kurz vor seiner Vollendung steht, nämlich ins große Meer, in die Unendlichkeit des Wassers, einzutauchen.

Die Kahunas wussten sehr genau Bescheid über die Funktionsweisen und die spirituelle Dimension der Heiligen vier Elemente und ihrer Bedeutung für die Erde und uns Menschen. Sie waren emotional und geistig ungleich tiefer und lebendiger verbunden mit dieser Dimension von Mutter Erde und den großen Elementen, während wir heute als moderne Wesen fast abgeschnitten sind, da uns der Glaube an die Technik und Wissenschaft suggeriert dies zu ersetzen und die Natur als „nützliches Ding", d.h. letztlich als „tot" behandelt wird. Der Wasser-Kreislauf ist ein sehr gutes Beispiel und Symbol für die ewige Wiederkehr, für das Kreislaufgeschehen an sich. Es zeigt, dass keine Energie im Kosmos verloren geht und alles miteinander verbunden ist. Das Wasser kehrt durch seine Verwandlungen hindurch wieder, speist wieder die Quelle und fließt in den eigenen, gewundenen, oder besser gesagt spiralförmigen Wegen seiner Energieentfaltung, bis zum Eintauchen in den großen Ozean. Hier verbindet sich das, den Kahunas heilige Element Wasser mit dem heiligen Element Luft, dem leichtesten der Elemente, das die Verbindung zum Kosmos, zum Äther oder Weltenraum bildet. Einen gewaltigen Weg legt der einzelne Wassertropfen zurück in seiner lebendigen Verbindung mit den anderen Wassertropfen.
Das Meer rauscht und zischelt hier sehr hingebungsvoll, die Wellen verneigen sich förmlich. Ich lausche weiter seiner Geschichte, die mir von vielen kleinen Wasserwesenheiten zusammen, gleich den Schaumkronengestalten, mit ihren hohen Stimmen erzählt wird. Sie berühren mein Herz und führen mir lebhaft vor Augen, was so selbstverständlich ist und doch so wenig beachtet und in seinem tiefen Sinn verstanden wird. Das Wasser verdampft auf der gewaltigen Fläche der Meere, dem Urelement, aus dem heraus sich die Erde gebildet hat und gerade hier wieder neu gebildet wird. auch mit Hilfe des Heiligen Feuers aus der Erde, den Vulkanen. Hawaii entsteht noch immer. In der Erde sammelt sich das Regenwasser, in der Erde benötigt es viele Jahre der Reifezeit, um dann als kaltes, klares, reines Wasser emporzusteigen und als Quellwasser zu Tage zu treten. Das Wasser ist zwischen sechzig und über mehrere hundert

Jahre alt, wenn es dann wieder aus der Erde heraus tritt. Und das Wasser ist lebendig, ein eigenes lebendiges Wesen, hell, freundlich sprudeln und fließend in feinsten Energieformen. Es spricht, wenn wir lernen zu lauschen, was es uns zu sagen hat.
Auf diese Weise brachte der Fluss hier auch das alte Wissen des Geistes mit, das nur durch mündliche und geistige Überlieferung, nämlich in der Astralreise oder durch die Traumzeit, weitergereicht werden konnte. Es war nicht aus Schriften zu lernen, da die Elemente selbst – und dazu gehörten für die Hawaiianer auch die Pflanzen und die Tiere – die großen Lehrmeister waren und das lebendige Wort reichhaltiger ist als das festgeschriebene. Und unnötig viel haben sie auf den Inseln nie gern gearbeitet. Schließlich war die Erde zum Lieben und zum sich Freuen da! – versichern mir die Wassernixen eifrig, die eine sehr gute Beziehung zu den hawaiianischen Menschen hatten. Hier musste ich lachen, das stimmte. Hier in Hawaii waren das Leben aus dem Augenblick und die Freude wichtiger als die Arbeit, vor allem bei den Männern war mir schon aufgefallen, dass sie viel Zeit hatten.
Die Sonne stand schon tiefer und ich wusste nicht mehr, wie viel Zeit vergangen war. So lief ich zurück, immer noch das Meeresrauschen und das Glucksen der Wassernixen in meinen Ohren.

Ihre Botschaft über das Wasser und der besondere Platz der Hütte, auch die Verbindung hier zu dem Geist der Ahnen haben mich mehr bewegt und beschäftigt, als ich zuerst wahrgenommen hatte. Ich suche jetzt auch in unserer Heimat danach und achte ganz anders auf die Gegebenheiten der Landschaft, vor allem wo Wasser fließt, das oftmals durch den abgesunkenen Grundwasserspiegel als Folge unserer Technik und Korrekturen der Natur dünner und spärlicher fließt. Die Flussbetten sind häufig halb leer. Und ich mache mir Gedanken, da ich es förmlich sehe, wie es hier noch vor knapp hundert Jahren viel reichhaltiger geflossen ist, wie wir helfen könnten, es zu regenerieren. Nicht nur wir brauchen Regeneration. Die Schamanen und Kahunas letztlich aller Traditionen haben sich der gleichen Aufgabe für Mensch und Natur gewidmet und genauso für eine Quelle, einen Wald und seine Tiere etc. gesorgt, wie für die Menschen, die bei ihnen Hilfe suchten. Diese wunderbare Aufgabe schwebt mir schon seit einiger Zeit vor Augen. Viel darüber habe ich in unserem kleinen Naturgarten, der schon eine gute Aufgabe ist, lernen können, doch mehr hat mich mein einfaches Sein und Beobachten in der Natur gelehrt.

Esalen Spirit

Als wir von unserer Hawaii Reise über San Francisco zurückflogen und dort einen längeren Aufenthalt hatten, ereignete sich ein Erlebnis ganz anderer Art: das Gegenteil von dem Aloha Spirit, mit dem wir auf Hawaii durch liebe Menschen und das Lebensgefühl dort in dieser wunderbar sonnigen Natur in Berührung gekommen waren. Wolfgang und ich beschlossen, mit dem Auto nach Big Sur hinauszufahren und das seit den sechziger Jahren bekannt gewordene Esalen-Institut zu besuchen. Wir hatten vor Jahren die Esalen-Massage in unserem Institut eingeführt, ich praktiziere sie seitdem. Die Vorgeschichte hierzu begann schon auf Hawaii, wo wir versuchten, telefonisch einen Termin zu machen für einen Besuch mit Massage. Ich freute mich schon sehr, diesen Platz einmal sehen zu dürfen, von dem ich schon viel gehört hatte. Und für uns aus Österreich liegt es nicht gerade um die Ecke, deshalb wollten wir nun trotz der weiten Fahrt von fünf Stunden für eine Strecke die einmalige Gelegenheit nutzen, Esalen aufzusuchen.

Am Telefon hatten wir nichts Näheres ausmachen können. Auch auf unsere Bitte hin– wenn wir die weite Fahrt machten und aus Österreich seien und nur an dem Tag auf unserem Zwischenstop kommen würden, außerdem selbst Esalen Massage praktizierten und uns gerne das Institut und den Platz anschauen täten – ob sie uns wenigstens hereinlassen könnten, nachdem wir keine Massage buchen konnten, darauf bekamen wir eine vage bis abschlägige Antwort. Wir könnten es vor Ort probieren, vielleicht gäbe es dann eine Massage oder Möglichkeit.

Wir fuhren trotz des hohen Risikos, nicht hereingelassen zu werden und trotz der weiten, eventuell vergeblichen Fahrt hin. Ich spürte den inneren Drang, es in jedem Fall tun zu wollen. Die Fahrt war lang und sehr schön, da Big Sur ein kraftvoller Naturpark entlang der Küste ist, und Wolfgang und ich genossen es, wieder allein zu sein, immer dort anzuhalten, wo wir die Landschaft bewunderten, und uns nach unserem Maß alles einzuteilen und zu entscheiden. Endlich am Nachmittag in Esalen angekommen, stieg ich schon mit Bauchweh auf dem Parkplatz vor dem Pförtnerhäuschen aus. „Au backe, schon wieder wie in der Schul- oder Studienzeit, so ein blödes Gefühl, wie wenn ich schlecht vorbereitet war oder etwas nicht richtig konnte." Ich ärgerte mich kurz und beschloss, das Bauchweh zu ignorieren und frischen Mutes am Pförtnerhaus vorzusprechen. Die Sonne strahlte in schönstem Nachmittagsstand über das Meer herüber und beschien die Gärten, auf die ich einen kleinen Blick erhaschen konnte. Wie schon mein Bauch es gewusst hatte, begannen hier am Pförtnerhaus schwierige Verhandlungen mit dem jungen Mann aus Esalen, der gerade Dienst hatte. Er wirkte etwas abgestumpft und gelangweilt in seiner Jeans und dem blauen Hemd. Er hörte er uns so halbwegs zu. Er hatte seine Vorschriften und war nicht bereit, irgendwo nachzufragen, trotzdem wir von so weit kamen und offensichtlich keine bloßen Touristen waren, sondern selbst ein Zentrum leiteten. Es sei nun mal die Politik von Esalen und Vorschrift sei Vorschrift, wenn er auch ab und zu nickte, als wir ihm unsere Lage schilderten. Wie zwei Kinder, die etwas verbrochen hatten und es verboten bekommen, dort hinein zu treten, lugten wir in den Park, wollten wenigstens ein bisschen schauen dürfen. Ich bat ihn inständigst, uns wenigstens die paar Meter bis zum großen Baum mitten im Park gehen zu lassen, den wir schon sehen konnten, um einen Blick aufs Meer und die Steilküste werfen zu können. Mit leicht schiefem Gesicht gab er schließlich nach, verlangte dafür, dass wir nirgendwo sonst hingingen und nach fünf Minuten sofort zurückkämen. Nur in Hemd und Hose gingen wir schnell hinein, mit dem schleichenden Gefühl, dass wir nicht erwünscht waren. Wir fielen überhaupt nicht weiter auf, es waren wenige Leute hier auf der Wiese, es gab genug Platz. Es war ruhig. Wir nutzten die Gelegenheit, uns schnell mit dem Boden, der Erde, zu verbinden, die Natur aufzutanken, sie mit den Augen und der Nase und den Ohren einzusaugen. Gleich einer Antenne fühlte ich mich, die von dieser Mitte über den ganzen Ort hin aufnimmt. Und wir lauschten, was uns der Ort zu sagen hatte. Wolfgang lag auf der Wiese, ich stand mit Blick zum Meer und dreht mich langsam in alle vier Himmelsrichtungen.

Der Ort war in der Tat ein sehr alter Kraftplatz, auch hier sah ich weiter rechts, unten am Meer, zwischen den großen Steinen, einen kleinen Fluss von Osten nach Westen in den Ozean fließen; auch hier war er die Quelle des Lebens, flossvon den anliegenden Bergen herunter und versorgte Esalen mit Wasser. Ich hörte ihn murmeln in dem Wellenrauschen des Meeres. Weiter draußen beobachtete ich einen Wal in der Nähe eines Felsens Wasser hochprusten. Aber der Ort wirkte auch traurig, ein bisschen leer, als habe er von seiner alten Lebendigkeit etwas verloren. Ich schaute auf die Holzhauszeilen mit den schrägen Dächern und den Pavillon rechts weiter unten, der durch die Bäume schimmerte. So wirkte alles idyllisch, aber irgendetwas fehlte. Ich wäre gern zum Fluss hinunter gelaufen und dort an der Küste ein wenig geklettert.

Aber wir hatten dem Mann versprochen, hier oben stehen zu bleiben. Da kam er auch schon langsam schlendernd auf mich zu und ich kapierte, dass er uns wohl holen kommen wollte. Waren die paar Minuten schon um? Da Wolfgang noch mit geschlossenen Augen ruhig auf der Wiese saß, unterhielt ich mich ein wenig mit ihm und fragte ihn einiges. So konnten wir noch einige Minuten verweilen. Bevor er es dann selbst aussprach, sagte ich, dass wir jetzt gehen würden und bedankte mich für das kurze Hineinschauen. Dann holte ich Wolfgang ab und langsam gingen wir zurück. Oben am Wagen wieder angelangt, waren wir etwas unschlüssig, was wir jetzt tun wollten. Ansonsten kam man schwer zur Küste. Sie war unwegsam und steil, wir oben auf der Küstenstraße. Wir lugten noch etwas hinunter, kletterten herum, um noch einige Zaunblicke auf die hintere Seite von Esalen zu erhaschen, die Hot Tubs, die heißen Quellen, konnten wir nur ahnen. Dann wendeten wir und wollten gern noch irgendwo in die Natur, die uns hier nicht zugänglich geworden war.

Bald würde Sonnenuntergang sein, der über dem Meer sicher schön war. Noch zu Fuß suchten wir nach einer Möglichkeit, aber auch rechts einen Weg hinauf fanden wir nur eine Schranke mit einem Verbotsschild: Durchgang verboten! Auch für Fußgänger. Wir wendeten also das Auto und fuhren langsam zurück. Wir sahen den kleinen Fluss, als wir über die Brücke fuhren, wie er sich aus einem Tal schlängelte, das ganz überhangen von Bäumen war. Wolfgang parkte das Auto gleich hinter der Brücke und wir versuchten einen Weg in die Schlucht zu entdecken. Der Hang vorn an der Straße war sehr steil und zugewachsen. Ich lief über die Brücke zurück und entdeckte neben der Brüstung abgesperrte alte Stufen, die unter die Brücke führten. Hier unter der Brücke fand ich in beide Richtungen, etwas auseinander liegend, zwei alte Eisentore, die auch zu und mit Verbotsschildern behaftet waren, aber schon wieder offen, weil die Schlösser verrostet waren. Ein Tor führte in den Garten nach Esalen zurück, und ich lugte kurz hinein, wo der alte Weg hier hinführte. Jetzt wären wir rein gekommen, ohne dass einer uns entdeckt hätte. Die andere Pforte, mit dem Schild „auf eigene Gefahr und gefährlicher Weg“, führte einen schmalen Pfad hinunter, auf halber Höhe am Fluss entlang, der sehr einladend und wunderschön aussah, wie er so frisch und unberührt zwischen den großen Steinen herunter floss, gesäumt von wunderbaren alten Fichten. Die Schlucht wirkte sehr unberührt, bis auf die Wasserleitungen, die heraufgelegt worden waren. Ich lief kurz zurück, und winkte Wolfgang zu, der das Auto noch besser geparkt hatte, er solle runterkommen. Und so gingen wir diesen alten Weg zum Fluss hinunter und weiter den Flusslauf entlang, immer diesem schmalen Pfad folgend, der wunderschöne Stellen bot, den Fluss in der Abendsonne hinunterzuschauen, wo er Richtung Meer verschwand. Gleich nach einem kurzen Stück Weg kamen wir zu einer Baumgruppe mit drei sehr alten Fichten, eine war nur noch ein liegender Stumpf, eine wand sich fast waagerecht zum Fluss hinunter und bot einen guten Liegeplatz auf ihrem dicken Stamm, wenn man halbwegs schwindelfrei war. Ihre Wurzel sah von weiter flussaufwärts aus wie ein koboldiges Wächtergesicht eines riesigen Waldgeistes mit großem, aufgerissenen Mund, es starrte zum Fluss. Die Wurzel lag fast komplett frei. Faszinierend, wie der Baum so schwebend noch fest verankert war. Aber er hatte auch eine wichtige Aufgabe und einen guten Platz fand ich. Der dritte Baum stand normal. Eine mächtige und stolze Baumgruppe war das. Sie bewachte das Eingangstor flussaufwärts, wenn man vom Meer kam. Aus unserer Richtung kommend wusste man, dass der Fluss bald dort ankommen würde. Ich bewunderte sie von allen Seiten.

Mir fielen in dem Augenblick, wo ich auf dem mächtigen alten Stamm halb liegend verweilte, ganz von selbst Gebete ein, die ich für diesen Platz, den Fluss und die Landschaft hier murmelte. Dann fühlte ich, dass hier Indianer früher lange gelebt hatten und immer flussauf- und abwärts zu bestimmten Zeiten gezogen waren. Der Fluss schien ihren Geist mit sich zu führen. Als die letzten hier lebenden Indianer gehen mussten oder gegangen wurden, weil die Weißen überall Zäune errichteten und diese Natur dann als ihr Eigentum ansahen, hatten die Indianer ihren Geist mit dem des Wassers vermählt, um ewig wiederkehren zu können, um mit dieser starken Landschaft, ihrer Heimat, die hell und sonnig war, verbunden bleiben zu können und sie zu hüten. Sie, die letzten Indianer hier, waren die Hüter dieses wunderbaren und unberührten Ortes. Wolfgang und ich, wir sahen und spürten es beide, jeder auf seine Art, ganz unabhängig von einander, da wir hier in diesem Moment nicht sprachen und es uns erst nachher erzählten. Ihre Geistwesen bewegten sich fein und silbrig mit dem Fluss, mit dem Wind in den Bäumen, sie huschten hier und da an uns vorbei, als wäre nie etwas geschehen, auf ihren alten Wegen flussabwärts, der Abendsonne entgegen zum Meer.

Sie begrüßten uns als Menschen, die zu ihnen eine echte tiefe Verbindung haben und wieder aufnehmen, als alte Familie... Mir traten die Tränen in die Augen und ich war so berührt, als mich diese Gefühle und alten Erinnerungen übermannten, dass ich am ganzen Leib zitterte. Es durchrieselte mich und die Botschaft durchfuhr mich wie ein kühler Hauch. Es war uns also schon einmal so ergangen, aus der Natur ausgesperrt zu werden, die unsere Heimat war. Die alten Seelen dieses Indianerstammes erzählten mir durch den

Fluss etwas von unserer Vergangenheit, dass es keine Zeit gibt, alles lebendig und eins ist. Auch durch das wie Sterne in den Bäumen glänzende Sonnenlicht flüsterten sie mir etwas zu. Die Vergangenheit schien zu leuchten und vermählte sich mit dem Hier und Jetzt des Abendlichtes. Ich fühlte mich glücklich und so lebendig mit jeder Faser meines Körpers ganz und gar, wie in seltenen, besonderen Seins-Erlebnissen.

Schon einmal hatte ich in einer Rückerinnerung tief berührt in die untergehende Sonne gestarrt und damals als junges Indianermädchen nicht verstanden, was mit diesem Ritual, das Wissen im Feuer zu verbrennen und der ziehenden Sonne in ihrem Untergang zurückzugeben, bis die Zeit gekommen sein würde, es wieder mit der Sonne aufgehen lassen zu können, gemeint war. So vollzog es der alte Häuptling, der dann zum Sterben allein wegging. Er lässt uns im Stich, dachte ich damals. Diese letzten tiefen gemeinsamen Augenblicke eines bald ausgerotteten Lebens, wo die letzten Indianer, wenig Junge und ein paar Alte, zusammen beim Feuer saßen und still in die Sonne blickten, ist mir in den Körper eingebrannt worden. Ich wollte leben, wollte auch unser Wissen lebendig sehen! Und hier wurde alles zu Grabe getragen. Verzweifelt und mit dem inneren Urteil für mich und meinen kleinen Bruder; da ich mich nicht den Weißen anschließen wollte, mich nicht als Indianerin verleugnen wollte, eine junge Rebellin, blieb kein Ausweg mehr. „No way out." So hämmerte es damals in meinem Hirn und an das erinnerte ich mich. An diese unauslöschliche Verzweiflung, jung und doch so gut wie tot zu sein. Alles ausgelöscht zu sehen, woran ich geglaubt hatte, was mir Heimat und meine Liebe gewesen war. Und ich ging in die Berge, hoch hinauf, lebte in der unwegsamen Einsamkeit und gab schließlich mein und unser Leben auf, vergiftete mich und meinen kleinen Bruder mit einer Pflanzenwurzel.
Die untergegangene Sonne war mir tief eingebrannt und ich habe lange darauf gewartet, sie wieder aufgehen zu sehen, so wie es von den Alten verheißen war. Viele Tode bin ich seitdem gestorben, kleine und große. In der alten Tradition des Medizinrades habe ich

vor einem Jahr mitten im Ahnengesang innerhalb der Sänger-Lodge diese Sonne unmittelbar vor mir im Raum wieder aufgehen sehen und sie kam direkt auf mich zu. Sie war golden und stark glühend. Sie war für mich bestimmt, mir Botschaft zu bringen. Mein Herz erinnerte sich und ich weinte vor Freude.
Auch jetzt war sie wieder da, in Form der Abendsonne hier über dem Fluss von Esalen und alles erinnerte mich. Das Leben ist eins und die roten Fäden durch die Leben hindurch zeigen sich.
Wolfgang ist schon vor gegangen weiter flussaufwärts, die Vögel zwitschern laut, ich verlasse den Baumstamm, krieche zum Pfad zurück und laufe leichtfüßig weiter, ein paar Fichtennadeln zerreibe ich zwischen den Fingern. Sie duften wunderbar und viel stärker als bei uns. Wir kommen zum Fluss und ich klettere über die Steine, um Wasser zu schöpfen, es schmeckt köstlich und ist eiskalt. Ganz bewusst verbinde ich mich mit dem Wasser und gebe etwas von mir hinein. Wir teilen miteinander. Weiter kommen wir an einen vom Blitz ausgehöhlten alten Baumstamm, der eine riesige Höhle mitten im Stamm aufweist. Ich gehe ganz hinein und lehne mich von Kopf bis Fuß an, wobei ich erst um Erlaubnis bitte. Er wirkt ungeheuer mächtig und in der Höhle richtig beängstigend, wo hier seine innersten Schichten und Energien so blank liegen. Er grollt wie ein Donnergrollen ohne Lautstärke. Ich schaue nach oben in seine alte abgebrochene Krone und spüre den Sog, der mich wie in einer Spirale nach oben und unten zugleich zieht. Dann verabschiede ich mich, nachdem ich ihm etwas Tabak dagelassen habe. Es liegen noch einige Baumstämme kreuz und quer, der Weg wird unwegsamer und dunkler und der Pfad steigt an, vom Ufer weg. Wir gehen noch und wenden schließlich um und nehmen noch das letzte Sonnenlicht auf unserem Rückweg mit. Wolfgang bleibt jetzt an dem schwebenden Baumstamm stehen und hält lange Zwiesprache. Wir sind beide genau so wie jetzt schon einmal zusammen hier hindurchgestreift und es war unsere Heimat. Auf dem Rückweg schaut alles wieder anders aus. Wir haben Zeit, uns von dem Ort unserer Wiedererinnerung zu verabschieden.
Still und versonnen fahren wir zurück. Alles schwingt im Son-

nenuntergang nach. Unten am Beginn von Big Sur kehren wir, wo es schon dunkel ist, in ein historisches kleines Gasthaus ein, das immer schon eine Station hier auf dieser Küstenstraße zu sein schien. Wie ein kleines Dorf liegen ein paar alte Holzblockhütten im Schatten der Fichten an einem schmalen Fluss genau in einer Kurve. Es gibt auch Zimmer. Ein guter Platz, zu Abend zu essen. Noch später tauchen dieses Bild des Anhaltens und das Hineingehen in dieses kleine Gasthaus, das wie eine alte Postkutschenstation am Weg wirkt, in meinen Gedanken wieder auf. Dabei regnet es aber heftig und alles ist nass und rutschig, ungastlich und die Atmosphäre eher mit Streit geladen. Ich öffne total durchnässt die Haustür dieser Poststation und höre das Schreien einiger weißer Männer, die an der Theke streiten. Still verziehe ich mich in eine Ecke. Ich scheine „rot" zu sein, ein Indianer, denn die anderen schauen mich unfreundlich und unwirsch an, was ich hier wohl zu suchen habe. Dieses plötzliche innere Bild, ganz entgegengesetzt zu unserem Jetztzustand hier, berührt mich irgendwie ganz unheimlich, eine Irritation, was ist jetzt, was war damals..., so, wie wenn ein Teil der Wahrheit noch im Verborgenen ruhen würde. Und vor allem, warum es jetzt so auftaucht...

Heute schien die Sonne und wir kehrten bei einbrechender Dunkelheit ein. Die kleinen Fenster mit Fensterkreuzen leuchteten uns im Kerzenschein einladend entgegen. Das Essen war sehr gut. Es war hier im Gasthaus klein, fein – und teuer. Wir saßen sehr gemütlich am Fenster und es war lustig, die einkehrenden Amerikaner beim Essen hier auf dem Land zu beobachten. Dieses innere Erleben und die seltsame Doppeltheit der Wahrnehmung bei unserer jetzigen Einkehr bleiben tief in mir eingeprägt. Wie eine große Warnung für unser Menschsein. Die Geschichte korrigiert sich scheinbar selbst und bringt uns zum Aufwachen, wenn wir dem Geheimnis der Zeit auf die Spur kommen. Sie fließt und verläuft in einer großen Spiralbewegung. Und wenn wir wieder einmal am gleichen Punkt, dem Ort des Geschehens, ankommen auf einer höheren Kreisebene der Spirale, ist die Sensitivität für das Geschehene, das nach

Aussöhnung strebt, sehr groß. Hier geschehen Veränderung und Bewusstwerdung, ganz gleich, wodurch sie initiiert wurden, kollektiv oder persönlich; die Zeit arbeitet scheinbar mit, indem sie uns Erfahrung im Fluss der Entwicklung zugänglich macht. Zeit ist ein wunderbares Geschenk der großen Natur an uns und zugleich eine der größten Quellen der Illusion, nämlich dass alles absolut in der scheinbar linearen Zeit, wie wir sie einteilen, funktionieren würde. Die Erfahrungen der Synchronizität der Zeit, das Zusammenfallen, die Gleichzeitigkeit von Dingen in manchen Augenblicken, wie wir sie erlebten, hebt diese Illusion aus den Angeln. Auf der anderen Seite der geistigen Welt ist alles immer zugleich. Die Einheit liegt im Bewusstsein verborgen, die aus der Polarität wiedergeborene Einheit.

Erst um Mitternacht kamen wir nach langer, ruhiger Küstenfahrt bei Vollmond, der romantisch über den Bergen stand, ganz zu meiner rechten, wenn ich aus dem Fenster schaute, in San Francisco wieder in unserem Hotel an. Es hatte sich gelohnt. Wir waren beide todmüde und glücklich, so viel erlebt zu haben. Das „Nicht-Hineinkommen" nach Esalen hatte uns die viel bessere Verbindung zur alten Welt eröffnet, die wir schließlich spontan gefunden hatten – und mit ihr den Zugang zu einer großen Natur, die viel unberührter und in ihrer Einsamkeit erzählfreudiger war als Esalen es hätte sein können. Ahoo, wakan tonka.

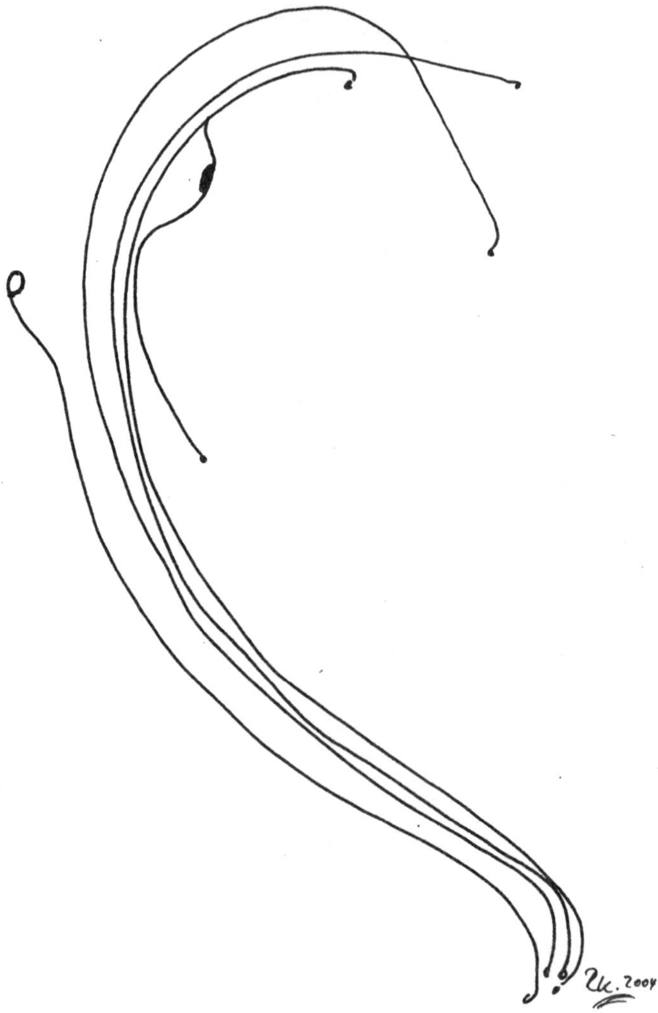
Uk. 2004

Ritornell

Weit gereist
Spürst kaum seinen Hauch.
Fällst du
Trunkenleicht
In die Welten dieser Welt
Wie Erde zu Erde
Wasser zu Wasser strömt
Feuer zu Feuer
Brennst du
Angefacht durch seinen
Göttlichen Atem -
Kinderleicht
Leuchtest du
In seinem Licht -
brichst den goldenen Strahl
in seinem Kristall
Funkelnder Ewigkeit.

RK. 1992/2004

Die heiligen sieben Elemente und die Klangtherapie

Nach dieser langen und weiten Reise wieder gut zu Hause angekommen, geht es bald wieder an die Arbeit. Der Körper mit seinem eigenen Zeitempfinden ist natürlich noch etwas durcheinander, während die Uhr bereits unerbittlich weitertickt. Schlaf und Traumzeit, aber auch ein Hinausgehen in die Natur helfen mir bei der Erdung und dem Einfinden, wieder hier zu sein.

Es ist immer schön, nach einer längeren Abwesenheit unseren Klangraum in Blumau wieder neu zu betreten. Die ihm ganz eigene Atmosphäre durch die Instrumente und Utensilien, die wir aus aller Welt zusammengesammelt haben, Federn, Rasseln, aus Tierhufen oder Glöckchen, und Pflanzenfächer, wie auch die ganz spezielle Aufmachung des Raumes in nachtblau, gleich der Farbe der Nacht- und Traumwelt, mit Farb- und Chakrenlicht in den sieben Farbtönen ausgestattet, lässt sich dann förmlich einatmen, wie auch der feine Geruch von Räucherwerk, der auch nach längerer Zeit hier noch anwesend ist. Der Raum strahlt große Ruhe und eine tiefe Stille aus. Trotzdem ist die Stimmung hier „dicht", intensiv, denn die großen Instrumente, vor allem die mächtigen Gongs wirken erhaben und strahlen das Bewusstsein dieser Arbeit aus. Dieser erste Eindruck geht bei den meisten Menschen, die hier neugierig eintreten, nicht spurlos vorüber und sie staunen und fragen nach, was hier geschieht. Viele wollen es dann spontan „einmal erleben" und melden sich an, wenn es so sein soll. Oft werden auch einfach die Instrumente bewundert und sie scheinen dazu einzuladen, sich niederzulegen.
Heute betrat ich den Raum, um ihn erst einmal zu reinigen und herzurichten für die nächste Sitzung. Mit dem Duft von weißem Salbei und Königs-Weihrauch, den ich mit einer großen Bussard-

feder in den Raum fächere, begrüße, reinige und segne ich jedes Instrument und jeden Platz im Raum und lade die entsprechenden geistigen Klang- und Schutzwesenheiten ein. So schlage ich ein paar Töne an, die schnell den ganzen Raum erfüllen und horche, wie es klingt. Noch ein bisschen müde? Ich schlage noch einmal an. Die Instrumente, die eigene Wesen sind, wie wir schließlich aus unserer Erfahrung erkannt haben, fühlen sich wiedererweckt, nachdem sie solange stumm gestanden sind. Dann lege ich mich still aufs Monochord, unser Klangbett. Alles klingt nach und vibriert, sehr lange. Die ganze Luft ist erfüllt von den wenigen Tönen dieses Augenblicks, und die Präsenz des Augenblickes wächst. Klang sensibilisiert einfach die Wahrnehmung und das Gefühl, *da zu sein*, in allen meinen Dimensionen der Wahrnehmung, und ich bin bereit zu lauschen.

Da ich ein wenig Zeit habe, erinnere ich mich, wie alles hier so gewachsen ist, auch mein Lernen und Lehren sowohl im Geben der Klangtherapien wie natürlich auch im nehmenden Empfangen eigener Klangsitzungen, so wie Wolfgang und ich Zeit haben, uns etwas Gutes zu tun. Die Instrumente und Klänge sind für mich, ja die ganze Initiation eines Klangprozesses hier sind gleichsam zum Kochbesteck geworden, wo jeder Handgriff sitzt und jeder Ton sich schon intuitiv in der Vorstellung anmeldet, bevor er erklingt, und der Körper sich fließend und absolut lautlos zwischen den Instrumenten bewegt. Es ist jedes Mal wieder neu ein tiefes Erlebnis und ein Eintauchen in ein sich vertiefendes Bewusstsein, wo die lineare Zeit unserer Alltagswahrnehmung und der dreidimensionale Raum aufhören und einer erweiterten Wahrnehmung Platz machen. Hier wird Zeit spiralförmig durch den Klang und seine Schwingung erfahrbar und die Spirale bewegt sich aufwärts und erschließt neue Wirklichkeit und ein multidimensionales Raumbewusstsein, das energetisch in Bewegung ist.
Die Spontaneität des Augenblicks mit dem hingebungsvollen Lauschen von Ton zu Ton, was für die Person gerade richtig ist, waren die größten Lehrmeisterinnen.

Und immer von neuem ist es spannend, da du vorher nicht weißt, was kommen wird. Sehr bewusst haben Wolfgang und ich es zugelassen, dass wir „ohne Netz arbeiten“, aber in der „Anbindung“, in der Transzendenz (Transzendenz ist die spürbare Verbindung von Körper und Geist, wobei die fühlende Seele das Bindeglied ist, in beiden Bereichen daheim) arbeiten, dass wir „Kanal“ sind. Das erhöht die Präsenz und Spannung des Augenblicks. Es wird auch dem Menschen und seinem Anliegen gerechter, als jedes „geschlossene System“ arbeiten könnte, das eins zu eins Zuordnungen macht oder gar nach einem Schema vorgeht. Wir schätzen sehr, da wir auch Musiker sind, den künstlerisch-musikalischen Zusammenhang der Töne, die musikalische Tonqualität, die eine *natürliche Schönheit* im Klang anstrebt, die dem menschlichen Streben nach Harmonie entgegenkommt und die Seele aufatmen lässt. Kunst überhöht und verfeinert Therapie.

Das wussten unsere Vorfahren auch schon sehr genau, die der Medizin ursprünglich den Namen „Heil-Kunst“ gaben. Genauso waren in alter Zeit, und sind es auch jetzt noch in den Traditionen der Naturvölker, Heilungen immer mit der gelebten Spiritualität verbunden und in Zusammenarbeit mit den Elementen in Rituale und Zeremonien eingebunden. Heilung kann nur von innen heraus geschehen, wenn sich der Geist erneuert und bereit ist, alte Muster der Vorstellung loszulassen, also etwas an der eigenen Einstellung zu ändern. Das braucht einen umfassenden Prozess, der die Illusion der Trennung oder Abspaltung aufheben und neue Muster, nach dem reinigenden Loslassen, anbieten kann. Die wesentlichen Gefühle, die sich mit dem Klang in seinem Prozess vermitteln, sind Frieden und Liebe. In diese Stimmung schwingst du dich ein, indem du dich selbst hineinbegibst und in deiner inneren Bewusstheit öffnest. Der Klang – so gestimmt – bildet auf diese Weise eine versöhnliche Stimmung, die alles anzuschauen und anzunehmen bereit ist, egal was aus dem Inneren der Person auftauchen mag. Ihre Verbindung zu allem, was sie umgibt, zur Familie, zu Verstorbenen, zum Leben selbst, wird energetisch wieder ins Fließen gebracht. Dies fordert in jedem Augenblick absolute Konzentration, die den Körper und deine Gedanken und Gefühle einschließt, deshalb bewegst du dich auch so lautlos fließend zwischen den Tönen.

Alles ist hier Klang, alles kommt mit ihm zur Resonanz, soweit du dies zulassen kannst. Denn alles ist Schwingung. Die gesamte Schwingung des Raumes und seiner Personen erhöht sich. Das tiefe Erleben und Erkennen des Erlebten, vielleicht aus einer neuen Perspektive, sind einzig wichtig und präsent. Und dieses Erleben verändert den Klang. Die Botschaft des Erlebten wird sozusagen in den Raum eingebracht und verändert in dieser Weise den Raum. Es entsteht eine neue energetische Raumstruktur, die über den Therapeuten in Schwingung gebracht, also musikalisch umgesetzt wird. So entsteht ein Klanggefüge und das nächste fügt sich nahtlos daran. Und so wird die empfangene Botschaft über den Klang wieder zurückgebracht zum Sender, mit all den Grundtönen und Oberschwingungen, die ihm zugehören. Dies ergänzt die ursprünglich ausgesandte Botschaft und so werden bisher „ungehörte“ Aspekte eines Geschehens „gehört“ und damit in die eigene Erlebniswelt wieder aufgenommen. Das Feld der Tiefenentspannung ist überaus sensibel und Ehrlichkeit in der Beziehung ist absolut notwendig. Die Person geht verändert und viel berührter, lebendiger hinaus, als sie hinein gekommen ist. Wertungen, was *gut* oder *nicht gut* sei, erübrigen sich. Sie tun hier nichts zur Sache.

Es war ein großes AHA-Erlebnis, als ich eines Tages die Huna-Prinzipien oder geistigen Gesetze des alten hawaiianischen Aloha-Spirits durch das Erlernen der Lomi Lomi Nui Tempelmassage erstmals kennen lernte, und zwar wie genau das alles auf unsere Arbeit der Klangtherapie zutrifft, wir uns also in der Einstellung dessen bewegten und das trainierten, bzw. an die Klienten durch die Arbeit weiterreichten, was diese geistigen Prinzipien meinen. Es zeigte mir, wie *universell* die eigentlichen Essenzen geistiger Lehren sind. Alles kommt aus einer Quelle. Je mehr wir lernen, lesen und verarbeiten in unserem Leben, desto besser erkennen wir dies und denken mehr in

Zusammenhängen. Es zeigen sich die Verbindungen über die Grenzen hinaus, die Kulturen, Religionen und Sprachen gesetzt haben. Wobei in aller Verbindung natürlich gleichzeitig die Polaritäten oder Verschiedenheiten des anderen Ansatzes wie zwischen östlicher und westlicher Tradition, tibetischer und indianischer Tradition zum Beispiel oder von japanischer und hawaiianischer Tradition spürbar und achtbar bleiben. Da gibt es verschiedene Ansätze und „Lehren", die sich aber im Ziel wieder annähern. Alle Flüsse kommen aus der einen Quelle und fließen auch wieder ins große Meer zurück.

Spontan verliebte ich mich in die alte Huna Lehre, eine Mischung aus Philosophie, spiritueller Lebensweisheit und Medizinlehre, die mit Geist und Naturkräften gleichermaßen arbeitet und die Einheit und Verbundenheit in allem sieht. Und sie führt zur Einheit eines glücklichen und erwachten Lebens voll Mitgefühl, Liebe und Weisheit, umfassender Erkenntnis des Lebendigen.

Unsere Dualität des westlichen Denkens ist dort nicht so ausgeprägt, es gibt andere Einteilungen oder Ordnungen, die immer zwischen Körper und Geist verbindend sind. Es war ein *Wieder-Entdecken*! Das Entdecken fand auch Gemeinsamkeit mit unserer europäischen Geschichte – nicht nur mit dem Leben und den Lehren Jesu – sondern auch mit der philosophischen Tradition unseres 19. Jahrhunderts, Friedrich Nietzsche. Er legte seinen großen Reflexionen, die er als *offenes*, nicht als *geschlossenes System* kennzeichnete, den Satz zu Grunde: alles ist Interpretation. Und *jede Wirklichkeit* ist eine *gemachte, geschaffene. Wahrheit* ist eine geltende Form davon, die zu einer bestimmten Zeit geglaubt wird, nach den Prinzipien, die da gelten. Und *Wirklichkeiten gibt es unendlich viele*, da wir mit einer Schöpferkraft ausgestattet sind. *Kunst zu schaffen, schöpferisch sein* ist die Basis, *die uns am Leben erhält*! Daraus entsprangen Wissenschaft und technische Entwicklung, und gehen auch an ihren Grenzen wieder in Kunst über. Zeit ist eine „ewige Wiederkehr des Gleichen" und doch gibt es nichts gleiches... – Nietzsche wird am Schluss mystisch und bleibt doch irgendwo stecken, ohne die alles verbindende Kraft der Liebe gefunden zu haben, die er vergeblich gesucht hatte. Er verlor irgendwie den Anschluss an das Leben, an sein Herz. Vielleicht starb er in seiner Einsamkeit auch an so etwas wie an gebrochenem Herzen. Wer weiß das, nachdem er „verrückt" geworden war und sich mit „Dionysos" und „Jesus" abwechselnd im Geiste unterhielt, ja sich identifizierte. Beide beflügelten seine letzten Gedanken auf Papier immer wieder. Nietzsches Unterzeichnung seiner Texte mit „Dionysos" oder „der Gekreuzigte" bezeugt dies im späten Nachlass.

Die sieben Prinzipien von Huna inspirierten mich so, dass ich begann Huna- oder Kahuna-Weisheit weiter zu studieren und selbst damit weiterzuarbeiten. Huna – und sie vertritt mit ihrem Geist auch den Geist indianischer Traditionen, da die Essenzen gleich sind – gibt uns das zurück und erinnert uns an das, was wir hier im Westen in der europäischen Zivilisation weitgehend verloren haben: die Anbindung und *lebendige Beziehung zur Erde* und zu allen Elementen und sie als etwas Heiliges zu betrachten, die Pflanzen, Tiere genauso wie den Menschen. Huna lehrt uns die geistige Praxis, mit allem als etwas Lebendigem umzugehen, aus dem Wissen um die Verbindung. Diese geht auch mit einer lernbaren Wahrnehmungs-*erweiterung*, einem feineren Sehen und Hören und Fühlen einher. Unsere mentale Kopflastigkeit kann wieder eingebunden werden in die Herzenswärme und Güte eines „sehenden Herzens". Die intuitiv-geistige Kraft der Wahrnehmung, die damit gestärkt wird, ergänzt die Gedankenwelt, die sich erst so ihrer Kraft und Energie bewusst wird.
Kurz möchte ich hier die sieben Prinzipien vorstellen und es dem Einzelnen überlassen, sich von ihnen inspirieren zu lassen. Sie sind Grunderkenntnisse eines bewussten, glücklichen Lebens: Wenn das Leben mehr sein soll als „die Befriedigung der Grundbedürfnisse Atmung, Versorgung, Entsorgung, Körperkontakt und Schlaf." (Dr. Peter Brunck).
Serge Kahili King hat sie in Zusammenarbeit mit anderen Kahunas als Essenz aus der alten hawaiianischen Tradition zusammenge-

fasst, aus den alten Familientraditionen, die das „hunahuna" Wissen überliefert haben, das in den Zeiten der Verfolgung nur so, im stillschweigenden Familienverband, überleben konnte. (vgl. Serge K. King, Der Stadt-Schamane)

Diese sieben Wirkweisen des Lebens offenbaren die physisch-geistige Verbindung, die kraftvoll ist, wenn ich sie zu nutzen verstehe. Die Prinzipien bilden eigentlich eine Einheit mit sieben Perspektiven wie die Facetten eines Kristalls, auf die ich jeweils meine Aufmerksamkeit richten kann, um meine Energie zum Fließen zu bringen und mich mit dem großen Strom des Lebens zu verbinden.

Sieben ist die heilige mystische Zahl eines Entwicklungszyklus, nicht nur in der alten hawaiianischen Tradition, auch in indianischen Traditionen wie z.B. wie bei den Cherokee. Sieben bringt eine Entwicklung zur Vollendung. Der Kreis schließt sich und beginnt neu im Sinne der Spiralbewegung. Die sieben Energieprinzipien von Huna enthüllen die Kraft der „Verbindung von Geist und Materie" auf der Basis ihrer Einheit: Das ist in der einen Sprache „*Energie*," in der anderen „*Licht*" oder einfach, auf der Ebene unserer Seelen gesprochen, „*die Liebe*". – Geistige Lehren aller Traditionen und alle großen Weisen, Heiligen und Meister auf diesem Planeten sprechen von dieser Kraft. In diesem Potential, dieser Energie, ruht *die universelle Kraft*, die alle Grenzen überschreitet und Menschen und Erde verbindet, und das ist das Anliegen unserer Zeit. Klang, Musik ist die universelle Sprache, die überall, Grenzen überschreitend, *gehört* und *verstanden* wird.

Die Liebe als das zentrale Prinzip, ist die Essenz des *Aloha*, des hawaiianischen Geistes. *Aloha* ist eins der ältesten, größten, bedeutungsgewichtigsten Worte in der hawaiianischen Kultur, das ganz fest im Bewusstsein verankert ist. Es wurde zur dortigen Grußform. Die alten Hawaiianer wissen um die Energie jedes gesprochenen Wortes und Gedankens.

Die sieben Energieprinzipien des Bewusstseins

Im Überblick möchte ich Ihnen die sieben Prinzipien nach Huna vorstellen. So nenne ich Ihnen zuerst den hawaiianischen Namen, dann einen Kernsatz, der die Aussage dieses Prinzips am besten zusammenfasst, als nächstes ein Schlüsselwort, dann die Elementezuordnung, sofern es eine gibt, das zugehörige Krafttier und die Farbe. Ich habe mich dabei weitestgehend an die Texte von Dr. Serge Kahili King in seinem Buch „Der Stadt-Schamane“ (Verlag Alf Lüchow, Freiburg, 1991) gehalten.

I Ike: Die Welt ist das, wofür du sie hältst. Bewusstheit; Wasser; Delphin;Weiß/Magenta

II Kala: Es gibt keine Grenzen (wo es Grenzen gibt, sind es *gemachte* Grenzen). Freiheit, Loslassen; Erde; Vogel; Rot

III Makia: Energie folgt der Aufmerksamkeit. Sammlung, Konzentration; Feuer; Wildkatze; Orange

IV Manawa: Hier und jetzt ist der Augenblick deiner Macht. Präsenz, Ausdauer; Luft; Rind; Gelb

V Aloha: Liebe ist: verbunden sein mit... glücklich sein mit...(Alles lebt und wir sind mit allem verbunden). Segnen, Mitgefühl; Pflanzen; Pferd, Einhorn; Grün

VI Mana: Von innen kommt alle Macht. Zuversicht, Vertrauen; Bär; Blau

VII Pono: Wirksamkeit ist das Maß der Wahrheit.(Ändere, was zu ändern ist, lasse sein, was nicht zu ändern ist und unterscheide das eine vom anderen. Sei in völliger Akzeptanz mit dem, was ist.) Flexibilität, Harmonie; Wolf; Indigioblau

Diese Energieprinzipien lassen sich auch den sieben Hauptenergiezentren des Körpers analog zuordnen, wobei der Sprung auffällig ist, wenn ich die Reihenfolge beachte: Zu Anfang steht IKE mit der Farbe des weißen Lichts, das alle Spektralfarben enthält. Es betritt als das alle Farben umfassende Reinweiß, die kosmisch-göttliche Farbe, unseren Körper und verwandelt sich dann mit dem Kronenchakra ins violette (magenta) Licht. Ab hier tauchen die Farben des Lichts ins Irdische ein und spalten sich auf. Hier erfolgt auch der Sprung von oben nach unten und die Bewegung der Energie steigt wieder auf. Das zweite Prinzip ist KALA, analog zum Basischakra mit der Farbe und gebremsten Frequenz des roten Lichts, dann folgt MAKIA mit dem Sexualchakra, in der Farbe des aus dem Rot aufsteigenden Orange, als nächstes MANAWA, analog dem Sonnengeflecht mit der Farbe des Sonnenbewusstseins Gelb, dann ALOHA, dem Herzzentrum mit der Farbe der Pflanzen Grün zugeordnet, dann MANA, dem Kehlkopf- und Ausdruckszentrum mit der Farbe Blau zugehörig und schließlich folgt PONO, verbunden mit dem Stirnchakra, dem dritten Auge mit dem indigofarbenen Licht.
Magenta, die Farbe des Kronenchakras, transformiert sich mit Austritt aus dem Körper wieder ins umfassende weiße Licht. Der Kreislauf der universellen Energie-Bewegung ist geschlossen. Im Bild gesprochen bedeutet dies: Das Licht, das uns als Kindern Gottes innewohnt und zufällt (Krone des Kopfes), fällt auf die Erde, verbindet sich mit ihr in unserem Basiszentrum (Füße, Bauch, Überleben) und steigt dann durch alle energetischen Zentren unseres Leibes und Geistes hinauf. Das ist der Weg der Bewusstheit. Er führt uns durch unsere Stationen, wie der Körper sie uns erfahrbar macht: über Bauch, Herz, Stimme bis zum Stirnchakra, dem intuitiv-visionären Auge, das ins Verborgene blickt und Erkenntnis mitbringt.

Klang und Schwingung

Seit Entdeckung der Relativitätstheorie und der Quantentheorie wissen wir, dass letztlich „Energie“ als rhythmisch pulsierende Welle und als Materie nur zwei verschiedene Erscheinungsformen im Fluss der Zeit darstellt.
Energie als Materie ist sozusagen die räumliche Darstellung und Energie in Form von Wellen die zeitliche.
Licht und Klang sind feinstoffliche Energien in diesem Sinne, also rhythmisch pulsierende Wellen und von gleicher Herkunft.
Die Wellenlänge bestimmt die Anzahl der Schwingungen pro Sekunde (Hertz).
Singen ein Mann und eine Frau „gleich“, so singen sie meist im Abstand einer Oktave. Dies bedeutet eine Halbierung (bzw. Verdoppelung) der Schwingungsfrequenz.
Also ist es möglich, mit Hilfe von Oktavierungen analoge und selbst-ähnliche Verhältnisse zu vergleichen. Das bedeutet, dass man eine Schwingung in verschiedene Bereiche transponieren kann und sich z.B. ein Quintabstand immer erhält, einmal im hörbaren, ein andermal im sichtbaren Bereich (Cousto).
Der Klang oktaviert gleichsam die Schwingungen des Lichts in einen fühl- und hörbaren Bereich hinunter. Licht hat Schwingungen in dem Frequenzbereich von 375 bis 750 Billionen Hertz. Klangschwingungen liegen in dem Frequenzspektrum von ca. 20 bis 20 000 Hertz. Licht und Klang sind auch für uns im Hörerlebnis in ihrer Verwandtschaft spürbar. Denn der Klang „übersetzt“ sich oft im Inneren der Person in Farben- und Lichtbewegung, er spiegelt sich so zu sagen auf die nächste Ebene.
Klang hat auch die Funktion *der Erdung.* Er verbindet dich mit der *Erde* und öffnet zugleich die Kanäle deines Bewusstseins. Die Trommel und Rassel sind für dafür beispielhaft und stehen ganz in diesem rituellen Gebrauch. Diese Erdung, die heilige Verbindung mit Mutter Erde und ihren Elementen ist die wirkliche, *unbedingte* Bedingung und Basis hier auf der Erde, um bewusst und heil (ganz) *werden* zu

können. Was wir in der Tat immer schon *sind* – sonst könnten es wir nicht werden! Es will nur ent-deckt und auch erinnert werden! Was wir suchen, tragen wir immer schon in uns. – Lasse dies in dir wirken, denn es löst und bringt Leichtigkeit in dein Leben. – Erst wenn ich wirklich hier ankomme und Ja gesagt habe zu allem, was hier auf der Erde ist, geht der Weg, die Öffnung in die „höheren" Gefilde weiter. Prüfungen bringen Erkenntnisse auf dem Weg und seine Tore können sich öffnen. Die erste tiefe Erkenntnis: „Ich bin allein", verwandelt sich schließlich in die umfassende Erkenntnis: „Ich bin immer verbunden. Mit allem. Gott ist in mir und allem, was existiert. Ich bin."

Von den ältesten Traditionen her wurde der Klang immer schon ausgewählt, um Initiationen, Heilungen, Transformationsprozesse einzuleiten. Klang und Ritual gehören zusammen. Für uns gilt: *Der Klang kam zu uns* in der Form bestimmter Instrumente. Mit der Zeit kamen mehr Instrumente auf uns zu, wie ein Orchester, das zu wachsen beginnt. Sie alle sind Klangwerkzeuge des Geistes, der uns zwischen Himmel und Erde verbindet, das meint der uns an unsere eigentliche Einheit in der Dualität *erinnert*. Der Klang *als Klang*, wenn er sich selbst im Strom *seiner* Zeit bestimmt, ist ein überaus potentes, hochwirksames energetisches Heilmittel. Sein natürliches Wesen ist *harmonische Schwingung* mit dem unendlichen Feld des Obertonspektrums, in dem alle Töne vorhanden sind – und alle Harmonik im Keim enthalten. Harmonische Schwingung ist energetisch die höchste Einheit, die allem Lebendigen, allen Elementen, allem Geschaffenen innewohnt. Klang ist auch die „gute Verbindung" an sich, wenn er reinen Geistes ist. Klang erweckt mit Hilfe seiner harmonischen Tonschwingungen und Obertöne Bewusstsein und erzeugt tiefe Stille und Harmonie, die „in der Person zum Klingen (per-sonare=hindurchklingen) kommt – von innen nach außen. Die „Person" darf sich in der Fülle ihres Seins entfalten. Unbewusstes nimmt so im Medium des Klanges den Weg in die Bewusstheit. Alles ist in uns. Wir müssen es nur erwecken und uns erinnern. Die Liebe, die fließt und sich verbindet, ist der unsichtbare offene Pfad, den das Bewusstsein dabei beschreitet. Auf diesem Weg ist der Klang ein sehr guter Führer.

Ein alter ehrwürdiger Führer, besser gesagt eine ehrwürdige *Führerin*, sind indianische Rasseln und die Trommel, denn sie haben weibliche, erdige Qualität. Genauso auch die tibetische Klangschale und der Kristall in Form der Quarzklangschale. Aber natürlich auch unser ältestes Instrument: die eigene Stimme mit ihren Tönen der Vokale: A – E – I – O – U z.B.. Sie all gehören zu den ältesten, vor allem in Ritual und Zeremonie zu Heilungen benutzten Instrumente, eines Schamanen oder eines Weisen oder Heilers, der sich zwischen den Welten zu bewegen weiß und die Gesetze des Geistes kennt. Er lernte traditioneller Weise mit diesen Welten umzugehen, indem er durch viele Prüfungen hindurch musste, bei denen es um Leben und Tod ging. Er muss selbst erfahren haben, womit er umgeht, wozu er Raum gewährt, sonst würde er seine Aufgabe, im Dienste des Lichtes zu stehen, Heilungsarbeit zu tun, nicht erfüllen können.
Diese Ur-Instrumente des Klanges, Stimme, Trommel, Rassel, Klangschale etc., die das Geheimnis des Lichtes in sich tragen, sind mit den Elementen (Die sieben Elemente von Huna: Feuer, Wasser, Erde Luft, Pflanzen, Tiere, Mensch) verbunden, weil sie von ihnen stammen. Sie sind heute ergänzt durch neue und doch alte Bauweisen, einfach schwingende, klingende Instrumente aus Holz und/oder Metall wie Gongs, Röhrenglocken in bestimmten Stimmungen, die Klangpyramide, das Monochord-Klangbett und Klangschalen verschiedenster Art.

Hier verbindet sich der Osten mit dem Westen und ermöglicht eine Synthese, die alte Traditionen verschmilzt und mit neuen Methoden Erkenntnisse verbindet. Wie erzeuge ich einen Zustand tiefster Entspannung (Alpha-Zustand), bis zu einer Trance, in der das Bewusstsein wach ist, während der Körper schläft? Wie lassen sich die beiden Gehirnhälften gut synchronisieren, um ein Gleichgewicht unserer Energieströme zu erreichen? Welche Wort-

und Satzkombinationen und Bilder helfen, die Kontrollinstanzen des Gehirns und des Verstandes zur Ruhe und zum Loslassen zu bewegen, so dass alte Vorstellungsmuster sich auflösen und neue in Sicht kommen können? Welche Rhythmen und Klangfolgen unterstützen den Prozess der Tiefenentspannung, den der inneren Regeneration sowie des erweiterten Bewusstseins? Wie wirken die Elemente, aus denen die Instrumente gemacht sind, mit den großen Kräften der heiligen Elemente, zusammen? Das Zusammenwirken hat mit ihrer Spiel- und Gebrauchsweise zu tun. Auch hier ist immer schon Transformation am Werk. Ein Element führt ins nächste. Es ist immer ein dynamisches Kräftespiel zwischen den Elementen. Es geht um *Gleichgewichte* und die *Verbindungen*, nie um ein einzelnes Element oder einen Einzelton. Das Unverbundene ist ohne wirkliches Leben.

Die große Klangpyramide zum Beispiel, den Maßen der Cheops-Pyramide nachgebaut, ist in indischen Ragas gestimmt und wird von uns aber nicht nur im Sinne der Skalenanordnung, sondern frei gespielt und in vielfältigen Kombinationen mit anderen Klangquellen, so dass ein neuer Fluss aus dem Klang in dem Augenblick des Spiels entsteht, der ganz auf den Menschen dort und sein Anliegen *eingestimmt ist.* Tatsächlich benutzen wir auch viele Instrumente, die den Klang des Wassers auf verschiedene Weisen wiedergeben, dieses Element über das Hören geistig transportieren: Meeresrauschen, Regen, Fließkraft des Flusses… Sie bringen ins Fließen, lösen, helfen Spannungen abzubauen, so wie es heilsam ist, dem Meer oder dem Fluss zu lauschen und in Stille mit sich zu sein.

Die Verwandtschaft von Wasser und Klang

Das Element Wasser, das mit dem Klang sehr verwandt ist, funktioniert auch ähnlich in seinem Fließen, beides ist z.B. durch reine Schwingung eines Gedankens, eines Gefühls zu imprägnieren.

Masaru Emoto und andere haben hierzu wunderbare Forschungsarbeit geleistet, die zeigt, dass die Botschaft des Wassers uns einen Spiegel vorhält. Ich kann Wasser mit einem Segen oder einem Fluch nachhaltig in seiner Qualität verändern. Seine Fotos der unterschiedlichen Wassermoleküle je nach imprägnierter Botschaft zeigen dies deutlich, ein gesegnetes Wasser hat eine Molekülstruktur, die einfach „schön" in Ordnung und Form ist, während ein mit einem Fluch versehenes Wasser eine „hässliche", disharmonische Struktur aufweist. Gutes, frei fließendes Wasser hat seine eigene „Botschaft des Wassers" und ist in seiner Reinheit für uns Menschen ein Segen. Wenn wir es trinken oder uns reinigen, füllt es unsere Fließkraft auf, nimmt Verbrauchtes und Schmutz auf und hilft uns abzugeben und loszulassen. Nichts ist so köstlich wie ein Schluck frisches Gebirgswasser, wenn ich Durst habe oder ein Bad, wenn ich schmutzig bin. Und auf anderer Ebene: Nichts ist so wohltuend, wenn ich gedrückt und angespannt bin, wie ein harmonischer, sanft fließender Klang. Er öffnet wieder alle Kanäle meines Körpers und Bewusstseins, die verstopft waren.
Das Wasser lehrt uns auch einiges über den Klang. Unser Umgang mit ihm gibt uns ein gutes Bild an die Hand aufzuzeigen, inwiefern wir in der transpersonalen Klangtherapie mit Klang anders arbeiten als es heute üblich ist. Meist wird ein System nach bestimmten Erfahrungswerten kreiert. Bei der therapeutischen Arbeit damit geht man dann so vor, dass man die Klänge und Töne den Meridianen oder Chakren oder Organen in einem Verhältnis von eins zu eins zuordnet. So entsteht eben ein geschlossenes System, das nach der Vorstellung der jeweiligen Therapeuten *richtig* ist und ihnen als Vorgabe und Wissen dient, den Klang danach für Therapie so und so zu gebrauchen. Nur ist jede fixierte Vorstellung und jedes geschlossene System eine „Einengung", ein „festgelegter Blick" auf die Wirklichkeit. Diese ist immer unendlich viel mehr. Jedes Individuum ist eine kleine eigene Welt, und nicht etwas, was nach einem *Schema* funktioniert. Und dieses *festgestellte System der Vorstellungen* legt man auf den Menschen an, der kommt, und wird danach seine Phänomene einordnen und therapieren. Eine meist

ziemlich festgelegte, vorher bestimmte Sache. Aber sie gibt Sicherheit. Man *weiß* immer und das im vorhinein, was man zu tun hat. Das mag bis zu einem bestimmten Grad gut funktionieren – wir sind alle Menschen und haben viel gemeinsam – aber es wird nie der vollen Lebendigkeit, dem unberechenbar Individuellen gerecht. Genauso wie das kanalisierte Wasser anders und dünner schmeckt als das frische Gebirgswasser.

Diese Art den Klang als Heilmittel zu nutzen – nämlich nach einem festen System der Zuordnungen, was mit was zu therapieren sei – lässt sich mit dem Verhalten vergleichen, wie wir Menschen das Wasser meist nutzen und in seinen Kreislauf eingreifen. Wir *leiten* es nach *unseren Vorstellungen der Nützlichkeit*, was zwar menschlich naheliegend ist, aber *nicht mit* der Elementarkraft des Wassers, sondern *gegen sie* arbeitet. Das hat Viktor Schauberger schon im letzten Jahrhundert erforscht und untersucht und uns Heutigen weitreichende Erkenntnisse vermittelt, die die Ineffektivität unserer Wassertechnologie aufzeigen. Jetzt ist er sehr aktuell, denn er war seiner Zeit weit voraus. Er warnte schon früh vor den Schädigungen der Umwelt und Natur, die dieses Eingreifen in den Wasserhaushalt mit sich bringt. So haben wir Flüsse begradigt, Bäche kanalisiert, umgelenkt, das Flussbett für den Fluss verändert und gemeint, dass das Wasser mit der gleichen Kraft und Lebendigkeit so nach unserer Facon fließen werde. Wir haben Flüsse auch abgeschnitten, Flussläufe stillgelegt, künstlich Wasserbecken angelegt in Formen, die nicht aus der Natur erwachsen sind: viereckige Fischteiche zum Beispiel; Rohre für Wasser werden gerade oder im rechten Winkel gelegt, was es in der Natur nie gibt und was eine Blockade darstellt, die Energie verschwendet. Wenn ich ein Wasser, das so geleitet wurde, beobachte, sehe ich sofort mit bloßem Auge, dass das Wasser um in seiner vollen Kraft und Klarheit zu sein, seinen eigenen Weg formt und unsere geraden Führungen dem nicht gerecht werden. Wir nutzen nur einen Bruchteil seiner eigentlichen Kraft. Beobachte nur das Fließen und die Qualität eines Gebirgsbaches und vergleiche es mit einem begradigten

Bach oder gar einem in Rohren gefassten Wasser. Das Wasser hilft uns, wenn wir es in seiner Natur genau beobachten und von ihm lernen, etwas von uns zu verstehen. Denn alles – innen wie außen – *ist im Fluss*. Heraklit, der Vorsokratiker, baute auf dieser Essenz seine ganze Philosophie, sein Weltbild auf.

Wir haben in all diesen Fällen der Natur, dem Wasser in seinem Naturkreislaufgeschehen, nicht *gelauscht*, nicht aus ihr gelernt, sie in ihrem So-Sein nicht für vollkommen erachtet, ihr Geheimnis der Lebendigkeit nicht verstanden, das ihre Qualität verbürgt. Wir haben ihre unglaubliche feine und komplexe Vernetzung mit allen Elementen der Erde vergessen und sie nicht beachtet. Wir haben die Natur nicht aus der tiefen Verbindung heraus *geachtet*, die wir mit der Erde und dem Wasser haben, wenn wir uns unserer Wurzeln besinnen und darauf, was wir wirklich zum Leben brauchen. Jetzt ist es an der Zeit und absolut notwendig, sich zu erinnern und neu zu besinnen. Viele Stimmen, alte und neue, indianische und europäische, Stimmen auf der ganzen Erde erinnern an diese alte und neue Essenz des Lebens.

Die Transzendenz des Klanges

Bin ich im Bewusstsein eins mit dem Wasser, verbinde ich mich mit seiner Botschaft, mache ich mir diese Verbindung bewusst und lausche seinem Fluss, so schaue ich zugleich nach innen, lausche meinem Fluss. Ich gehe mit ihm zurück zur Quelle, stelle meine Vorstellungen hinten an und begebe mich in die Rolle des Vermittlers, der frei ist, der dem Element, dem Wasser, dem Klang dient, für es Sorge trägt und es in diesem freien Fluss des Augenblicks, des Seins vermittelt. Dann stelle ich mich ganz in die Aufgabe, „ohne Netz" zu arbeiten, mit einem offenen System, *nichts zu wissen* und im Augenblick *ganz neu anzufangen*, indem ich beginne, der Person zu lauschen und den Klang aus dem Klang heraus für sie zum Klingen zu bringen. Ich folge dem Klang, indem ich mich ganz auf das

Lauschen, das innere wie das äußere, konzentriere und beides zur Deckung bringe mit meinem Spiel. Ich übernehme diese spirituelle Verantwortung, ganz „Kanal" zu sein, bin absolut präsent und meine Sicht ist auf Transzendenz eingestellt: darauf, alles durch den Klang weiterzuleiten, was aus geistiger oder kosmischer Sicht jetzt notwendig erscheint. Das psychoenergetische Feld, über das wir beide verbunden sind, ist hierbei Transformator.

All mein Wissen bleibt dabei im Hintergrund und meine Vorstellung halte ich offen, um die Welt (Vorstellung) der Person, um die es gerade geht, in den Blick und in das Ohr zu bekommen. Meine ganze Wahrnehmung mit allen Sinnen ist aktiviert und läuft auf höchster Konzentrationsstufe. Meine Wahrnehmung und gleichzeitiges Spiel – Aktivität und Passivität – können nur zur Deckung gebracht werden über das Ohr und die aktiv empfangende Haltung des Hörens. Das Spiel des Tons und des Rhythmus formt sich aus dem vorangegangenen. Das Lauschen auf den Klang schafft jetzt die bestmögliche Verbindung zum nächsten. Zeit und Raum bestimmen mit, weil sie Klang bildend sind, und leiten mich an, ganz hier (Raum) und jetzt (Zeit) da zu sein und sie auszufüllen, so gut ich kann. Ich bin in diesem Zustand des vertieften Lauschens und Spielens, dem erweiterten Bewusstsein, „Klangrohr" und Vermittler zwischen den Welten.

Der Klang gestaltet sich auf diese Weise spiralig verlaufend und selbst energetisierend in seinem eigenen großen Bogen, der einen Anfang, einen Höhepunkt und einen Abschluss hat – ähnlich der Proportion des „goldenen Schnitts". Auch verläuft der Klang in seiner sich spiralig in der Zeit entfaltenden Kraft wie der Fluss in seinem Flussbett. Es bilden sich eigene Kurven und Schwingungen, seine eigene Fließkraft formt ihn zu Mäandern in immer neuen Formen. Wasser fließt nie gerade, linear oder ums Eck. Das lerne ich vom Wasser, indem ich ihm lausche und nachgehe (-gebe). So fließt die Quelle sinnvoll und aus eigener Strömungskraft gut geleitet schließlich bis ins Meer, um dann in den unsichtbaren Bereich

(Luft, Verdunstung) einzutauchen und sich aufzulösen. Um neu, als Quelle, aus der Erde schließlich wieder ans Tageslicht zu treten.

Wie das Wasser auf der Erde fließt, so schwingt der Klang in der Luft. Er bewegt sich im Bereich der Luft, dem ätherischsten aller Elemente. Klang ist das feinstofflichste aller Elemente. In der indischen Tradition, in den Veden, gilt er als das erste Element, das vom Himmel geschaffen wurde, zur Erde kommt und sich mit ihr verbindet. Klang ist gleich dem Raum und der Zeit. Er ist überall drin. Wir haben nur verlernt, ihn zu hören. Wer einmal ganz in der Stille der Natur war, weiß, dass Stille klingt. Jeder Raum klingt anders, auch die Erde klingt, sie hat einen Pulsschlag, an verschiedenen Orten anders. Auch ein Stein hat Klang. Die *Kunst des Lauschens*, wie es die Ursprungstraditionen und alte Einweihungsgeschichten noch vermittelten, gilt es wieder zu erlernen. Dann hören wir den inneren Klang, nicht nur den äußeren Klang der Dinge. „Nada Brahma: Die Welt ist Klang", wie E. J. Berendt es wieder neu formulierte – aus dem alten Wissen der Veden heraus, wo der Klang das erste Element ist, das in allen anderen Elementen auch enthalten ist – und die Welt des Klanges grundlegend bis zu ihren Wurzeln erforschte. Auch J.E. Berendt galt das Hören als der „Schlüssel" zum „Tor der Seele", um von der äußeren Welt der Erscheinungen ins Innere der Wirklichkeit eintreten zu können. Der Klang ist das „Tor" in die geistige Dimension, wo die Seele ihren Weg nimmt.

Das Tor ist insofern ein wunderbares Symbol und Bild für diesen *Durchgang* oder besser *Eingang* in unsere eigene innere Seelenlandschaft und eigene Transzendenz. Das Tor führt mich auf den Weg meiner geistigen „Rückverbindung" zu dem Höchsten, zur Quelle oder in die Welt des Lichts. Alles Symbole, die das *Eine* meinen, aus dem unsere Schöpfung stammt.

Mit dem Tor als Wegweiser arbeiten wir in der Transpersonalen Klangtherapie, weil es sich als archetypisches Symbol genau für diesen „Übergang", die „Schwelle", eignet, die es zu überschreiten gilt. Wozu etwas Mut gehört, „hinter die Kulissen" schauen zu wollen, weshalb eine gute Vorbereitung und „Führung" auf diesem Weg notwendig ist.

Hermann Hesse hat einmal die Bedeutung des Tores für unser Leben wunderbar formuliert. Auch er wusste um die Transzendenz, die Bedeutung für unsere Entwicklung, von der äußeren Wirklichkeit zur inneren, eigentlichen Realität zu gelangen, die von der Erscheinung her so lange nur zu „erahnen" ist, bis ich mehr Sicherheit in einer erweiterten Wahrnehmung gewonnen habe und die Symbolhaftigkeit der äußeren Dinge verstehe:
„Jede Erscheinung auf Erden ist ein Gleichnis
und jedes Gleichnis ist ein offenes TOR,
durch welches die Seele, wenn sie bereit ist, in das Innere der Welt zu gehen vermag, wo du und ich, Tag und Nacht, alle eins sind.
Jedem Menschen tritt hier und dort in seinem Leben das geöffnete Tor in den Weg...
Wenige gehen freilich durch das Tor und geben den schönen Schein dahin
für die *geahnte* Wirklichkeit des Inneren."
Meine Suche in dieser Welt nach *Sinn* und *Erfüllung* und mein Vorschuss an Vertrauen für das Leben, mein Glaube an seine Sinnhaftigkeit, auch wenn ich sie nicht direkt verstehe, öffnen mir dieses Tor und schenken mir den Mut, über diese unsichtbare Schwelle zu treten und ins Unbekannte weiter vorzustoßen.

Die heiligen 7 Elemente und der Klangcharakter der Instrumente im Überblick

Feuer: Gongs, Tam Tams, Klangschalen, Pauwau-Trommel
Wasser: Oceandrum, Rainstick, Wasserkalebasse, Waterphone, Röhrenglocken je nach Stimmung, wenn ein Wassercharakter in der Klangfarbe und Spielweise liegt.
Erde: Trommeln, Rasseln, tiefe große Klangschalen und tiefe Röhrenglocken
Luft: Feder, Windgeräusch, Monochord, Kotamo, Koto, hohe Röhrenglocken, Glöckchen
Pflanzen: Pflanzenfächer – Rasseln, Duft von Räucherwerk, Saiteninstrumente
Tiere: Rasseln aus Tierhufen, Horn, Klangschalen/ Glocken in tonaler Stimmung
Mensch: Stimme in Wort und Gesang

Die Zuordnungen sind *relativ* im wahrsten Sinne des Wortes und mehrfach möglich, da der musikalische und therapeutische Zusammenhang und die therapeutische Absicht für das Hören und Wahrnehmen entscheidend sind. Was will ich erreichen und was drücke ich mit dem Klang aus? Die Spielmöglichkeiten im musikalischen Zusammenhang sind unendlich groß, was therapeutisch absolut sinnvoll ist, da ich eine große Bandbreite an Möglichkeiten für individuelle Abstimmung und Ausdruck zur Verfügung habe. Klang ist ein univeraler Vermittler. Jedes Element kann letztlich mit jedem Instrument vermittelt und ausgedrückt werden. Natürlich gibt es offensichtlichere Bezüge und entferntere Verwandtschaften. Eine Wassertrommel wird sich schwerer für Feuerqualität eignen. Aber Klangschalen in ihren verschiedenen Tönen und Klangqualitäten sind vielfältig einsetzbar. Auch muss ich mir bewusst sein, welche Eigenschaft, Charakteristik ich gerade hervorrufen will, denn auch die Elemente stehen ja für Sinnqualitäten, für deren Bedeutung: Feuer

zum Beispiel für Transformation, Verwandlung alter Muster, Neukreation... Es kommt jeweils darauf an, welchen Aspekt ich gerade in den Blick nehme und betonen möchte. Die Pauwau-Trommel kann zum Beispiel in ihrem Geschlagenwerden auch sehr gut das Element Feuer ausdrücken. Ich „heize sie an" mit meinem schnellen Schlag, der lauter wird. Sie „heizt" dann dich an und stellt dich mit ihrer Kraft des unerbittlichen Schlags gleichsam „ins Feuer", das meint, es regt dich zur Befreiung von alten Mustern und Schlacken, somit zur Erneuerung und Transformation an.
Der Kern der Erde ist ja feurig. Das Magma der Vulkane ruht in der Erde. Die geologische Verbindung der Elemente zeigt uns ihre sinnvollen Zusammenhänge. Und Feuer geht in seinem Wesen der Verbrennung und Transformation auch synchron mit der Sonnenkraft, der ersten Quelle des Lebens, die Licht und Wärme spendet, ohne die kein Leben auf der Erde möglich wäre. Sie bedeutet Selbst-Bewusstsein, und wurde in diesem Sinne von vielen Naturvölkern und Hochkulturen wie den Ägyptern oder den Mayas z.B., als Sinnbild des Höchsten verehrt. Gerade der Gong drückt in seiner mächtigen Schwingung – selbst eines einzigen Schlages – das feurige, sonnige Element in besonderer Weise aus, zumal er in seiner runden Form und dem leuchtenden messinggelb der Sonne gleicht.

Die feinen obertonreichen Saiteninstrumente wie das Monochord, aber auch die Koto oder Kotamo, zeigen hingegen eine besondere Verwandtschaft zum Element Luft. Vor allem das Monochord entfaltet sehr deutlich und in feinen Melodien seinen Obertonreichtum über dem Grundton, so dass ein sehr schwebender sphärischer und *natürlich harmonischer* Klangeindruck entsteht. Entspannung breitet sich ganz von selbst für den Hörenden mit der Leichtigkeit des *schwebenden* Klanges der Obertöne aus. Sie vermitteln dem Lauschenden etwas über das Wesen der Luft, den unendlichen Raum mit ätherischer Schwingungsqualität. Luft ist das „leichteste", eben „schwebende" Element, in dem es keine materielle Reibung mehr gibt. Die Luft die wir atmen, in unseren Körper über den Atem aufnehmen, teilen wir mit allen Lebewesen auf der Erde. Luft ist die feinste Verbindung und das schnellste Transportmittel. Entsprechend führt der Saitenklang eines Monochords – vor allem, wenn ich noch darauf liegen darf und seine Schwingungen und Obertöne über dem Grundtonrauschen direkt im Körper spüre – besonders leicht und gut in tiefe Entspannung und Meditation.

Ein Wohl*gefühl* von Harmonie breitet sich über dem Rauschen des Grundtons vollständig aus, weil der Ton in dem vollsten Klang seiner Obertonschwingungen wie ein ganzes Orchester sich selbsttätig aus diesem Klangphänomen heraus entfaltet. Auch hier gewähren erst die Schönheit und Kunst des Saitenspiels den vollen Ausdruck und diese beabsichtigte Klangqualität, indem der Therapeut ihm seine feinen Obertonmelodien entlocken kann. Die Atmung, der *Luftweg* unserer Lebensversorgung, ist die Basis der klangtherapeutischen Bewusstseinsarbeit. Sie geht mithilfe des Monochords z.B. sehr leicht in eine Tiefenentspannung über, wobei der vertiefte Atem zusätzlich seine innere Heilkraft entfaltet. Das Element Luft ist dabei das vermittelnde Element und ein wesentlicher Knotenpunkt der Vernetzung aller Energien und der inneren Kommunikation.

Der Wanderer

Aus
gelassenes Rot
steigt aus der Stadt.
Die Menschen, die sich beim
Abschied die Hände reichen,
sind in seine fließende Farbe versunken.
Der Himmel färbt sich im späten Abendrot.

Vögel fliegen vorbei und kreuzen
die Wege der Menschen.
Ihre Blicke treffen sich
und ziehen weiter.

Der Abschied zieht
die Hände, bis sie lang und schmal geworden sind.
Durchsichtig die Straße umhüllen,
nicht wissen, wohin der Weg weist.

Hörst Du den Ton
dem der Vogel lauscht,
das feine Rauschen des Windes,
dem der Baum mit seinen Ästen
nachschaut –

Er weiß, wohin die Wege zieh´n
lange, bevor sie beschritten –
stand er schon hier und hielt Wacht.

Jeder Ton ist ihm vertraut,
jeder Vogel willkommen in seinem großen Haus.

Seine Blätter und Äste pfeifen im Wind,
tragen hinaus seine Botschaft:
„Auch du bist ein heiliges Kind
– und willkommen daheim."

Alle Wege führen hier vorbei.
Gib acht!
Und lausche dem Dunkel der Nacht,
die vergessen hat
das Licht
des neuen Tages bricht herein.

RK. 2004

Mit dem Klang nach Innen reisen

Löse den Konflikt deiner Trennung von der inneren Weisheit
und tanze aus ihr empor.
Siehe, dass die Trennung nur eine Illusion war.

Enricos Erlebnis: Die goldene Stadt

Enrico kommt zu mir in die Klangtherapie und hat sich für heute gewünscht, in der Klangpyramide liegen zu dürfen. Er war schon einmal bei mir und hatte ein tiefes Erlebnis auf dem Monochord. Das war circa ein Jahr her. Heute steht seine Umbruchssituation an, die ihn seit längerem beschäftigt und alte Gefühle hat wieder hochkommen lassen. Ich spüre seine Spannung, seine Aura ist etwas dunkelgrau eingefärbt. Er ist blass und sinkt immer wieder während seines Erzählens ein bisschen nach hinten zurück, so, als würde er wegkippen. Als er mir von seiner latenten Aggression erzählt, die sich dann im Gefühl des Würgens und gewürgt Werdens äußert, richtet er sich angespannt auf. Die Spannung wird immer dichter, er blasser. Ich frage nach der Herkunft dieser Aggression und Würge-Gefühle, woher er sie schon kennt. Und die roten Fäden führen aus der Umbruchssituation – dem Streit mit dem Chef, Kündigen… – in alte Familienkonfliktsituationen mit Vater, Mutter zurück, vielleicht noch weiter. Das Männliche und Weibliche in den Beziehungen scheint auf der ganzen Linie miteinander im Streit zu liegen. Aggression und Ohnmacht sind zugleich da. Dieser Widerstreit in der Anspannung, beides „im

Gleichgewicht" zu erhalten – niemand soll der Verlierer sein und er selbst auch nicht – ist groß und raubt Lebenskraft.

Enrico legt sich bequem in die Wiegenliege in der großen Pyramide, nachdem wir sein Anliegen klar ausgesprochen und das „Feld" seiner momentanen Verfassung, seiner Gedanken, vor allem aber seiner Gefühle, und wie sie sich im Körper äußern, geöffnet haben.

Mit den sanften Klängen der Raga-Melodien und meiner Stimme, die ihn in die Entspannung begleitet, lässt sich Enrico mehr und mehr fallen, sein Körper taucht ein in eine Schlafstellung, seine innere Wahrnehmung ist aktiviert. Er folgt aufmerksam den Klängen, bis er schließlich ganz durch das Tor des Bewusstseins schreitet. Auf die andere Seite – in Trance – wo es keine Schwerkraft und Begrenzung mehr gibt, bewegt sich sein Geist leicht und frei.

Enrico berichtet: „Das Tor, das sich mir eröffnete, hatte eine ovale Form, wie ein Ring, den ich durchschreite. Alles ist von gleißendem weißen Licht umgeben. Ich gelange auf meinem Weg zuerst in die weiße Stadt, die aus purem Elfenbein geformt ist. Während ich sie betrachte - sie ist wunderschön –, bemerke ich, dass ich mich in ein Vogelwesen verwandelt habe, denn ich fliege über die Stadt und sehe von oben die Gebäude und die Türme. Die Reise geht weiter und ich komme schließlich in die goldene Stadt. Hier sind die Türme und Zinnen aus purem Gold und alle Bauwerke schauen noch edler und feiner aus. Das weiße Licht, in das die ganze Stadt eingetaucht ist, ist gleißend und stärker noch als zuvor.
Die Goldene Stadt ist der Wohnsitz der Göttlichen Mutter. Ich weiß es einfach und alles ist sehr klar. Wieder sehe ich die Stadt von oben, sie hat tausende und abertausende goldene Türme und Kuppeln. Alles leuchtet und glänzt. Ich fühle die Anwesenheit der Göttlichen Mutter, alles ist erfüllt von ihr. Ihre Liebe liegt wie ein Schutz, ein Licht oder Atem über der ganzen goldenen Stadt. Auch ich bin Teil davon, bin eingetaucht in diese Liebe und spüre sie in meinem Herzen brennen. Im ganzen Körper hat sie Wärme

entfacht, die mich durchflutet. Die Liebe klingt wie Glocken und Glöckchen von tausend Kirchtürmen, die wunderbar leuchten. Die Töne und Klänge der Pyramide hüllen mich ganz ein und durchfluten mich.

Als ich ihre Gegenwart deutlich wahrnehme, bitte ich die Goldene Mutter, mir ihr Antlitz zu zeigen. Sie zeigt mir aber nicht ihr Gesicht, sondern nur einen Teil ihres weit auf die Erde wallenden Gewandes, das aus reinweißem, edlen Stoff geschneidert ist, ohne Naht und ganz in einem Stück, wie es das hier auf der Erde nicht gibt. Es ist mit Perlen und blauen und grünen Edelsteinen bestickt – wunderbar weich und herrlich anzuschauen. Ich spüre es förmlich auf meinem Gesicht, als hätte mein Mund ihren Saum geküsst. Wirklichkeit und Vorstellung sind eins. Es ist.
Ich strecke meine Arme nach ihr aus, möchte sie fassen, doch sie ist nicht zu fassen und umgibt mich doch ganz. Ein ganz tiefes Gefühl der Liebe und Dankbarkeit breitet sich aus und durchströmt meinen Körper, mein Gesicht, mein Herz. Zeit und Raum lösen sich auf. Alles leuchtet und ist von diesem Gefühl erfüllt. Nichts mehr ist getrennt. Langsam, nachdem ich alles in mir aufgenommen habe, weiß ich, dass es Zeit ist zurückzukehren. Ich verabschiede mich, verlasse die Goldene Stadt langsam wieder, genauso wie ich hingekommen war: Ich fliege zurück und kehre auf die Erde zurück.

Als ich wieder ganz angekommen bin und die Augen langsam aufschlage, empfinde ich dieselbe Liebe und Dankbarkeit hier im Raum, in mir, und kann im Gesicht von Ruth, in ihren Augen wie in einem Spiegel die Göttliche Mutter wahrnehmen und erkennen. Mit einem Gefühl tiefer Dankbarkeit gehe ich hinaus, meine Spannungen haben sich weitgehend aufgelöst, die beidseitigen Würgegefühle sind ganz verschwunden."

Enrico wirkte ganz gelöst und weich, als er aufwachte. Rosa war er geworden, sein Gesicht, und in seinen Augen stand ein Leuchten. Sie füllten sich mit Tränen, er war sehr berührt. Seine Aura war glatt und das Grau verschwunden. Ein zarter rosa Schleier hüllte ihn ein. Aloha.

Elisabeth: Der Gang durch die Höhlen

Elisabeth kommt mit Depression und Missbrauchsproblemen zu mir. Sie ist über vierzig und schwarz gekleidet. Ihr lockiges Haar trägt sie glatt zurückgekämmt. Sie möchte das mit dem Klang einmal probieren, vielleicht hilft das ihr und sie kann entspannen und ihre Stimmung heben. Sie erzählt mir, dass sie wegen dieser Dinge schon viel in Behandlung war, Psychotherapie, Gruppen und gegen die Depression nimmt sie Tabletten.
Wir arbeiten am Monochord. Ich habe mit ihr besprochen, dass eine wirkliche Besserung einer seit langer Zeit gewachsenen Depression und eine bewusstseinsmäßige Aufarbeitung der Familienstruktur wahrscheinlich nicht in einer Klang-Sitzung zu beheben sind. Ein solcher Lebens-Knoten der verletzten Gefühle braucht langsame Zuwendung und Öffnung. Gerade ein solcher tief liegender Schmerz aus der Kindheit will nicht so leicht losgelassen werden Was kommt danach? Wer bin ich dann? Die Unsicherheit ist groß.

Nachdem sie Vertrauen gefasst hat und wir über alles gesprochen haben, was ihr jetzt am Herzen liegt, führe ich Elisabeth mit Klängen und meiner Stimme sanft in die vertiefte Atmung und in Trance. Sie liegt entspannt auf dem Monochord. Vor allem sein Saitenklang mit den feinen Obertönen wirkt sehr beruhigend auf sie. Mit Bildern und einhüllenden Klängen begleite ich sie, führe sie durch ihre Energiezentren, die sich in ihrer Schwingung aktivieren, und gebe ihr Kraft mit auf den Weg, den sie zu gehen hat.

Elisabeth berichtet: „Ich gehe drei Stufen hinunter und gelange dann zum Tor. Es ist schwarz, hoch und dunkel und ich gehe hindurch. Es hat auch einen Rundbogen und schaut irgendwie alt aus. Es steht offen für mich und ich gehe einen dunklen Gang weiter.

Von hier gehen Höhlen ab, zwei, die ich sehe, sind leer, in der dritten steht eine Frau. Hier ist es hell und auch die Frau ist hell, groß und aufrecht. Ich gehe auf sie zu und sehe hinter der Frau ein kleines Kind am Boden hocken. Dann kommt ein Mann herein und stellt sich zu der Frau. Die Frau ist meine Mutter und der Mann ist dieser Herr Rudolf, der bei uns zuhause das ganze Haus angestrichen und ausgemalt hat. Ich will sie fragen, was sie mit dem Kind machen und irgendwie taucht schon gleich mein Gefühl von Missbrauch auf. Ich bin böse auf sie und denke, na gut, die alte Geschichte. Festgefahren fühle ich mich, sie antworten nicht, nur das Kind sehr ich zusammengekauert. Ich gehe dann weiter auf dem dunklen Gang, wieder an leeren Höhlen vorbei und plötzlich scheint der Weg aus zu sein. So bin ich wieder zurück gegangen, es zieht mich zu den drei Menschen zurück.
Plötzlich wird mir bewusst, dass mir das Kind leid tut, ich nehme es bei der Hand und gehe mit ihm einfach weg. Die zwei Erwachsenen hindern mich auch gar nicht. Ich hatte all meinen Mut zusammengenommen. Doch dann überfällt mich wieder die Angst, dass die beiden, Mutter und der Rudolf mich verfolgen könnten und sich vielleicht an mir rächen wollten. Ich habe angefangen, auf dem Gang ein Versteck zu suchen, aber nirgends gibt es eins, nur lauter offene und leere Höhlen. So entschließe ich mich, mich einfach in eine Höhle mit dem Kind zu setzen und zu warten. Nach einer Weile kommen die beiden Erwachsenen vorbei, sehen uns dort zusammengekauert sitzen. Dann haben sie uns geschlagen und sind weggegangen. Ich habe das nicht direkt gesehen, sondern nur irgendwie über uns gespürt.
Auf einmal läuft ein anderes kleines Kind auf uns zu. Ich spüre, dass es mein Sohn ist. Da verschmelze ich mit dem einen Kind, das ich wegführen wollte, zu einer Person, hebe meinen Sohn auf, der noch klein ist, drücke ihn an mich und zusammen gehen wir hinaus. Plötzlich ist es hell geworden und wir gehen weiter. Mein Sohn ist größer geworden. Da taucht die Frage nach meinem richtigen Vater auf, wo er denn sei. Und schon zeigt er sich: Er steht halb in Nebel eingehüllt auf der rechten Seite meines Weges. Selt-

samerweise sehe ich nur seinen Oberkörper, der untere Teil ist im Nebel ganz verschwunden. Er ist unsicher, hilflos und traurig. Ich frage, ob noch jemand da ist. Da taucht auf einmal ein Licht auf, links neben ihm. Es ist sehr hell. Ich frage, wer oder was das Licht sei, und bekomme darauf keine Antwort. Das Licht bewegt sich mit mir und folgt mir in einem bestimmten Abstand. Ich will schon vor ihm weglaufen, es geht aber nicht. Es bleibt dicht hinter mir. Dann bin ich zurückgegangen, dem Licht entgegen und mit meinem Sohn zusammen hinein getreten.
Wie wir hier im Licht stehen, erinnere ich mich an meinen Mann und frage nach ihm. Da steht auch er mit uns im Licht. Eigentlich wären wir eine schöne Einheit gewesen, wir drei, aber irgendwie lässt mich dieses alte Gefühl nicht los, wonach er mir wie ein Klotz am Bein erscheint. Ich spüre wieder meine alte Ablehnung gegen ihn, die sich doch eigentlich nicht auf ihn richtet. Es tut mit leid, das wir drei nicht einig im Licht stehen können, was doch eigentlich schön wäre. Ich hadere und fühle mich hin und her gezogen. Da verändert sich auch das Licht, es fängt an zu flackern, mal hell, mal dunkel. Dann bleibt es dunkel.
Jetzt ertönt die Aufforderung zurückzukehren, und ich mache mich auf den Rückweg zum Tor zurück. Wir sind doch als Familie, zu dritt, zurückgegangen. Dieses Mal ist das Tor goldgelb und leichter, heller. Ich trete die drei Stufen wieder hinauf und habe ein Paket mit mir genommen, das ziemlich schwer ist. Auf der obersten Stufe lege ich es ab. Dort lasse ich es liegen und weiß doch, dass es zu mir gehört und ich es einmal wieder aufgreifen werde.
So kehre ich in den Wachzustand zurück und fühle mich irgendwie leichter. Das Licht geht mir nicht mehr aus dem Sinn."

Später haben wir das Erleben aufgearbeitet und Elisabeth hat noch mehrfach zurückgehen müssen, um sich Schritt für Schritt alles ehrlich anzuschauen und um sich und den anderen vergeben zu können, bis sie bereit war, das eigene innere Kind ganz anzunehmen, ihre Mutter zu verstehen und ihren Mann losgelöst von diesem Missbrauchsgefühl zu sehen und als ihren Mann anzunehmen. Sie ist zunehmend selbstbewusster, hübscher und fröhlicher geworden.

Chiara: Der Tod als Tor ins Licht

Chiara ist Anfang vierzig, groß und sehr schlank, mit kurzen braunen Haaren und einem burschikosen Ausdruck in ihren Gebärden. Sie versteht es, mit Händen und Füßen zu sprechen, in ihrer leicht dahin fließenden Art zu erzählen. Sie ist für einige Zeit bei uns und macht mit Wolfgang intensive Bewusstseinsarbeit mit dem Klang. Es geht um Selbsterkenntnis. Die emotionale Aufarbeitung und Transformation an einem Wendepunkt ihres Lebens. Dass der Klang ein wunderbarer Führer ist, um liegengelassenes und Unbewusstes ins Bewusstsein zu holen, hatte sie zuvor in einem Klangseminar erfahren. Ihr Anliegen liegt in der Aufarbeitung alter Familienbeziehungen und ihrer besonderen Männer-Beziehungen, die immer nach ähnlichem Muster ablaufen. Das ständige Aussuchen eines Männertyps, der eigentlich gar nicht zu ihr passt, „Macho" und oder „verheiratet", sind eines ihrer Probleme; außerdem steht sie schließlich selbst sehr gut „ihren Mann" in ihrem Geschäft, das sie aufgebaut hat und braucht eigentlich auch keinen. Doch sie träumt von einer glücklichen Beziehung und der großen Liebe.

Gemessen an ihren vorangegangenen Klangreisen in die *andere Dimension der Wirklichkeit* – in der es keine Zeit und keinen Raum mit der Beschränkung auf „nur *ein* Leben" gibt – ist diese Reise anders verlaufen. Wieder weiten sich Raum und Zeit, was für eine erweiterte Wahrnehmung typisch ist Chiara ist eine geübte Zeitreisende in der Erforschung ihrer Seelenlandschaften –, und die Reise beginnt gleich mit dem letzten Abschnitt eines Lebens, dem Tod. Dann rollt es sich rückwärts.

Sie erzählt: „Ich befinde mich auf einer Bahre. Mein ganzer Körper liegt regungslos da und ist bedeckt mit einem weißen Leintuch. Ich bin tot. Wo bin ich? Die Bahre befindet sich in dem Innenhof eines prächtigen goldenen Palastes. Spitze, geschwungene, nach unten weit auslaufende Giebel tauchen über mir auf. Der große Innenhof strahlt in der Sonne. Das Licht fällt auf die Farbenpracht exotischer Blüten, die in dem harmonisch angelegten kleinen Garten wachsen. Es gibt viele Wasserspiele und ihr Plätschern und Sprudeln ist überall zu hören. Vögel zwitschern und fliegen vorbei. Die Stille ist angenehm erfüllt und doch auch leer. Der Himmel ist strahlend blau und rein. Es herrschen Ruhe und Frieden.

Mein Körper, auf den ich jetzt herabsehe, ist in einen goldenen Kimono gehüllt, mein schwarzes Haar zu einem Knoten zusammengebunden. Ich bin in Asien, in China. Weshalb bin ich hier–, und tot? Meine Frage führt mich spontan weiter. Ich sehe, dass ich von einem schwarzen Speer getötet worden bin, in den Unterleib getroffen, durchbohrt, kaum dreißig Jahre alt.

Die Szene wechselt. Ich befinde mich auf einem Pferd in einer weiten Ebene Chinas vor Beginn einer Schlacht. Gekleidet wie ein chinesischer Feldherr warte ich hier mit einem gut ausgerüsteten Heer von großer Zahl. Die Mongolen greifen uns an und machen seit einiger Zeit das Land unsicher. Sie sind auf ihren kräftigen Pferden wilde Kämpfer, die keine Regeln der Kriegskunst kennen und drauflos wüten.
Ich weiß, dass wir zahlenmäßig überlegen sind, doch ob dies uns zum Sieg führen wird, weiß ich nicht. Im Morgengrauen beginnt der Ansturm dieser wilden Barbaren, die sie in meinem Geiste sind, unkultiviert und ruchlos. Wir erwarten sie gut aufgestellt und bereit zu kämpfen. Sie kommen von den Bergen hinunter und greifen wild und ohne System an. Aber sie kämpfen wie Löwen, und trotz unserer erprobten Kampfkunst verzagen unsere Truppen bald unter ihren schweren Schwerthieben. Unsere Verteidigung sinkt. Sie hält diesem wilden Ansturm der Barbaren nicht stand. Immer mehr Soldaten meines Heeres fallen. Wir werden umzingelt. Ich

höre ihre Schlachtrufe und sehe sie wie wilde Tiere kämpfen. Der Kreis schließt sich.
Ihr Anführer, ein riesiger Mann, stark wie ein Bär und grob in seiner Art kommt zu mir und fordert mich zur Kapitulation auf. Ich antworte ohne zu überlegen: „Niemals! Wir kämpfen bis zum letzten Mann." Nie würde ich es zulassen, dass unser Volk, unsere Kultur, unser Gold und unsere Edelsteine, all unsere Schätze und unser ganzes Wissen in die Hände dieser Barbaren fällt! Wie könnte ich das zulassen? Lieber tot, als in deren Hände zu fallen. In die Hände solcher wilden Tiere, die keine Kultur haben, die sich mit Fellen kleiden und stinken, die primitive Waffen besitzen und selbst primitiv sind, niemals! Sagte ich mir.
Und so kämpften wir einen verlorenen Kampf bis zum letzten, wo es auf unserer Seite keinen Überlebenden mehr geben würde. Ihr Anführer kämpfte schließlich gegen mich. Ich, der ich bestens in der Kampfeskunst ausgebildet worden war, hatte keine Chance gegen diesen Bär, der wie ein Löwe kämpfte. Als er breitbeinig über mir steht – ich auf dem Boden liege –, fragt er mich noch einmal, ob ich nicht aufgeben möchte und die Kapitulation annähme. Mit der ganzen Verachtung aus der Tiefe meines Herzens sage ich wiederum: „Nein!" Und dass es für mich und die anderen eine Erlösung sei zu sterben, besser, als unter solchen Barbaren weiter leben zu müssen. Er lacht dröhnend und schnaubt wie ein Büffel aus der Tiefe seines Bauches. Dann hält er inne und sagt aus den schmalen Schlitzen seiner Augen: „Dann stirb, du Idiot!"
Und stößt mir den schwarzen Speer in den Bauch. Ich war der letzte. Alle sind tot. Der wilde Stamm reitet von dannen. Langsam verblute ich auf dem Schlachtfeld und meine Sinne schwinden dahin. Der Schmerz lässt nach. Mein Bewusstsein gleitet wie durch einen Strudel davon.
Mein Denken begleitet mich: Meine Entscheidung war doch richtig. Jeder unserer Leute hätte an meiner Stelle so gehandelt. So liege ich jetzt hier in diesem friedlichen Innenhof auf der Bahre, fein gekleidet und umringt von einer Schar junger Männer, die Gebete singen. Ein alter Mann mit einem langen grauen Bart, offensicht-

lich ihr Meister, führt das Zeremoniell durch. Mit duftendem Räucherwerk und dem Gesang der Gebete helfen sie meiner Seele beim Übergang in die andere Welt. Die Welt des Lichts.

Ich bemerke, wie sich ein Trichter auftut und ich in einem Strudel aus Licht nach oben gezogen werde. Das Licht ist heller als die Sonne. Hier oben sehe ich Farben, die ich noch nie gesehen habe, wie die eines Regenbogens, der sich auftut, noch intensiver. Aus diesen Farben tritt ein Mann mit einem langen weißen Kleid heraus. Er hat blondes langes Haar und sein Gesicht erstrahlt in Liebe und Güte. Seine ganze Gestalt ist Licht. Er nimmt mich bei der Hand und sagt: „Komm, ich zeige dir deine neue Welt." Und schreitet voran. Plötzlich erkenne ich andere Menschen, die da sind als meine Weggefährten, aus anderen Zeiten. Es sind Freunde und Verwandte aus der geistigen Welt. Sie begrüßen mich freudig und sagen, dass sie auf mich gewartet haben.
Sie setzen sich in einen Kreis und nehmen mich in ihre Mitte, wie eine Blume. Dann sprechen sie zu mir: „All das musstest du erleben und erleiden, damit du einsiehst, dass all das Gold der Erde, all das irdische Wissen, mag es noch so groß sein, all eure so genannten Schätze nicht zählen. Sie sind ein schlechtes Abbild des göttlichen Lichtes und der göttlichen Liebe. Sie allein zählt. Nur ihr darfst du vertrauen und solltest dich ihr bedingungslos hingeben. Ja, sie in die Welt hinein tragen. Keine Waffe der Erde, keine Mauer, die ihr aufrichtet, kein Wissen kann dich besser beschützen als deine Liebe und das völlige Vertrauen auf die Liebe Gottes. Nur allein deine Hingabe an sie beschützt dich. Gott ist ganz in dir, wenn du in Gott bist. Dies besser zu erkennen, war Aufgabe deines Lebens. Auch der wilde Mann hat nur seine Rolle gespielt in diesem Prozess. Ohne ihn würdest du den nächsten Schritt, diese Erkenntnis zu gewinnen, jetzt nicht tun können".

Der Mann ganz aus Licht im fließenden Gewand – Jesus gleich – steht riesengroß leuchtend hinter dem Kreis und lächelt mir zu. Er überragt uns alle. Er strahlt bedingungslose Liebe und Güte aus.

Sein Licht hüllt auch meinen Körper ein und durchdringt mich. Ich spüre diese reine Liebe und die Bedingungslosigkeit dieser Liebe. Jede Zelle meines Körpers öffnet sich dafür, mein ganzer Körper, den ich vorher so sorgsam verschlossen gehalten hatte – aus Angst verletzt zu werden. Auch in meinen Unterleib spüre ich dieses Licht eindringen und auch er öffnet sich, erstrahlt in Freude und empfangender Liebe. Auch diesen Teil meines Körpers möchte ich in Zukunft offen halten, voller Liebe und Verletzbarkeit und Hingabe. Ich bin ganz voller Freude und glückselig, diese Liebe empfangen zu haben. Die Göttin der Weiblichkeit wird mich schützen.

Dieses Gefühl, ganz von Liebe erfüllt zu sein, diese Freude nehme ich mit, als ich wieder in Raum und Zeit auf dem Monochord ankomme. Ich bin sehr berührt und tief bewegt von dieser Reise."

Magdalena: Die Botschaft des verlorenen Sohnes

Auf einem Therapeutenseminar in Deutschland, das abgeschieden in einem alten schönen Kloster stattfand, begegnet Wolfgang und mir in unserem Klangworkshop Magdalena, eine ältere Frau, sehr dünn und etwas zerbrechlich wirkend. Sie erzählt uns schon nach der ersten Klangmeditation, wie sehr und ungeheuerlich diese Klänge sie berührten. Sie könnte ihre Gefühle kaum mehr zurückhalten, die sie sorgsam gehütet hatte. Sie hatte schon viel Therapie hinter sich, Ärzte und Psychotherapeuten konsultiert und Kuren gemacht, seitdem ihr einziger Sohn gestorben war. Und das war schon über 20 Jahre her. Er war sehr begabt gewesen, spielte wunderbar Klavier, ein Wunderkind. Eine steile Karriere stand ihm bevor. Er war aus eigenem Willen und bewusst aus dem Leben geschieden. Er war damals kaum älter als 20 Jahre. Mit ihrem Mann konnte Magdalena darüber nicht sprechen. In der Familie „schwieg man darüber". Auch über ihren seitdem nagenden Schmerz. Sie hatte dann später versucht, die Probleme mit Alkohol in den Griff zu bekommen. Diese Krankheit hatte sie mithilfe einer AA Gruppe (Anonyme Alkoholiker) kurieren können. Aber es ging ihr nicht gut. Ihr verlorener Sohn begleitete sie, sie spürte ihn im Schmerz, sie konnte ihn nicht loslassen. Sein Tod nagte noch immer an ihr. Sie empfand tiefe Beschämung und Schuld an dem Tod ihres Sohnes mit der hoffnungsvollsten Karriere, die je unterbrochen worden war. Warum nur, warum? Und es gab keine Erklärung dafür. „Was habe ich falsch gemacht, was hätten wir anders tun können?" – Sie konnte sich nicht verzeihen.

Nach einiger Zeit der Vorbereitung im Seminar, als die Gruppe schon zusammengewachsen war und Magdalena sich unterstützt fühlte, war sie bereit, sich in der Gruppe auf eine Einzelarbeit einzulassen. Uns war nicht klar, was auf uns zukommen würde. Nur dass es um die Verbindung und Aussöhnung mit dem toten Sohn geht. Wir beschlossen zusammen zu arbeiten und die Gruppe auch mit einzubeziehen, ein Heilungsritual mit Klang und Instrumenten, Trommel etc. zu machen, spontan aus dem Augenblick heraus, so wie es sich uns zeigen würde, so wie wir es immer taten – im Vertrauen darauf, von unseren Geistigen Helfern gut geführt zu sein. Die Stimmung direkt vorher war eigenartig, Es lag etwas in der Luft und wir hatten beide ein seltsames Gefühl im Bauch. Es war schließlich keine Kleinigkeit, mit einem Toten Kontakt aufzunehmen. Und wer weiß schon, was kommt?

Magdalena lag in der Mitte, die Gruppe bildete einen Kreis – jeder mit einer Klangschale – und alle bewegten sich langsam im Kreis. Die große Trommel füllte mit ihrem Herzschlag den ganzen Raum und die Obertöne entführten uns schnell in den geistigen, höher schwingenden Bereich, wo sich das eigentliche Potenzial entfaltet. Das Trommeln und die Klänge lösen die Trennung zwischen einem selbst und den anderen auf. So gelangt man leichter in den vollen Anschluss an sein eigentliches Selbst, wo sich die Dinge erschließen, warum man da ist, was die eigene Aufgabe ist. Die geistigen Kräfte werden wahrnehmbarer und offenbaren sich.

Wolfgang hält Magdalenas Hand, führt sie auf ihrem Weg in die tiefe Entspannung, so tief, dass fixierte Vorstellungen losgelassen werden können. Es ist nicht leicht. Die Widerstände, das Althergebrachte und Gewohnte im Denken sperrt. Wird sie den Pfad gehen? Ich trommle weiter, verstärke die Resonanz.

Magdalena: „Ich hatte Vertrauen gefasst und lauschte den Klängen, die mich trugen. Mein Körper wurde leicht und schwerelos. Die Trommel führte mich voran, Wolfgangs Stimme begleitete mich sanft, gab Sicherheit. Dann schlichen Furcht und Angst sich wieder ein. 'Vertraue! Lass geschehen, was von selbst kommt!' flüsterte eine Stimme. Meine Gefühle wurden stärker. Ich öffnete, oder besser, es öffnete sich mein Herz und alles begann, stärker zu fließen. Mein Puls, der Atem. Der alte Schmerz stieg wieder auf und bohrte in meinem Herzen und Bauch. Ich sollte hinschauen, hörte ich die Stimme sagen, die Tränen flossen und ich schluchzte. Vor mir, wie von anderen Himmeln herabgestiegen, tauchte eine große helle Lichtgestalt auf, die sich mir näherte. Es war mein Sohn Hans. Mein Herz wusste es sofort. Diese helle Gestalt strahlte Liebe und Güte aus, er wirkte ganz weiß und rein und sehr groß. Sein Licht hüllte mich ein und sein Gesicht lächelte mir sanft und liebevoll zu: ‚Meine Mutter', sprach er zu mir. 'Sorge dich nicht. Mir geht es gut. Ich bin frei und habe hier meine Aufgabe. Ich war nur kurze Zeit auf der Erde. Mein Auftrag dort war erfüllt. Ich war und bin in Liebe immer bei dir. Dich und Vater trifft keine Schuld an dem Geschehen. Ich kann es dir jetzt nicht erklären, warum, denn in deinem jetzigen Bewusstseinszustand kannst du das nicht verstehen. Alles hat seinen Plan – und wie unmöglich dies auch aussehen mag, es war alles richtig und so geplant aus höherer Ordnung. Ich bitte dich um Vergebung, ich wollte und will dir nicht weh tun. Wenn es dir möglich ist, so bitte ich dich ebenfalls, mir zu vergeben, da ich dann erst frei sein kann und meinem Auftrag voll und ganz dienen.'
Eine Stimme flüstert mir zu: 'Verzeih ihm und verzeih dir. Es ist Zeit. Lass ihn ziehen, in Frieden.' Mein Schluchzen wird heftiger und

der ganze Schmerz bäumt sich noch einmal auf. Das Licht strömt in mich. Liebe senkt sich in meine Seele und ich verstehe, verstehe zum ersten Mal wirklich. Ich spüre meinen Sohn und seine Liebe. Ich verzeihe ihm und merke dabei, dass ich ihm bisher den Tod nie verziehen hatte – und auch mir nicht. – Ich verzeihe auch mir. Schuld und Trauer hatten Jahrzehnte an mir genagt. Ich möchte ihn umarmen, an mein Herz drücken, das geht nicht –, brauche ich aber auch nicht: Zugleich bin ich ganz eingehüllt in diese große Liebe, die so licht ist und ich fühle Gottes Liebe. Die Tränen fließen reicher. Auch ihn hatte ich verleugnet und nicht mehr wahrhaben wollen, die Beziehung zu ihm abgebrochen. Jetzt atme ich tief durch, das Schluchzen wird ruhiger, auch mein Körper vibriert nicht mehr so stark. Mein Blick wird weiter, ich fühle mich reiner und unendlich gelöster, freier. Alles fließt leicht durch mich hindurch. Mein Körper vibriert ganz fein.

Ich sage meinem Sohn, dass ich ihn liebe und immer geliebt habe und dass ich ihn jetzt frei gebe. Sein ganzes Wesen lächelt mir zu. Auch seine Gestalt wird größer, sein Licht erfüllt jetzt den ganzen Raum. Dann verschwindet er. Formt sich zu einer Kugel zurück und gleitet davon.
Ich weine noch länger, die Berührung ist so stark. Meine Nase atmet süßes Räucherwerk, Weihrauch, genussvoll ein. Es erfüllt mich und gibt mir Kraft. Die Klänge sind leise und schwingen ganz zart aus. Der Körper kehrt langsam wieder zurück. Mein Geist ist wach und ruhig geworden. Alles schaut neu aus, selbst das Licht, als ich die Augen wieder aufschlage. Alle schauen mich liebevoll an. Stille Andacht und Mitgefühl liegen in der Luft. Als ich meinen Körper recke und mich erhebe, spürt er sich an, als hätte ich mein halbes Gewicht, viele Kilos, da gelassen. Ganz leicht bin ich und fühle mich um vieles jünger. Große Dankbarkeit erfüllt mein Herz für dieses tiefe Erlebnis. Ich danke."

Am nächsten Tag strahlte Magdalena, sie wirkte innerlich viel beweglicher und tatsächlich jünger. Sie beteuerte, wie anders sie

sich jetzt fühlte. Der alte Schmerz sei weg und sie habe viele Kilos Seelengewicht losgelassen.
Das Erstaunliche an der Geschichte war, dass Magdalena am nächsten Tag eine Sitzung mit einer Frau hatte, die medial mit Engeln arbeitet. Diese Frau sagte ihr – als Botschaft der Engel – genau dasselbe, was Magdalena einen Tag zuvor in der Klangsitzung selbst erfahren hatte. Dabei hatte sie kein Wort davon erzählt. Die Engelbotschaft lautete, dass es wichtig war, die im Schmerz verhaftet gebliebene Liebe zum Sohn aufzulösen. Dies geschehe durch das Verzeihen. Erst dann könne wirkliche Liebe wieder frei fließen –, auch über den Tod hinaus und zum Wohl beider Seelen. Sie stellten auch fest, dass „der dunkle Schatten" von Magdalena, der über ihr gehangen hatte, gegangen war.

Fabian: Das Höllenfeuer unter der Oberfläche

Fabian kommt eines Tages zu mir in die Klangtherapie und möchte sich einfach etwas Gutes tun. „Einfach entspannen und genießen", sagt er mir und lächelt mich an. Er möchte das mit dem Klang einfach ausprobieren, es hätte ihn angesprochen. Sonst geht es ihm hervorragend. Alles in seinem Leben passt, sagt er, als ich mich nach seinem Befinden erkundige. Fabian zählt auf: Er habe einen Beruf, der ihm Spaß mache, eine gute Beziehung, genug Geld, einen guten Freund…, es könnte nicht besser sein…. Das klang mehr als gut. Er ist jung, braungebrannt und wirkt sportlich. So ein „Juppi-Typ" denke ich bei mir. Und freue mich schon auf eine entspannte lockere Klangsitzung.

Schon nach wenigen Gongschlägen und dem Einsatz des Monochords ist Fabian tief entspannt und in die andere Dimension eingetaucht. Seine Seele hatte es anscheinend eilig. Jeder Gongschlag scheint ihn weiter in sein Innerstes zu führen und er beginnt aus der Trance heraus zu reagieren: Der Atem wird schneller und pfeifender. Der Oberkörper bäumt sich rhythmisch auf. Ein großer dynamischer Prozess entfaltet sich, der, einmal ins Rollen gekommen, seine eigene Dynamik entwickelt, die ich nur hilfreich *begleiten* kann. Fabian agiert sich auch mit Bewegungen und mit der Stimme aus, er kämpft mit etwas, das aus ihm heraus möchte. Mit der bloßen Entspannung ist es vorbei, ich habe plötzlich alle Hände voll zu tun, um ihn zwischen den Instrumenten zu schützen und zu halten. Mit dem Gong schütze ich seine Stimme, den Schrei, der lauter wird.

Fabian: „Ganz schnell war ich weg und doch ganz da. Ich erlebte alles ganz genau und konnte es doch nicht steuern. Es steuerte mich aus meinem Körper heraus. In meinem Bauch war ein Druck. Ich empfand einen stechenden Schmerz in meinem Solarplexus. Es ballte sich dort etwas zusammen, was jetzt endlich Form annahm, aber schon lange drinnen steckte. Wie eine schwarze Kugel, die größer und größer wurde und mir auf die Eingeweide drückte. Als Ruth mir ihre Hand sanft auf den Solarplexus legte, öffnete sich aus dieser schwarzen Kugel in meinem Solarplexus, die inzwischen riesig war, etwas wie ein Trichter, aus dem die Kugel in Form von schwarzem Rauch begann herauszuweichen. Ich musste ihn hinausblasen. meine Stimme wurde lauter. Ich schrie, prustete und blies wie wild, musste mich aufrichten und aufbäumen, um diese Kraft, diesen Druck hinauszubekommen. Ruths Hände, hatte ich das Gefühl, halfen mir, sie drangen in meinen Körper ein und stachen die Kugel auf. Es tat entsetzlich weh, diese schwarze Kugel, die als Rauchfeuer dann entweichen konnte. Je mehr heraus kam, um so leichter wurde mir, und der Druck begann, sich aufzulösen. Der schwarze Rauch wich in einer spiralförmig sich drehenden Säule aus dem Raum bei der Tür hinaus in den Wartebereich, so nahm ich es wahr. Und ich dachte noch, ob es wohl schlimm ist, dass die anderen jetzt alle diesen furchtbaren, schwarzen Rauch abkriegen...

Aber ich hatte keine Zeit, weiter daran zu denken. Ich atmete und atmete ab, um alles raus zu bekommen. Der Druck und das

Schwarze waren sehr groß. Es forderte meine ganze Kraft, die schwarzen Wolken von mir weg zu kriegen. Auch mit den Armen und Füßen half ich noch nach, ich bewegte mich heftig. Weg, nur weg damit! Mein ganzer Körper arbeitete schwer, ich war schweißnass. Allmählich wurde es leichter. Meine Brust und mein Solarplexus fühlten sich freier. Die Kugel hatte sich aufgelöst. Alles Schwarze war irgendwann weg.

Ich ließ mich zurücksinken und musste ausruhen. Mein Atem beruhigte sich wieder. Alles vibrierte, jede Zelle meines Körpers. Mit einem Leintuch wurde ich zugedeckt und lauschte noch den Obertönen des Monochords. Alles begann sich irgendwie neu zu ordnen. Meine Kehle war trocken und heiser. Die Hitze in meinem Bauch und Brustraum ließ nach und der Schweiß trocknete. Mein Kopf war durcheinander und ganz leer, alles irgendwie umgekrempelt. Ruths Stimme ließ mich wieder ganz ankommen. Wie benommen setzte ich mich nieder und ruhte aus. Reden konnte ich kaum. Es brauchte einige Zeit, um in Worte fassen zu können, was geschehen war. "

Was Fabian erlebt hatte, nennt man in der Fachsprache ein „Primal", eine emotionale Ur-erfahrung, anknüpfend an den ersten Schrei des Säuglings nach der Mutter, wenn das Baby auf die Welt kommt. (Vgl. Urschrei – Therapie von A. Janov, Primärtherapie) Es gibt viele Erfahrungen der Art, starke Ursprungsgefühle, die festsitzen. Es gleicht meistens einem Geburtsprozess und ist immer mit einer großen seelischen Befreiung verbunden.
Fabian versuchte dann später, wieder eine Klangtherapie von mir zu erhalten. Das klappte dann aber schließlich erst genau ein Jahr später. Er wollte mir alles erzählen und es noch einmal probieren – für seine eigene Entwicklung, was sich so bei ihm tut –, nachdem er so stark beim ersten Mal reagiert hatte.

Fabian: „Ein Jahr später kam ich wieder zu Ruth in die Klangtherapie und erzählte ihr alles. Viel war geschehen und es hatte mich

sehr betroffen gemacht und befreit, was ich damals erlebt hatte. Ein großer Stein war bei mir ins Rollen gekommen und dieser Befreiungsprozess hatte mich wieder neu geboren (Re-Inkarnation). Seitdem habe ich viele Dinge neu angefangen, begonnen, nach etwas anderem in meinem Leben zu suchen, als nach materieller Befriedigung. Meine Vorstellung über das, was Leben sei, hat sich geweitet. Auch ein langer Wunsch hatte sich erfüllt, der sich vorher nicht erfüllen wollte: Ich hatte mit meiner Partnerin zusammen ein Kind bekommen. Jetzt ist es fast ein Jahr alt."
Und als stolzer Vater zeigt mir Fabian sein Kind, als ich ihn vor der Klangtherapie wieder treffe. Als ich ihn frage, wie es ihm geht, antwortete er prompt: „Das ist das Ergebnis der ersten Klangtherapie", – und lächelnd zeigt er auf sein Kind, das fröhlich auf seinem Arm strampelt.
Die nächste Therapie verlief ruhiger, brachte aber auch Verborgenes zu Tage und befreite ihn von einem anhaltenden Druck, den er diffus schon lange gespürt hatte.

Anmerkung:
Alle Berichte wie sie hier erscheinen, sind Beispiele und meist Ausschnitte aus einem längeren Prozessgeschehen. Jede transpersonale Klangtherapiesitzung und ihr inneres Erleben sind einzigartig und ein therapeutisch abgeschlossener Vorgang. Die hier vorgestellten Berichte mögen den Charakter und die Art des Erlebens wiedergeben. Die Namen der Personen wurden zu deren Schutz abgeändert, das Erlebnis selbst, worum es geht, möglichst genau beibehalten und dargestellt.

Der Spiegel

Es spricht das Ich.
Es spricht zu sich.
Aber es mag sich nicht, drum wendet es den Blick
Und spricht zum Man.
Das man ist Ich und spricht von sich:
Man wird einsam. Langsam verliert man sein Leben.
Darüber spricht man nicht.

Wie fühlt man sich?
Das Man will zum Ich –
– Doch dieses spricht:
Dich will ich nicht.
Es schaut in den Spiegel:
Und fragt: Bist du ich?

RK. 1986

Trugbild

Du sprachst: komm zu mir!
Ich dachte bei mir: mich braucht er.

Du gabst mir Nahrung.
Ich fühlte Dein Fleisch
das meinige werden.

Du zeigtest die Zweiheit an uns.
Ich liebte sie besonders inniglich.
Du sagtest: ich liebe dich.

Dann hießest du mich gehen. Es wurde mir
Wunsch. Mein Letzter.

Dein Bild blieb in mir.
Und es liebte mich. Bis

Mein Bild auseinanderklaffte
Und ich zersprang
In Ich und Ich.

RK. 1986

Der doppelte Spiegel

Der Herrschsucht erlegen
schreit das Ich nach Ruhe und Frieden.
Stattdessen erhebt man gegen sich seine Hand
schafft einen Zweifrontenkrieg
im eigenen Land.

Wie konnte ich das zulassen?
Die Gewalt des Widerspruchs
riss jedes Versöhnungsband entzwei.

Das Ich gab sein Maß an die Welt:
„man tut so und so"
mein Maß allein gültig ist
die Wahrheit aller Dinge.
Du hast dich zu richten, sonst richtet man dich!

In der Gewissensnot gebrauchte ich mich
wurde mir fremd, – wie man so tut.
Jagte hinaus meine Eigenheit und entlarvte sie
als kleine Verrücktheit.

Und sie verlachten mich.
Mein Mut sank
ich folgte der Angst.
Zum Durchschnitt geknickt lief ich hinaus in die Welt

Um dort unerkannt
mein Leben zu fristen
und zu maskieren mein Gesicht.

In der Maske der Öffentlichkeit
vergaß ich mein Gesicht.
Der glänzende Taumel der Masken
wurde zum Maskenball.
Es siegte schließlich die Maske bloßer Gesichtslosigkeit.

Ich stand allein
sammelte die Masken ein
und betrat den Weg der Einsamkeit
zu finden, was ist mein.

RK. 1986

Klangtherapie als transpersonale Einsicht ins Ich

Wenn eine Person in die Klangtherapie kommt und im Gespräch spürbar wird, dass die Person nicht gut „ich“ sagen kann, was ein nicht seltenes Problem ist, also meist von „man“ statt von „ich“ spricht: „man tut so und so…“, „man sollte...“ ist es an der Zeit, sich einige Gedanken zu machen und darauf hinzuweisen, was das bedeutet und was „ich“ eigentlich meint.

Wenn ich „Ich“ sage, so ist dieses „Ich“ ein Ausdruck meiner Einheit, die ich empfinde, wenn ich mich als selbständig denkendes und handelndes Wesen verstehe. Es ist mehr ein geistiger Zustand als ein physikalisches oder sonst wie geartetes Phänomen. Dieser geistige Zustand aber kommt in Form des Körpers, der Gefühle, des Geistes, der Äußerungen, der Verwirklichung der „Person“ zutage. „Ich“ ist der Selbstausdruck eines sich seines Selbst bewussten SEINS.

Wie der Buchstabe „I“ in seiner Symbolkraft der vertikalen Linie verrät, meint er die direkte Verbindung von oben nach unten und von unten nach oben, also von Himmel und Erde. Er drückt die Anbindung an unsere geistige Quelle aus, die auf die Erde nieder fließt. „Ich“ ist das Sprachrohr dieser Verbindung im eigenen selbstbewussten Dasein. Das I, die Göttliche Verbindung zwischen Himmel und Erde ist der Beginn. „C“ steht für die Kraft des Weiblichen, des offenen und doch umfassenden Empfangenden. Da hat sich das I gebeugt, unten und oben einen kleinen Bogen angesetzt, um etwas zu umfassen. Es ist ein Halbkreis geworden, das Aufnehmende, der aber in der Horizontalachse (der Zeitachse) aufgerichtet ist. Das „C“ bringt, von links vom „I“ nach rechts zum „H“ mit seiner dynamisierten Form Bewegung in die gerade Verbindung zwischen Himmel und Erde. Der Buchstabe H steht für die Kraft des Männlichen Prinzips. Es ist die göttliche Kraft, die sich spiegelt. Zwei

Mal „I" nebeneinander, verbunden mit der Vertikalen gleich H -. Über dieses „H" soll die Kraft des Göttlichen auf der Erde verbreitet werden. „Ha" ist der Atem des Himmels, der erschafft, aber erst, wenn er sich mit der Kraft des göttlich Weiblichen vermählt, hier auf Erden. Männliche und weibliche Kraft sind zusammen Ausdruck und Symbol eines Grundgesetzes auf unserem Planeten Erde, der Dualität, die aus der Einheit entstand.
Das „I" ist Symbol für Gott auf Erden seit Anbeginn an. So geht es aus der hawaiianischen Mythologie und auch aus der chinesischen („I Ging") hervor. Dieses Göttliche, Symbol „I", hat es sich zur Aufgabe gemacht, in die Einheit zurückzukehren. Das symbolisiert der Schwung des „I" von oben nach unten und unten nach oben. Buchstaben – so abgeleitet – verstehen sich als Ur-Abkürzungen für eine ursprüngliche Dynamik im Weltgeschehen, wo der Mensch Zeichen entwickelt hat, um sich und sein Verständnis von Lebensdynamiken auszudrücken. Nietzsche hat solche Betrachtung von Sprache, hier von Buchstaben selbst, „genealogische Betrachtung" genannt. Sie verfolgt sprachliche Bedeutung zu ihren Wurzeln zurück So ließe sich sagen: „Ich" ist Ausdruck für den herausragenden Impuls der Menschwerdung, jedes Einzelnen, auf dem Weg in die Bewusstheit und allumfassende Liebe, zu Gott..

Ein physikalisches, emotionales, mentales oder sonstwie sich darstellendes Ereignis –, wie auch immer der Mensch manchmal sich erscheinen mag, wenn er „ich" sagt –, das ist lediglich die Präsentation dieses Ichs. Es ist ein Zustand, der in ununterbrochener Folge in die Gesetze von Raum und Zeit eingetaucht und eben dadurch wieder geformt und verändert wird auf dem Weg der Entwicklung.
So ist dieses ICH zur PERSON geworden, zu der, durch die etwas „hindurch klingt" (per sonare). Und so spielt jedes ICH wie in einem Orchester sozusagen „ein Konzert" auf Erden.
Hat ein Konzert einmal begonnen, so wird es auch fertig gespielt. Und dann erfolgt erst ein neues. Und wieder eines. Und wieder eines…

Wie alles Vergängliche einen Anfang und ein Ende hat, so muss es auch den Tod geben, der das Ende einer Symphonie bedeutet, aus dem wieder neues Leben erwächst.

Nirgendwo anders drückt sich ein erfülltes Zeitkontinuum so exakt aus wie in der Musik oder im Klang. Der Klang gibt dem Ich die Möglichkeit, sich als fortwährend verändernden Zustand zu erfahren und zu empfinden, mit allen Möglichkeiten der „immanenten Transzendenz", wie Dürckheim sagen würde und des Personare (Person) im wörtlichsten Sinne: den Geist durch die Materie hindurch klingen zu lassen, so wie eine große Röhrenglocke (Form des I) mit ihrer Luftsäule innen schwingt und klingt, wenn sie angeschlagen wird. Die zu einem Grundton gehörenden Obertonschwingungen, denen wir bewusst oder unbewusst lauschen, erinnern uns an unsere Schatten- oder Energiekörper im Verhältnis zum physischen Körper, gleich dem Grundton. Dass der Klang Schwingung ist, ist unbestritten, er erinnert uns im Hören an unsere eigentliche Form, Schwingungswesen zu sein, mit einem weiteren Wahrnehmungsfeld als dem sinnlich fassbaren. Musik ist ein wunderbares Medium der Offenbarung unserer eigentlichen Natur. Wenn sie uns berührt, und wir bewusst sind, spüren wir diese Botschaft, die uns erwecken kann, soweit es möglich ist. Alles hat seine Zeit und seinen Reifezyklus.

Ein musikalisches Kunstwerk ist sozusagen ein im Zeitraffer dargestellter beliebiger Ausschnitt aus einer allgegenwärtigen, immer präsenten Gegenwart. Das Ich erlebt es in seiner Verbindung und Vernetzung mit anderen: nämlich in der Summe seiner Erfahrungen. Das Ich betrachtet und erlebt im Klang oder musikalischen Kunstwerk, da es selbst ein Zustand innerhalb der Ewigkeit ist, die in den formalen Rahmen von Raum und Zeit gepressten und doch zugleich in die Mehrdimensionalität ausstrahlenden Ereignisse und Zustände, die sich verändernden Geschehnisse, die es betreffen und einhüllen.
Musik ist ein Spiegel wie das Wasser und ist in unendlich feiner

Bewegung wie die Wellen eines Sees oder Ozeans. Sie nehmen auf und geben wieder ab, was das Ich tut, übertragen seine Botschaft. Wasser ist ein genauso großer, universeller Informationsträger wie der Klang.

Die Reflexion dieses sich andauernd verändernden Zustandes bewirkt und ist die Wirklichkeit, die aus den Erlebnissen gebildet die neuen Erlebnisse schafft und wieder bildet. Und alles ist dabei, wirkt bewusstseins-bildend und Realität erschaffend.

Wie in der Musik ein Ton „den anderen ergibt" und ein Rhythmus „dem anderen folgt" als sinnliche und abstrakte Präsentation eines Wirklichkeitsgeschehens selbst, so „spielt die Lebendigkeit" des einzelnen Individuums und Gruppen von Individuen ein Klangbild nach dem anderen, einen Rhythmus nach dem anderen in das Weltgeschehen hinein und formt es, was rückwirkend wiederum das Individuum formt und so vom Ich als seine persönliche Form der Interpretation der Wirklichkeit verstanden wird.

Diese Spiegel- und Vernetzungsfunktion ist im Wesentlichen das Geschehen, das in einer Transpersonalen Klangtherapie erlebt werden kann. Die Verbindung der Töne zum Gesamtklang, in dem das Ich sich spiegelt, und die zustande kommende Harmonie sind das eigentliche Geheimnis von Klang-Therapie, die transpersonal arbeitet.

Klang und Harmonie im Zeitgeschehen bilden zusammen das Gesamtbild der großen Harmonie: der Symphonie des Ichs in der Welt.

Aus der in ihren eigenen Mustern der Interpretation gefangenen wie auch befreiten Person, die behandelt wird, formen sich über die Wahrnehmung des Therapeuten Rhythmus und Klang, wo ein Ton „den anderen ergibt" und ein Rhythmus „dem anderen folgt". Der rhythmische Klang bietet damit, als sozusagen außen stehende, „unobjektivierte", sinnlich-abstrakte Spiegelreflexion des Ich die Chance, diesen Zustand der Veränderung, der „hinter den Dingen steht", die Kompositionsform und Interpretation des eigenen Ichs wieder sichtbar zu machen.

Mit einem Wort: Das außerhalb der Dimensionen „stehende" Ich

betrachtet sich in der Dimensionalität eines Spiegelreflexes, „schaut Sich im Spiegel“ an.
Die Sehnsucht der Seele aber ist ein Harmoniebedürfnis, ein in Summe „wohlklingendes“ Ereignis. Egal welche Dissonanzen vorhanden sind, im Erklingen formen sie die Melodie des persönlichen Lebens und bilden ihre je eigene Auflösung in die Konsonanz. Je mehr Dissonanz ein Stück verträgt, je mehr Wechsel von Dur nach Moll etc. und sich so harmonisch formt, desto tiefer und berührender kann das Musikstück werden. Das ist die Kunst.
Da überall in der Natur der Aufbau nach harmonischen Gesetzen beobachtbar, erfahrbar und überprüfbar ist, so ist anzunehmen, dass für den Menschen, auch für das Ich die gleiche Gesetzmäßigkeit von Bedeutung ist.
Sind nun Verzerrungen im Spiegel sichtbar, so entsteht aus dem harmonischen Grundbedürfnis der Seele heraus, die sich im Klang „berührt“ und „bemerkt“, ja „erklärt“ fühlt, die Sehnsucht und damit die Bereitschaft der Wiederherstellung dieser Harmonie des Seins! Diese Sehnsucht und Bereitschaft sind wichtig. Sie sind der Motor des Geschehens, der in Gang gesetzt wird. Es ist die Kunst dieser Therapie, den Klang so zu erfühlen und zu gestalten, dass dieser Motor in Gang gesetzt wird.
Dies kann auf jeder Ebene geschehen, körperlich, seelisch, geistig und in weiteren vorstellbaren und auch nicht vorstellbaren Dimensionen. Dieses Korrektiv bietet eine Bewegung hin in Richtung der ursprünglichen harmonischen Form seiner eigenen Existenz, des „in Erscheinung Treten“ wie ich gemeint bin und das hier auf der Erde, nicht nur in Traumlandschaften. Das „Ich bin, der ich bin“ zum Erklingen zu bringen, in vollster Harmonik und Harmonie, ist Ziel des Geschehens.

Wolfgang & Ruth Kölbl

Das Geheimnis der Reinkarnation

Das Wasser bringt
im Klang erklingt
die Botschaft aller Zeiten

Was ist es, das uns leben lässt, wie wir sind?
Was ist es, das uns erleben lässt, wie wir die Welt verstehen und sehen?
Wo sind die Wurzeln, wo die Botschaft, wo der Ursprung meiner Existenz?

Aus dem Wasser geboren, wiedergeboren durch den Klang

Stell dir vor, du sitzt an einem Bach. Rundum hohe alte Bäume. Das Rauschen in den Wipfeln. Langsam und sachte bewegt sich die Natur. Es gibt nichts zu können noch zu wissen. Da steigt eine Ahnung auf: Ich bin nicht das erste Mal hier. Da war ich doch schon einmal. Es kommt mir alles so bekannt vor. Das Wasser fließt ruhig dahin, von Lebendigkeit durchströmt. Es bannt deinen Blick.

Und plötzlich verändert sich die Welt. Es wird sonderbar ruhig umher, obwohl nichts sich verändert hat in der Umgebung – oder doch? Es ist alles seltsam gleich und geheimnisvoll durchsichtig zugleich. Die Natur scheint von innen her lebendig zu werden und sich ausdrücken zu wollen. Das Wasser beginnt eine Geschichte zu erzählen. Die Vögel rundum singen auf einmal nicht mehr wie üblich, denn ihre Melodien erklingen wie ein Konzert. Das Wasser

aber erzählt die Geschichte – die Geschichte einer alten Zeit. Ach ja, das Wasser und das Gedächtnis, man hat solches schon gehört, geht dir noch durch den Sinn, doch dann ist das auf einmal alles nicht mehr wichtig. Nicht wichtig, ob das wahr oder nicht, nicht wichtig, wie es geht. Nur wichtig, was ist. Jetzt – in dem Moment. Die Sinne sind hell und wach, während sich der Körper in einer anderen Wirklichkeit zu befinden scheint. Der Wind bewegt die Melodie des Wassers auf und ab. In der unnachahmlichen Sprache der Wirklichkeit beginnt sich die Geschichte deines Lebens zu erzählen.
So ging es uns in Big Sur.

Der Fluss, der Bach in dem geheimnisvollen Wäldchen oberhalb von Esalen erzählt uns während eines harmlosen Spaziergangs die Geschichte unserer Vergangenheit. Ein junges Paar, das durch die Wälder streift und sich fragt: Wie geht es weiter? Wie kann es sein, dass einfach Fremde hierher kommen und uns das Land wegnehmen, das allen gehört? Dass sie quer durch die Schönheit der Natur Grenzen und Zäune ziehen und dass sie Krankheiten bringen, die ihnen nichts antun, uns aber töten? Was sind das für Gastgeschenke von denen, die wir freundlich empfingen. Das Land, das allen gehört und der Besitz des großen Geistes ist und aller seiner Wesen, ist auf einmal nicht mehr dasselbe. Unser Volk siecht dahin. Die Kraft der Weisheit der Alten stirbt. Angst, unbeschreibliche Wut und Trauer umfängt uns. Es ist doch Platz genug hier für alle! Wir können das nicht verstehen. Noch vor so kurzer Zeit war alles voller Leben – und plötzlich Tod, Tod und Verderben, Grenzen überall.
Schon beginnt tiefe Trauer die Seele zu umwölken, da zeigen sich die Alten – entlang des Wassers kommen sie wie eine Botschaft, die hier, eben hier für uns jetzt offenbart wird. Es ist wie eine große unsichtbare Wolke oder einfach „Wirklichkeit«, die hier über den Wassern schwebt. „Hier haben wir das Wissen aufbewahrt für euch«, sagen sie, „geht und bringt es den Völkern. Ihr wisst doch, dass dieses Leben nur kurz währt und große Zeiträume die wichtigen

Entscheidungen tragen. Grämt euch nicht über die Vergangenheit, dann sie ist vorbei. Aus ihr strömt die Kraft für die Zukunft. Die Tränen, die vergossen, haben das Wasser der Wirklichkeit geformt, das ihr jetzt als Fluss hier erlebt. Jetzt, jetzt ist es an der Zeit, die Botschaft zu bringen zu denen, die einst hierher zogen, zurück an die Ursprungsstätten; denn jetzt trifft sich, was wieder vereint werden will und muss, und es ist die Zeit der Vergebung erreicht.« „Was ist die Botschaft, die wir bringen sollen?«, fragen wir. „Ihr tragt sie im Herzen«, antworten sie und der Fluss rauscht und rauscht weiter in einer uralten Sprache, die in seltsamer Weise nur mit dem Herzen zu verstehen ist. Es ist wie ein sich bewegendes Gefühl, das in Rhythmen und Formen seinem Inhalt Ausdruck gibt. So, als würde die sich andauernd verändernde Form des Wassers eine geheimnisvolle Sprache bedeuten. Meine Frau Ruth und ich - wir schauen uns an – und erkennen uns wieder.

Was ist es nun? Traum oder Wirklichkeit? Was ist wahr? Was bewegt unsere Seele? Was lässt uns die Tränen kommen und tief im Herzen die Verwundung spüren? Waren wir einst hier? Aber wir haben uns doch – beide! eben gesehen. Können wir beide dasselbe sehen und es ist doch nicht wahr?
Der Verstand kämpft sich durch die Mühen des Verstehens und will nicht einsehen, dass Wirklichkeit doch so einfach ist. Wie der Fluss des Wassers – wie das Leben selbst. Es kommt – es geht – es bleibt erhalten in seiner Form, obwohl sich die Inhalte und Moleküle längst ausgetauscht haben. Zurück bleibt der unauslöschliche tiefe Eindruck in der Seele. Bilder, die durch die Oberfläche der Wirklichkeit hindurch scheinen und uns die Wirklichkeit voller, erlebnisreicher und erfüllter machen. Warum also nicht einfach nehmen, so wie es ist. Kann denn unwahr sein, was als wahr erscheint? Und was spielt das für eine Rolle, ob es wahr oder unwahr ist? Wo doch Wahrheit und Unwahrheit allein vom Aspekt des Betrachters gewählt werden. Daher ist alles zugleich wahr und unwahr, da alles den Gesetzen der Polarität im Irdischen unterliegt! Und ein Pol bedingt, ja fordert den anderen und kann ohne ihn nicht sein!

Dies ist das Problem des Verstandes. Gefangen in der Polarität, des Entweder-Oder, kann er nicht annehmen, was ist, sondern sucht fortwährend nach Begründungen irgendwelcher Art. Was aber bringt es, den Grund zu kennen? Ist schon je jemand gesund geworden, der erkrankt war, durch eine Erklärung irgendeiner Art? Oder hat eine Erklärung einen Zustand gebessert oder geändert?

So möchte ich hier mit einem weit verbreiteten Irrtum aufräumen. Es wird oft so ausgedrückt, als bringe die Reinkarnation eine Erklärung – und deswegen sei dann alles besser und wieder in Ordnung gebracht. Dies ist zum Teil richtig, zum Teil falsch. Denn kausales Denken kann zu keinem Ergebnis führen. Wenn ich nach einer Begründung frage, wie z, B.: „Warum bin ich jetzt mit dem Auto an den Baum gefahren?" Dann braucht dies eine plausible Antwort, z. B.: „Ich habe nicht aufgepasst." So weit, so gut. Logischerweise muss ich natürlich weiter fragen: „und warum habe ich nicht aufgepasst?" Antwort z. B.: „Ich war gerade abgelenkt, weil ich an den Streit heute morgen dachte?" „Und warum fand dieser Streit statt?" „Weil sie genauso wie meine Mutter ist – dies haben meine Eltern schon bis zum Exzess gemacht, daher kann ich es nicht mehr aushalten!" „Und warum haben die dies bis zum Exzess gemacht?" „Weil schon Generationen zuvor das Gleiche... usw., usf.. Eine solche logische Reihe kann und darf logischer Weise nicht abbrechen, da dies unlogisch wäre. Daher ist die Suche nach einer Antwort auf diesem Weg sozusagen ein Kurzschluss oder Trugschluss, der in der Begründungskette entsteht, die nie bis ins Letzte beantwortbar sein wird, da die Fragen nicht aufhören dürfen.
Erst dann, wenn ich bereit bin, zu akzeptieren, dass das, was ist, auch wirklich ist und diese Wirklichkeit unabhängig von meinen oder Begründungen irgendeiner Art besteht, ist die Grundlage vorhanden, fragen zu dürfen. Dann nämlich ist die Frage nach dem „Grund" nicht die Frage nach der Ursache, sondern sucht einfach Verknüpfungen mit den eigenen Schicksalswegen aufzudecken. Und genau das will und kann Reinkarnationstherapie als einziges tun. Nur das ehrliche emotionale Wiedererleben des Gesche-

henen ohne Frage, ohne Urteil und ohne Absicht ermöglicht eine Wiederaufnahme des Geschehenen in die Seelische Landschaft, wo etwas verloren wurde oder liegen geblieben ist. Die Voraussetzung für die Heilung ist, dass das, was wieder aufgenommen wird, von jeder Schuld befreit, verzeihend angenommen wird als der notwendige Schritt der Chance einer schicksalshaften Entwicklung. Da die Seele aber aufgrund ihrer Gesetzmäßigkeit keine Zeit kennt, ist es nicht wichtig, wann dies geschieht. Einzig und allein zählt, dass es geschieht. – Und so lange wird die Seele drängen und Wege suchen, bis dies geschehen ist. Auch wenn es über körperliche Krankheit gehen mag.

Nochmals also: Die Erklärung bringt nichts, solange sie nicht als Konsequenz einer inneren Lebendigkeit Licht ins Dunkel der Vergangenheit bringt, ohne diese damit verändern zu wollen, sondern ganz im Gegenteil, sie endlich geschehen zu lassen in ihrer ganzen und umfassenden Wirklichkeit, soweit dies meinem jetzigen Enwicklungszustand zugänglich sein kann. Dies ist die Botschaft, die sozusagen ewig über den Wassern des fließenden Flusses schwebt und die Wirklichkeit bewahrt im ewigen Wechsel der Moleküle und der Form. Deshalb kann ein „Wasserbild" etwas aussagen über das innewohnende Potential und dessen Aussage. Dies entspricht einer inneren Ähnlichkeit und nicht einer äußeren materiellen Relevanz.

Wir sollten bedenken: „Wie man in den Wald hinein ruft, so schallt es heraus" oder einfach: „Was wir aussenden, das empfangen wir" (Weisheit der Kahunas, der Eingeweihten Hawaiis). Auch sagt Jesus: „Bittet beim Vater, und es wird Euch gegeben werden." Der Vater ist das Unveränderliche, das ist, noch bevor ich war.

Die Stärke des ausgesendeten Signals und die Art bestimmen also entscheidend, was empfangen wird. Deshalb tun wir gut daran, die empfangene Botschaft rein, urteilsfrei, liebevoll und achtungsvoll anzunehmen, sonst wird sie verzerrt, verliert an Wert. Lebendigkeit und Gesundheit bedeutet, im Fluss des Lebendigen zu stehen und die Botschaft des Lebens aufzufangen. Sie wird an uns weitergeleitet und fordert uns auf, zu handeln. Handeln bedeutet die

Weitergabe der Botschaft, da sonst der Fluss unterbrochen wird. Solange Wasser fließt, auch mit Widerständen, die heilsam sind, ist es gesund! Wird es allzu sehr kanalisiert oder gestaut, entsteht Krankheit des Wassers. Wie im Menschen auch. Der Informationsfluss muss erhalten werden. Solange er von meinen egoistischen Strukturen gefangen gehalten wird, ist dieser Teil unterbrochen und fehlt dem Leben. Daher ist es eine heilige Pflicht, Festgehaltenes wieder in Fluss zu bringen. Die Reinkarnation bringt so im Umfeld des Flusses zu einem bestimmten Zeitpunkt, ob „real" oder nicht, die Wahrheit einer Geschichte ans Tageslicht. Nur so kann sich im absichtslosen Verzeihen der Fluss der Realität verwirklichen und regenerieren. Dies ist ein außerhalb der Person stattfindendes, „transpersonales" Geschehen, durch eine Person hindurch, die dazu auserwählt oder sich würdig fühlt, manchmal auch „gedrängt", diese vornehme Aufgabe erfüllen zu dürfen. Der Göttliche Wille scheint durch das Geschehen hindurch und wird transparent. Solange ich mit dem Geschehenen, mit dem, was ist, hadere oder auch nur diskutiere, tue ich dies mit Gott. Damit anerkenne ich diesen Gott nicht, sondern stelle mich in kritikhafter Weise über ihn. Auf diese Weise aber ist dieser und jeder Gott tot für mich. Dies ist mein großer Schaden, der die Seele drängt, alles aufzubringen, um diesen Zustand wieder ins Lot zu bringen. Denn es ist unmöglich, als Erschaffener den Schöpfer des Geschaffenen zu verleugnen, da es damit mich selbst, den Geschaffenen, logischer Weise gar nicht geben kann. Ich bemerke aber, dass es mich gibt – und dieser Konflikt, dass ich bin, aber zugleich nicht sein kann, der bringt Elend, Leid und Krankheit, um zu vereinen, was sich selbst bedingt.

Re-Inkarnation bedeutet das Wieder-Erscheinen der Wirklichkeit aller Zeiten in der Realität des Augenblicks. Irgendetwas im Augenblick hat die längst vergangene Zeit wieder erweckt und lebendig werden lassen. In den Emotionen, der Sprache der Seele, ist diese Wirklichkeit wie eine Imprägnierung immerwährend vorhanden. Sie kann abgerufen werden durch vertrauensvolles, absichtsloses Lauschen ins Geheimnisvolle, Urgründige hinein. Es ist nicht wichtig, ob es das je gegeben hat oder nicht, denn mein Eindruck der Wirklichkeit vermittelt mir jederzeit das, was ist. Wer sollte denn die Wirklichkeit meiner Vergangenheit besser kennen als meine Seele selbst? Es hängt im Prinzip nur von meiner Glaubensfähigkeit ab, das anzunehmen, was ist. Von der vorurteilslosen Betrachtung des Augenblicks. So folgt ein Ton dem anderen und gibt am Ende eine Melodie, die erst durch die Neugier, durch das Begehren, den nächsten und den nächsten Ton hören zu wollen, geweckt wird. *Reinkarnation ist also in der Tat die Geschichte der Lebendigkeit selbst, der Ausschnitt, der für den Augenblick gerade bedeutungsvoll ist.*

Betrachten wir die Bilder des Wassers, die durch verschiedene Darstellungsmethoden versuchen, die Geschichte des Wassers zu erzählen, sein Wesen darzustellen, so erscheint dies ebenfalls als eine codierte Sprache, denn spontan fühlen wir gewisse Bilder als würdevoll, angenehm oder mächtig, andere wieder als bedrohlich, verzerrt oder unheimlich. Die Klangfarbe, der Charakter, die Form und der Inhalt scheinen die Seele in ihrem Tiefsten zu berühren. Das ist die Sprache, die vor der Sprache war. Der emotionale Inhalt und dessen Übermittlung ist der eigentliche Sinn des Ausdrucks des Menschen – und macht er dies nicht durch Gestaltung, Tanz und Laut? Das sind die Urinhalte der Lebendigkeit, die die archetypischen Wahrheiten gespeichert haben als die Ursubstanz des Lebens. Durch die Erfahrungsinhalte der Geschichte werden diese Urinhalte mit verschiedenen Bildern getränkt, passen sich so der persönlichen Struktur des Individuums an. Aber jede dieser Geschichten ist wahr. Was wir im Wasser sehen, im Klang erleben, ist der Spiegel unseres eigenen Ausdrucks, die Sehnsucht des sich Öffnens in die Wirklichkeit hinein: „Ach, ist denn niemand da, der mich hört?« Wer kennt dies nicht, dieses Gefühl, das letzten Endes nichts anderes will, als dem inneren Bedürfnis der Lebendigkeit ins Leben zu verhelfen. Wir brauchen sie, die Spiegel des eigenen Ausdrucks. Und wir brauchen sie besonders für die Ereignisse, die einstmals aus dem Leben ausgeklammert worden sind. Hinein ins Gedächtnis verbannt, denn sie schienen so schlimm,

dass sie nicht lebbar waren. Die Seele aber will zurück, sie will ganz und vereint sein und ist geduldig in ihrem Warten.
Die Geschichten werden aufbewahrt, in verschiedenen Zeiten, an verschiedenen Orten. Ist es da noch wichtig, nach wirklich oder unwirklich zu fragen? Welche Wirklichkeit meinen wir denn dann? Was an der erlebten, ganz alltäglichen Wirklichkeit ist wahr und was nicht. Die Welt ist, wofür du sie hältst, lautet die Botschaft der Kahunas, der Eingeweihten und „Wissenden« aus Hawaii. Liegt es da nicht nahe, das Erlebte einfach als wirklich anzunehmen, soweit es für mich wichtig ist. Es wird nur das erscheinen in meinem Erkenntnisbereich, was Bedeutung hat für mich. Der notwendige Teilaspekt der Wirklichkeit, der den Moment prägt, der meine Gedanken, meine Gefühle, ja, mein Handeln und damit mein Schicksal prägt, ist der, der mir erscheint. Es ist nicht wichtig, in welcher Form dies geschieht. Ich habe mir im Lauf der Entwicklung angewöhnt, den primären Ausdruck einer Erscheinung als wahr anzunehmen. Daher sehe ich oft andere Dinge als die meisten Menschen dies tun. Gesichter, Gestalten, Lebendigkeiten tauchen hier und da ganz alltäglich auf. Ich nehme sie an und beachte sie. So hat sich die Welt der Erscheinungsformen, die innere Welt erweitert – und kommt mir in den Geschichten vieler Reinkarnationsbehandlungen und auch Klangtherapien wieder zum Vorschein. Allein dadurch ist es möglich, in tiefer emotionaler Betroffenheit Anteil an den Erlebnissen von vielen Patienten zu haben. Der Klang ist der Ausdruck der Geschichte. Dies hat sich im Lauf der Zeit so entwickelt. Denn durch die im Moment entstehenden Klänge und Gesänge entsteht erst der Widerhall, der das oft Unverständliche akzeptieren lässt aus einer größeren, versöhnlichen und weiten Sicht heraus. Wo der Mensch nicht verzeihen kann, ohne Schuld, dort ist es oft möglich, im Angesicht Gottes, des Unendlichen, in der transpersonalen Ebene, Toleranz und tiefes inneres Verstehen einleiten zu lassen. Erst dann ist die Seele befriedet, wenn nämlich zurückgekehrt ist, was einst verstoßen wurde, weil es untragbar schien.

Was mich bewegt, setzt den Impuls einer neuen Wirklichkeit, ist Ausdruck der persönlichen Bewegtheit und des persönlichen Lebenswillens. Was das Wasser im Physischen ist der Klang im Geistigen.
Wir müssen wieder imstande werden, einfach staunend zu betrachten und wir müssen wieder imstande werden, einfach staunend zu lauschen in diese Wirklichkeit hinein, die uns die Botschaft bringt.

Wir sollten uns den Ratschlag zu Herzen nehmen, der schon im 19. Jhdt. ausgesprochen wurde von Viktor Schauberger, der da heißt: K&K. Erst kapieren, dann kopieren.
Er hatte bereits erkannt, dass die Technik in den meisten Fällen eine Abfallwirtschaft im Sinne der Natur bedeutet, dass also bei größter Energieverschwendung noch hoch energiegeladene Produkte einfach verschleudert werden. So wird allgemein Wasser seiner hochpotenten Qualität beraubt und das führt auf die Dauer zu einer Zerstörung der Natur.
Betrachten wir dies im Seelischen, so lautet die Übersetzung folgendermaßen: Die Methode der Konfliktbewältigung ist oft, es einfach wegzuwerfen, Konflikte zu übergehen, ja, stillzuschweigen. Dieser Konflikt hätte noch ein hohes Entwicklungspotential gehabt, das sich nun explosionsartig entlädt und so aus der Entwicklungschance einen „Schicksalsschlag« macht. Wird dies wiederholt und wiederholt, dann bahnt sich eine Katastrophe an, die zu nachhaltigen Schäden des seelischen Gleichgewichts führt. Da aber die Seele als das einzige Vermittlungsorgan der Wirklichkeit für Geist und Körper dient, führt dies zu Krankheit.
Die Natur macht dies sinnvoller. Die Natur nutzt die Energie maximal durch Widerstände, z.B. zu beobachten an einem Bach und seinem Fluss, wo viele Steine und Sandbänke als Widerstände den Fluss zwar aufhalten, aber letzten Endes all die Energie nutzen, die in dem Fluss bereitgestellt wird. Ebenso sehen wir ja in den Flussläufen des Menschen die Venen, und die Arterien, die sich alle verzweigen und verästeln, um so die Energie sinnvoll und bis ins Letzte zu nutzen. Der Gefäßquerschnitt am Ende seiner Strombahn

ist gerade so groß, dass sich nur mehr mit Mühe ein rotes Blutkörperchen durchzwängen kann.
Das Wasser wie der Geist sind kreativ, um mutig Neues zu erschaffen.
Reinkarnation ist ein Impuls zur Kreativität hin. Transpersonale Klangtherapie ist allein schon dieser Beginn einer Neuorientierung, sozusagen eine freie Reinkarnationstherapie. Die Begleitung des Therapeuten und die Kommunikation geschehen allein durch einfühlsam wiedergegebene Klangformationen.
Kinder kümmern sich um die Gesetze der Erwachsenen wenig und sie sind insofern viel kreativer im Umgang mit der Wirklichkeit als die von Gesetzmäßigkeiten geprägten Erwachsenen. So können also die Erwachsenen von den Kindern die Kreativität lernen, während die Kinder von den Erwachsenen die Gesetzmäßigkeiten lernen. Auch das Wasser fließt unbekümmert wie ein Kind mit seiner allgegenwärtigen Botschaft dahin, im Bestreben, kreativ zu sein und Neues zu gebären. Ebenso kann in der Reinkarnation oder Transpersonalen Klangtherapie der Erwachsene von seinem „Kind«, den ungetrübten Erinnerungen, die den Empfindungen der Seele ungefiltert entströmen, lernen, dass diese erlebte Wirklichkeit wieder eingegliedert wird in das Leben. Das Kind, das hilfesuchend seine kleinen Arme und Hände nach oben streckt, um angenommen und gehört zu werden, kann in die Arme geschlossen und getröstet werden: „Ich weiß, es ist schwer. Aber es geht weiter. Und was geschehen ist, war notwendig zum Wohle deiner Entwicklung. Danke, dass du die Botschaft für mich bewahrt hast bis zu diesem Augenblick. Fortan will ich mit dieser Wahrheit leben und du bist frei.« Wie schön ist es und erhebend, das Lächeln in den Kinderaugen zu sehen. Wie schön ist es, wenn sich dann die Augen der Rückerinnerung in Ruhe und Frieden schließen können.
Aber bei weitem nicht nur schlimme Dinge und Erinnerungen prägen die Bilder der Reinkarnation und Transpersonalen Klangtherapie. Oft treten erstaunliche und freudvolle Einweihungserlebnisse auf, die zu großem Glücksgefühl und einem tiefen Erkennen führen. Phantastische Welten mit kreativen und neuen Inhalten erscheinen,

sodass oft beim Erwachen das Bedürfnis entsteht zum Augenblick zu sagen: „Verweile doch, du bist so schön.« Die Menschen wollen oft nicht „zurück«, weil es schwierig zu sein scheint, sich mit den Erfahrungen wieder ins „normale« Leben einzugliedern.
Aber gerade dies ist die Kunst, die es zu bewältigen gilt, die verschiedenen Welten und Realitäten nebeneinander oder besser noch miteinander in einem Netzwerk unendlicher Größe bestehen und wirken zu lassen.
Je mehr wir imstande sind, unsere Wirklichkeit sich unseren Träumen annähern zu lassen, umso eher werden unsere Träume wahr. Je wahrer unsere Träume werden und je erfüllter wir sie zu leben imstande sind, desto authentischer ist die Persönlichkeit und reifer.
Hinter der Wut sitzt die Trauer, das wissen wir aus der Primärtherapie und ihren Erfahrungen. Hinter der Trauer aber sitzt die Erlösung und die Loslösung von Gebundenheiten. Wie ein reißender Gebirgsbach, der sich beruhigt und in einen großen Strom mündet, nachdem all die stürmischen Gefühle durchlebt und zu Erfahrungen geworden sind. Erst dann ist die Seele wirklich frei.
Mit der Zeit wird das Reisen in die inneren Geborgenheiten einfacher und wie selbstverständlich entsteht ein Gleiten zwischen den verschiedenen Realitäten.
Es geschieht dies, wie gesagt, oft spontan, wobei es immer möglich ist, gleichzeitig in der einen wie in der anderen Realität zu verweilen. Es wäre schlimm, die Realitäten zu verwechseln und so durch Verdrängung in eine Krise zu rutschen, die ärger ist als die aus dem eigenen Schicksal heraus wohl natürlich vorgegebene. Unser Leben ist *jetzt*, so wie das Wasser im Flussbett jetzt vorbeiströmt an mir, der ich am Ufer sitze. Es birgt in geheimnisvoller Weise die Vergangenheit und die Zukunft in sich, die sich im jetzigen Moment zu offenbaren wissen, wenn es notwendig ist. Was sich offenbart und wann dies geschieht, ist nicht bestimmt. Daher bitten wir vor jeder Therapie um den Segen und die Gnade, dass die richtigen Dinge erscheinen mögen. Nicht die, von denen wir denken, dass sie richtig seien, sondern diejenigen, die eine höhere Macht als wir für richtig hält. Zu all dem gehört ein Glaube, der sich nicht

zu gut ist, nicht zu wissen, sondern vorurteilsfrei, absichtslos und staunend die Botschaft betrachten kann, die in irgendeiner Form erscheinen mag. Innere Bilder sind nicht wie Kinofilme, schon gar nicht von fremden Botschaften geprägt. Sie sind die ideale Darstellungsform für dich selbst, der du dich bereit erklärst, den Weg in die Tiefe gehen zu wollen. Allerdings sollte eines klar sein: Der Weg in die Tiefe kennt kein zurück. Was wir erkannt haben, ist uns bekannt. Wir können nicht das eigene Bewusstsein betrügen. Das wäre auch völlig sinnlos und verkehrt. Jedoch andererseits sollte klar sein, dass Wissen noch nicht Umsetzung bedeutet.

Der Erfolg jeglicher Therapie zeigt sich erst draußen im Leben. Dort bewahrheitet sich, ob der Impuls der Heilkraft Früchte tragen konnte oder nicht. Wenn ich beispielsweise erkannt habe und erlebt habe, wie ich mit meinem Partner einst zusammen war und dies zu einem erweiterten Verstehen geführt hat, so ist es doch Aufgabe dieses Lebens, diese Erlebniswelt in die jetzige zu integrieren. Die Vergangenheit korrigieren zu wollen, indem sie wiederholt wird, wäre ein fataler Irrtum. Dies ist der am häufigsten krankmachende Effekt, der uns in eine Art Wiederholungszwang führt, aus dem wir keinen Ausweg finden. Es ist nicht sinnvoll und achtungsvoll dem Schicksal gegenüber, anzunehmen, dass es uns die gleiche Müllhalde wieder vorführen möchte. Nein, das Schicksal möchte die Möglichkeit einer Korrektur einräumen, die gnädigerweise das Geschehene geschehen sein lässt und nicht, wie oft vermutet, uns Schuld um Schuld abtragen lässt. Dies ist anders zu verstehen: Schuld ist unser Glaube an die Verstrickung im Lebensprozeß. Wir konstruieren daraus die Abtragungstaktik, oft, um uns mit der anstehenden jetzigen Lebendigkeit nicht auseinander setzen zu müssen und in einer leidvollen Vergangenheit selbstbemitleidend verharren zu können. Schuld dient einzig und allein dazu, anerkannt, gehört und gesehen zu werden, um so am Widerstand zu begreifen, was richtig ist und was falsch. Der Stein im Wasserlauf ist der Widerstand, der die Energie lenkt und so zur Entfaltung des Kraftpotentials des Wasserlaufes beiträgt. In diesem Sinne ist Schuld, gleich welcher Art, zu verstehen. Erst am Widerstand oder der Schuld erkennen

wir die Wirklichkeit. Sie würde sonst vielleicht unbemerkterweise an uns vorbei gleiten.
Aus dem Wasser, dem tiefen Wasser des Vergessens werden wir geboren, schwimmen im Strom des ewigen Gedächtnisses und tauchen ein in den Klang der eigenen Geschichte, der Stimme, die uns die Wirklichkeit wiedergibt. Wasser, Klang und Reinkarnation sind drei große Möglichkeiten der Erkenntnis und des inneren Verstehens der Wirklichkeit. Die Heilkraft aller drei Methoden ist groß, wenn sie in ihrer Tiefe und Vernetztheit verstanden werden können.

Wolfgang Kölbl

Männlich – Weiblich. Aufbruch in ein neues Zeitalter

Ich sage euch, dass sich heute die Macht der Frau offenbart.
Jeder Mann wurde aus einer Frau geboren.
Die ewige Wiederkehr des Gleichen ändert ihr Gesicht.
Die Göttin, Mutter Erde, schaut uns himmlisch lächelnd an.

(indianisch, anonym)

Der höchste Grund
aller Arznei ist die Liebe.

(Paracelsus)

Frau zu sein, ist nicht einfach in einer Zeit der Gleichberechtigung, wo aber der Mann in allen wichtigen Dingen, wenn Mann *und* Frau gefragt werden, doch noch mehr zählt. *Mann zu sein*, in einer Zeit, wo sich die Frauen emanzipiert haben und *ihren Mann stehen*, ist genauso nicht einfach. Das übliche Männerbild zieht allein nicht mehr, auch wenn Männer ihren Mann stehen, das heißt, gut verdienen und erfolgreich sind. Die Wertmaßstäbe sind aufgebrochen. Die Sinne der Menschen sind sensibler und die Suche nach einem tieferem Sinn ist vordringlich geworden. *Partnerschaft* ist gefragt, im Berufs- und Familienleben, wirkliche Gleichberechtigung und gegenseitige Rücksichtnahme, auch im inneren Bereich der Familie und der Beziehung, sind wichtiger denn je und suchen ein Gleichgewicht. Nicht nur Anerkennung im Außen sondern vor allem Verwirklichung im Inneren ist dazu notwendig und unverzichtbarer denn je in unserer heutigen Zeit, wo die Schere zwischen der wirtschaftlichen und wissenschaftlichen „Machbarkeit“ auf der einen Seite und der ethischen Verantwortung und Mit-Menschlichkeit auf der anderen Seite immer weiter aus einander zu klaffen scheint.

Eine wirkliche Partnerschaft und Anerkennung, Gleichberechtigung von Mann und Frau oder besser: von dem *Mann* und der *Frau* in dir, nämlich *männlicher* und *weiblicher Energie (-potenziale)*, beginnt in deinem Inneren. Der Friede, das *wahre Ausgleichen*, beginnt im eigenen Herzen. Frieden machen, ausgleichen und partnerschaftlich leben kann ich aber erst, wenn ich beide Seiten, beide Potenziale, beide *Pole* in mir entdeckt habe.

Der Mensch ist nicht nur ausgespannt zwischen die Pole von Himmel und Erde, sondern er ist auch ausgespannt zwischen die beiden Pole des Männlichen und des Weiblichen, solange er hier auf der Erde lebt. Das Männliche und Weibliche in ihm selbst und im anderen sucht immer in seiner *Sehnsucht nach der Ergänzung durch den anderen Pol.* Das heißt, die Sehnsucht nach Ausgleich, nach Liebe und nach Vollendung ist menschlich und oft eine treibende Kraft der Seele. Alles ist Sinnbild dieser Polarität oder jede Bewegung hat zwei Pole: Männlich und Weiblich, stark und schwach, oben und unten, heiß und kalt… Wir brauchen nur an unser ständiges Entscheiden zwischen zwei Dingen zu denken: Dort gibt es ein ja und nein, an und aus, Tag und Nacht, Himmel und Hölle, Krieg und Frieden, Liebe und Hass… Entscheidung bringt Klarheit. Klarheit ist lebensnotwendig und bringt uns weiter. Ansonsten bleiben wir stehen und stecken schließlich in einem Sumpf des „Jeins“. Eine höllische Mischung, wenn sie sich ausbreitet und zu deinem Lebensprinzip wird!

Wir *sind* (– Gott sei Dank –) der Liebe fähig, die alles vereint, die alles zu verbinden und auszugleichen vermag. Wir sind *liebende Wesen*, begabt mit einer *Schöpferkraft*, die uns kreieren und verändern lässt nach dem Bild unseres Geistes. Die Liebe ist unser großes Potenzial, sie ist unsere große verbindende Schöpferkraft.

Sie wandert im Laufe unserer menschlichen Entwicklung, wenn wir *strebend* uns bewegen, vom *Dunkel* ins *Licht. Liebe wird sehend.* Das ist zum Beispiel der Sinn und bringt die Lösung im systemischen Familienstellen, sagt Bert Hellinger. Die „sehende Liebe" ist nicht länger „blind", d.h., sie sieht nicht nur auf sich, sondern sie *sieht* den *anderen*: Frau sieht Mann und Mann sieht Frau – mit einem *liebenden* Blick. Das ist unser Potenzial.
Bert Hellinger weiß dies konsequent und erfolgreich in seinem Familienstellen in die Praxis zu bringen. Wird Liebe an einem Punkt eines Familiensystem „sehend", verändert sich eine Person, indem sie sich des anderen, der übersehen wurde, bewusst wird, und söhnt sie sich in ihrem Herzen damit aus, dann ist eine erleichternde versöhnliche Veränderung im ganzen System möglich, Liebe wirkt sich aufs Ganze aus. Gegensätze können sich wieder vereinen, Hass und Trauer können in Liebe verwandelt werden. Die "sehende" Sicht auf die Polarität, das männliche und weibliche in seiner eigenen Kraft, der *annehmende Blick mit dem Herzen*, ermöglichen dies. Die gegenseitige Anerkennung des anderen, der Frau von seiten des Mannes und des Mannes von seiten der Frau, in einer Beziehung oder Ehe bringt Segen für beide. Und Anerkennung bedeutet, den Partner in seiner Andersheit anzunehmen und zu akzeptieren, in seinen Wünschen, seinen Gefühlen und in seinem Tun. Dies schließt auch seine Familie ein, die vielleicht andere Regeln und Gebräuche hat als meine Familie. Dieser Segen, der auf der Anerkennung des Partners und seiner Familie ruht, bringt die Fülle in eine Ehe und Partnerschaft. Hier kann aus der Verbindung und Ergänzung geschöpft werden! *Eins und eins sind mehr als zwei* – nicht erst im Zeugungsakt des Kindes.

Du fragst, wie soll ich das tun, wenn das so schwer ist? Ein kleiner Vorschlag, der *nur* eine klare Entscheidung benötigt, nämlich es zu *wollen* und bereit zu sein, das andere und das eigene einmal in den Blick zu nehmen. Du kannst den anderen, meist ist es der „Täter", der etwas Böses getan hat, zum Beispiel ein Mann, der die Ehe gebrochen und das Vermögen der Frau verspielt hat, einmal

1. ohne Absicht
2. ohne Urteil oder Verurteilung
3. ohne Angst

wirklich anschauen und ihn in deiner Vorstellung – von Auge zu Auge anschauend – in deinem Herzen sprechen lassen, was er zu sagen hat. Höre ihn an. Erst so ist wirkliche Erkenntnis, die den anderen *wahr*nimmt, möglich und daraus erwächst Akzeptanz und schließlich Aussöhnung oder Versöhnung. Ein wahrhaft philosophischer „Weg der Erkenntnis“, wie B. Hellinger sagt, der Neues bringt und sich sehr heilsam im Leben auswirkt.

Das Thema männlich und weiblich ist für mich unabdingbar mit dem Thema Liebe verknüpft, ansonsten bleibe ich in müden Diskussionen und Parteiergreifungen und letztendlichen Ungerechtigkeiten stecken, selbst wenn das Pendel einmal zur anderen Seite umschlägt: heutzutage von der männlichen zur weiblichen Seite. Von der *gehörten* zur *unerhörten* Seite. Und dann vielleicht wieder umgekehrt? – „Die ewige Wiederkehr des Gleichen“, Nietzsches tiefsinnigster Gedanke, wie er selbst es bekundete, dreht sich nicht nur im Kreis, sondern eigentlich spiralförmig aufwärts, genau so wie die Zeit nicht linear ist, sondern spiralig. Das ewige Pendel schlägt feiner aus.
Neues Land kommt in Sicht.

Ich möchte noch einmal zurückgehen:
In unserer Zeit der Emanzipation haben viele Frauen ihre Weiblichkeit ein Stück weit zugunsten einer erworbenen Männlichkeit aufgegeben. Das ist zum Lernen sicher einmal ganz gut, aber wie geht es weiter, wo bleiben ihre Weiblichkeit und ihre Identifikation? Und womit???

Sind Männer weiblicher geworden? Sie sind inzwischen schon regelmäßig bei der Geburt ihres Kindes mit dabei, was viel Verstehen ermöglicht, schieben manchmal Kinderwägen oder nehmen Erziehungsurlaub. Sie entdecken den weiblichen Aspekt, gleich Frauen, die schon länger den männlichen Aspekt entdeckt haben. Heutzutage scheint alles möglich zu sein. Haben Männer deshalb ihre Männlichkeit aufgegeben und sind „Softies“ geworden oder finden sie sich, indem sie eine andere Qualität hinein bringen? Was wäre denn eine Männlichkeit ohne das mitfühlende Wesen, das sich auch um andere, vor allem das junge Leben zu kümmern weiß. *Wahre* Männlichkeit und Stärke scheinen mir heute noch am meisten fraglich und in der Entwicklung begriffen zu sein. *Wahre* Weiblichkeit entwickelt sich gerade aus der Integration des männlichen Pols, der sich in allen Bereichen aus der Emanzipation der Frau entwickelt hat. Das Pendel schlägt immer hin und her. *Wahre* Weiblichkeit sucht *wahre* Männlichkeit. Sie ziehen sich an. Beides tut Not, sich voll zu entfalten. Erst dann wird Frieden sein. Erst dann werden Männer wie Frauen voll Mensch sein. Erst Mann und Frau zusammen – wie dies manche „gute Beziehung“ schon zeigt – entfalten in der Vereinigung ihrer gemeinsamen Kräfte eine Authentizität, die ein gemeinsames androgynes Potenzial schafft, das erfrischend lebendig und mehr wert ist als die bloße Summe beider Geschlechter. – Haben Sie schon einmal einen gemeinsamen Vortrag von Mann und Frau gehört, wo sich beide partnerschaftlich abwechseln und ergänzen im reden – sich die Bälle zuspielen? Es macht Freude zu zweit zu agieren, es ist lebendiger und auch für die Zuhörer erfreulicher, eben weil lebendiger. Gibt es nicht schon mehr Paare, die gleichwertig und in gegenseitiger Achtung zusammenwirken, was sich z. B. besonders im künstlerischen oder im alternativen Gesundheitsbereich zeigt, die oft Vorreiterposition haben?

Wir leben in einer Zeit, in der Frau wie Mann gleichermaßen selbständig arbeiten und unabhängiger in den Familien geworden sind. Emanzipation ist etwas, das im Gange ist und im Leben wirksam wird, schneller oder langsamer, zu Gunsten der weiblichen, zu Gunsten der männlichen Seite –, je nachdem, welchen Aspekt ich gerade betrachte und in Augenschein nehme. Und dennoch denken Männer anders als Frauen: „Frauen können nicht einparken, Männer nicht reden", Frauen wollen über Beziehung sprechen, Männer wollen etwas gut machen, sie *tun* lieber, als dass sie reden, solche und andere Feststellungen gibt viel in unserer Gesellschaft. Sie dienen einmal der Unterhaltung – und ist nicht auch etwas Wahres dran? Die Interessen, Vorlieben und Absichten scheinen bei Männern und Frauen anders gewichtet zu sein. – Ohne dies keine Bewegung. Ohne Bewegung keine Entwicklung. Es ist gut, dass Männer anders sind als Frauen und dass unsere männlichen Qualitäten anders sind als unsere weiblichen. Das ist unser Potenzial, unser persönliches Entfaltungspotenzial wie unser partnerschaftliches Potenzial. Die gemeinsame Kraft Mann und Frau ist die „kleinste Zelle" der Beziehung und der potenziellen Gemeinschaft in Familie und Gesellschaft. Und im Frieden und in gegenseitiger Förderung ist sie ungleich potenter, sie wird schöpferisch, diese kleinste gemeinsame „Zelle": „Denn eins und eins macht drei!!" Nicht nur in unserer Biologie.

Die Seele will *bewegt* sein, dann *berührt* es *dich*. Sie entfaltet sich durch ihre Bewegung. Leben ist Bewegung, ansonsten, wenn wir alles festhalten wollten, wenn es sich nicht mehr im Inneren bewegen darf, sind wir als Lebende schon tot, ohne tot zu sein. Wir haben die Kraft des Pendels, das nach Ausgleich sucht, lebendig in uns. Unsere Entscheidung ist immer gefragt. Das Pendel schwingt. Versäumen wir es, die Dinge klar zu machen, gehorchen wir dem *Gesetz der Trägheit*, einem reinen Gesetz der Materie. Und das zieht uns nach unten. Wir werden träger. Dann bringen wir das Pendel in einem Ungleichgewicht zum Stillstand. Die Trägheit und Nicht-Entscheidung ist eine der „Todsünden" wider den Geist – und wir sind Geist. Wir sündigen dann gegen uns selbst.
Wohin soll also die Bewegung gehen? Ich kann immer entscheiden, so oder so zu denken und zu fühlen. Das kann niemand und nichts verhindern: Will ich den anderen, der mir weh getan hat oder mir Angst macht, einmal vorbehaltlos anschauen oder nicht? Das ist meine Entscheidung. Im Inneren bin ich frei. Meine Seele schwingt immer frei, wenn ich ihrer Eigenbewegung nachgebe.

Wir alle sind „beseelte Wesen", deren Geist die Schwerkraft und Trägheit durchleuchtet und zum Schwingen bringt. „*Sehende Liebe*" ist die höchste Schwingungsform des Geistes. Sie schaut furchtlos dahin, wo es weh tut und schwieriger ist. Dort baut sie zu der Person meiner Abneigung oder Aggression – der böse Vater, die schlechte Mutter – eine Brücke. Steckt nicht hinter Hass eigentlich Liebe? Nicht-verstehende Liebe? Wir können mehr lieben, es ist genug da.

Männlich und weiblich ist ein ewiges Thema mit vielen Variationen, solange der Mensch lebt und sich entwickelt. Hier geht es ums Wesentlichste unseres Da-Seins: um die Polarität (Dualität) des Lebendigen. Polarität ist eins der Grundprinzipien unseres Daseins auf der Erde, das wirkt. Alles funktioniert innerhalb eines dualen Systems. Nicht nur Mann und Frau, die auch sinnbildlich für die archetypischen Kräfte männlich und weiblich stehen, alle Zuordnungen fangen ja so an –Ying und Yang, Tag und Nacht, Himmel und Erde, Sonne und Mond. Diese Reihe ist unendlich, aber auch letztlich in der Unterscheidung relativ. Zu verschiedenen Zeiten, an verschiedenen Orten wurden diese Bedeutungen oft unterschiedlich interpretiert, wiewohl es natürlich auch archetypische Muster gibt, die sich überall finden lassen. Zum Beispiel, was eine Schlange ist. Natürlich sieht die Schlange in China anders aus als in Grönland, aber sie vertritt das gleiche Prinzip, Transformation, zum Beispiel.

Hier wird es jetzt philosophisch: Dualität oder Polarität ist der Urbeginn unserer Logik. Wir haben sie nach unserem „Ebenbild" *gemacht.* Sie ist geboren aus dem Gegensatz von A und Nicht-A. Erst aus dieser grundsätzlichen Unterscheidung können dann auch B, C, D, E usw. entstehen. Ich beginne zu unterscheiden, was unterscheidbar ist und kann nur zusammenfügen, was unterscheidbar war. Das ist der Ursprung von *Einheit.* Erst die Dualität oder Polarität bewirkt die Qualität der Einheit, die ja etwas vereinigen muss, was vorher unterschieden war. Ansonsten ist sie unecht und keine wahre Einheit oder wirkliche Synthese. Einheit muss schöpferisch entstanden und schöpferisch tätig gewesen sein.

Die Polarität zur Einheit transformieren zu können, auf einer höheren Ebene, davon spricht auch das Geheimnis des berühmten obersten griechischen Ideals: der *Einheit vom Wahren, Guten und Schönen*" nach Platon. In jedem dieser drei Bereiche geht es darum, *schöpferisch* zu werden und die gegebene Dualität des Lebens zu überwinden. Die Einheit wird erreicht, wenn wir es schaffen – zu allererst durch unsere *Annahme* der Dualität, also nichts auszuschließen –, dass wir die Gegensätze, die uns begegnen, vereinigen und transformieren können. Und das betrifft letztlich alle drei menschlichen Bereiche, in denen der Mensch tätig ist, um noch einmal auf das griechische Ideal zurück zu kommen. Das *Wahre* kommt aus dem Denken, das *Gute* kommt aus der Ethik und das *Schöne* kommt aus der Kunst. Und wir brauchen und leben immer in allen drei Bereichen. Das bestimmt unser Leben: Denken, Fühlen, Handeln. Ein guter Mensch ist zugleich ein weiser Mensch und umgekehrt. Und ein guter, weiser Mensch ist auch schöpferisch. Das kann sich an den einfachsten Dingen zeigen: Liebevoll und dankbar sein Leben zu leben und für seine Familie zu sorgen, mit Liebe und Achtung seine Arbeit zu verrichten; immer eine Lösung zu finden; ein gutes Wort für andere zu haben; ehrlich zu sein; sein Leben anzunehmen, so wie es ist...

Nun ist es gerade der Ursprung des Schönen, also der Ursprung von Kunst überhaupt, der in seiner Ursprünglichkeit davon zeugt, wie Kunst entsteht und was sie für den Menschen bedeutet. Das ist die Vereinigung der Polaritäten: Gegensätze oder Gegensätzliches in seiner auseinander strebenden Kraft so zu bündeln und neu zu organisieren, dass eine neue Einheit, ein neues Ganzes, ein Kunstwerk entsteht, das mehr wert ist als die Summe seiner Teile. Das ist die Kraft der Kunst und des Schönen. Das ist unsere ursprünglichste Kraft, mit der wir ins Leben treten und die uns auf allen Ebenen unseres menschlichen Tuns begleitet. Nietzsche hat dies als einen Schlüsselgedanken innerhalb seines Philosophierens heraus gearbeitet. Kunst und jede schöpferische Tätigkeit, die im Denken, Fühlen, Handeln oder sonst wo geschieht, ist immer mehr als eine bloße Befolgung von Regeln oder Fertigkeiten.

Der so genannte „produktive Regelbruch" gehört notwendig dazu. Damit kreiere ich etwas Neues, er schafft eine Erweiterung des Systems, er überschreitet Grenzen und macht letztlich auch erst Versöhnung möglich. Denn wenn ich mich nur folgsam an die Gesellschaftsnormen und gängigen Moralvorstellungen halte – oft gibt es da sowieso zweierlei gelebte Moral, obwohl eine gepredigt wird –, kann Versöhnung und Aussöhnung mit den Polaritäten nicht geschehen. Ich bleibe dann in den leider auch üblichen Schuldzuweisungen, wie „ach, schon wieder der Mann", „er müsste schließlich kommen und um Verzeihung bitten, denn er hat mich betrogen", also ich bleibe in dem Urteil gemäß unserem Muster von „gut und böse" und von „richtig und falsch" stecken. Und dann verhärten sich die Fronten. Das kann mir überall geschehen: im Denken, im Fühlen und im Handeln.
Meist fängt es im Gefühl an, dann kommt das urteilende Denken dazu und schließlich handle ich genau danach. Wenn „er" schließlich kommen muss, weil „er" böse war und er tut es nicht, dann warte ich ewig. Wenn es mir dann das zweite und dritte Mal so geht und ich dann mein Wiederholungsmuster bemerke, komme ich irgendwann drauf, dass ich etwas ändern kann. Dann werde ich produktiv: ich überlege mir etwas Neues. Unsere Schöpferkraft zeigt uns den Weg der Änderung. Zu malen oder zu schreiben oder Musik zu machen sind sehr hilfreich auf diesem Weg der Selbsterkenntnis, wenn ich etwas ändern will und beginne, zum Beispiel *meine* männliche und weibliche Seite anzuschauen, woher meine Bilder kommen und mein Verhalten.

Eine dann möglich gewordene Vereinigung oder Aussöhnung der Gegensätze ist wie eine Geburt: Neues Leben kommt auf die Welt. Künstler/in wie Therapeut/in sind gleichermaßen „Geburtshelfer/in".

Ethik entwickelt sich hinsichtlich unserer Polarität ganz parallel zum Schönen. Erst in der *Transzendenz* der Gegensätze, ihrer *Vereinigung aus einer sehenden und liebenden Einstellung* unseres Herzens wird das „Böse" oder „Schlechte" überwunden, d.h. es wird angenommen und integriert, so dass es sich verwandeln kann, in mir wie im anderen. Mache den ersten Schritt zur Versöhnung, warte nicht auf den, der „schuldig" ist, dass er kommt, fange bei dir an, in deiner Vorstellung. Klammere das Schlechte nicht aus. Lade es ein und geh mit ihm zu Tisch. Dann, aus deinem Vertrauen heraus, wird etwas wahrhaft Neues, Gutes und Schönes entstehen.

Das alles betrifft das Thema des Männlichen und Weiblichen. Der Transfer ist durch das Wesen der Polarität, der wir nicht auskommen, immer möglich, wenn ich mein Potenzial annehme. Denn wir sind immer Mann oder Frau und haben immer zugleich beide Pole in uns. *Wir sind doppelt (doppelte Wesen)* – und das auf allen Ebenen! Männlich und weiblich (androgyn), Geist und Materie (Transzendenz), wir haben ein Denken und Fühlen, ein Herz und einen Kopf etc. Das ist wunderbar, ein wunderbares Potenzial.
Wo immer deine Fronten verhärtet sind und dein Blick getrübt ist, sei es, dass der Mann „schuld" ist oder sei es, dass die Frau „ schuld" ist, lass dein Urteil der Schuld weg und höre zu. Die Waage hat immer zwei Seiten und einen Waagbalken. Balanciere es für dich aus, beide Seiten in ihrem Gewicht. Der Balken der Waage ist *deine Kraft der Liebe*. Mit ihr verbindest du. Mit der Kraft des Ausgleichens hältst du beide Seiten im Lot. Ich danke dir an diesem Punkt für deine Aufmerksamkeit.

Ich hatte einmal vor einiger Zeit eine Vision. Die hatte etwas mit männlich und weiblich zu tun, wie ich erst später bemerkte, als mir das Ausmaß der Tragweite meines Visionstraumes bewusst wurde.
Sie ereignete sich in Südfrankreich in der Natur. Diese Vision schenkte mir Auskunft über meinen Weg in die Zukunft, gab mir Auskunft über meine Aufgabe hier in diesem Leben: Welcher Weg

jetzt der meinige ist, welche Kraft die, die jetzt zu fördern ist und mich bestimmt. Die Vision kam in Form eines komplexen Bildes über mich, in Form einer bewegten Landschaft, ja, als eine Landkarte, die sich in meinen Körper hinein projizierte. Ich spürte und fühlte diese Vision in meinem ganzen Körper wie in meinem Herzen. Zugleich war sie klar im Bild und im Geiste.

Auf der rechten Seite meiner Körpers sah ich in Verlängerung meiner Körperseite und des Armes einen langen geraden Weg, der mich nach Osten führte, nach Tibet, in eine goldene Stadt, Lhasa. Dort führte mich mein Weg inmitten der Stadt in einen kleinen Raum, viereckig, der halb unter der Erde gebaut war und durch eine rechteckige Türöffnung ohne Tür erreichbar war. Ich ging dort hinein und nahm meinen Platz im Raum ein. Dort saßen zehn weise alte Männer, weiß gekleidet mit langen grauen Haaren, im Lotossitz auf dem Boden und empfingen mich. Hier war ich zu Hause. Es war ein Ort der Ruhe, der Kraft und Weisheit. Es war für mich eine ruhige, sichere und gute Quelle alter Weisheit.

Auf der linken Seite meines Körpers in Verlängerung meines linken Armes sah ich einen gewundenen Weg, der mich nach Westen, nach Amerika in indianisches Land führte. Auf dieser Seite begleitete mich der Tod, ich spürte seine Anwesenheit. Es schauerte mich. Der Weg wand sich einsam durch Weizenfelder am Rand eines kleinen Bachlaufes entlang, von Westen, wo ich angekommen war, nach Nord-Osten zurück. Der Wind wehte über das Korn, ließ die grünen Wipfel der Bäume vor den Bergen erzittern und die Sonne schien, es war Spätsommer. Es war wunderschönes Land mit einem kräftigen Mutterboden und ich liebte sofort dieses Land als meine Heimat. Es war nur seltsam menschenleer, je länger ich wanderte. Da begriff ich, als ich links am Rande meines Weges inmitten der Kornfelder eine kleine Siedlung verfallener Bambushütten mit Strohdächern stehen sah, dass hier vor einiger Zeit der Tod gewütet hatte –, und ich erinnerte mich an meinen Begleiter, den ich inzwischen wieder vergessen

hatte. Ich wurde sehr traurig, als ich in diese Vergangenheit des indianischen Volkes blickte.
Dann begannen mich wieder die Stimmen, die ich früher schon einmal auf einem Herbst-Spaziergang 1996 gehört hatte, die wie die Frauenstimmen eines Chores klangen, zu rufen: Sie sangen in leisen wehmütigen alten indianischen Weisen und riefen mich: „Komm zurück“. Ich spürte mich hingezogen zu dieser alten Heimat, wo der Boden blutgetränkt war, wo meine Ahnen und Seelenverwandten so grausam verfolgt und getötet worden waren als Menschen, die keine Menschen sein durften. – Was hatte ich jetzt hier verloren? Ich spürte ihre alte Weisheit hier noch in der Landschaft hängen – alles duftete danach –, dieses alte Wissen, das meine Ahnen hier begraben hatten, bevor sie auf die andere Seite gingen. Die universale Botschaft des Lebendigen: Einheit und Verbindung. Die *Gesetze des Seins*, wie sie schon den alten Lemuriern bekannt und von ihren hohen Wesenheiten überwacht wurden. Einige von ihnen, sieben an der Zahl, begleiten mich manchmal gleich Schutzengeln. Die heiligen Elemente waren mir in diesem Augenblick in ihrer ganzen Hoheit sehr nahe und meine Achtung für sie glühte in meinem Herzen. So lauschte ich ihrer Botschaft – vom Einklang und der Zusammenarbeit von Mensch und Natur – und wanderte durch diese schöne, saftige Landschaft. Ich wusste, dass mein Weg jetzt hier weiter geht. Das war mein Weg in die Zukunft. – Meine Trauer über all das Leid des indianisch-amerikanischen Volkes verwandelte sich langsam. Die Tränen, die ich aufsteigen spürte, verwandelten sich in Perlen.

So viel Zeit später war ich wieder hier – oder ist es gar nicht so lange Zeit später? Was tue ich hier? Da begriff ich, dass ich über den Fluss musste, an dessen Ufer der Weg entlang lief, ich musste auf die andere Seite, von der Seite des Todes auf die Seite des Lebens. Als ich dieses begriff, fand ich eine kleine Holzbrücke. Und ein neues Land eröffnete sich mir in Regenbogenfarben, aber noch sehr leer und sehr weit. Ein neues Gefühl der Freiheit erwartete mich hier. Ich vernahm meine Aufgabe, einen neuen Platz zu suchen,

für uns, meine Familie. Wo ein Baum gut wächst, dort sollte er auch gepflanzt werden. Er braucht den richtigen Boden, den richtigen Platz, dann gedeiht er gut. Alles Neue beginnt mit der Suche nach dem guten Boden, nach Mutter Erde, und ich ging diesen Weg weiter, der mich durchs Gebirge führte. Die amerikanische Landschaft verschmolz jetzt mit den Alpen und ich zog hier von Südfrankreich innerlich zurück nach Osten, nach Österreich. Wo er sich öffnen würde und das Tal wieder breiter würde, dort wusste ich, würde ich ankommen. Dort wartet ein Platz auf mich, wo sich mein zukünftiges Leben verwirklichen kann mit der Aufgabe, die sich seit langem vorbereitete. Genaueres wusste ich nicht. Ich spürte nur einen Drang und eine Sehnsucht – und Vertrauen dahinein. Ich war bereit, dort suchen zu gehen, einen wirklichen Kraftplatz des Lichtes zu finden, wie ich ihn hier erfahren hatte, einen heiligen Platz mit Quelle, fließendem Wasser, schützenden Bergen und kräftiger Landschaft, was schon mit der Bodenflora beginnt.
Ich schaute auf meine beiden Seiten und spürte in meinen Körper hinein: die rechte ganz ruhig und sicher, eine Kraftquelle meiner alten Wurzeln, wenn ich auf die zehn alten Weisen in dieser heiligen Stadt schaue, die ihre Tür für mich offen halten und weißes Licht aussenden – und meine linke Seite mit dem gewundenen Pfad, der mich jetzt aus der Vergangenheit in die Zukunft führte, mich mit meinen Ahnen dort verband, die eine Botschaft für mich hatten, der es jetzt nachzukommen gilt. Der Fluss, der die Seiten des Lebens teilt. Es ist Zeit, sich wieder zu erinnern, das alte Wissen von hier wieder mit der wieder aufgehenden Sonne auferstehen zu lassen. Die Sonne hat mir von dieser Zeit gesprochen und ihr Bild gesandt. Die Zeit ist jetzt reif für diese Botschaft der indianischen Welt. Und sie öffnet sich, nachdem sie sich lange Zeit verstecken musste, um ihr Wissen noch zu hüten. Jetzt ist es Zeit sich zu erinnern, sich mitzuteilen – und zu verbinden. Die Welt, die Erde ist in eine große Bewegung geraten. Selbst der Boden schwingt mit. Ich lag unter alten Eichen auf der Erde und die Sonne schien über mir. Mehrfach krähte ein Hahn.

Später wird mir bewusst, dass es der *weibliche Erkenntnisweg* hier im Westen auf meiner linken Seite ist, diese ganze Botschaft ist von Grund auf weiblich, eine Transformation der tiefsten Gefühle von Mutter Erde. Weiblich ist die Form der empfangenden Weisheit. Leid verwandelt sich durch Opfer und die Weisheit des Fühlens und seiner Erkenntnis gibt sich an die Erde zurück. Du verschmilzt mit der Natur. Das ist die große Transformation der Gefühle und der Kraft der empfangenden Liebe. Sie geht durch das Dunkel der Nacht, bis sie wiedererweckt wird. Der Phönix ersteht wieder aus der Asche. Der rechte Weg nach Osten ist geradliniger, ruhiger, ein Weg gleichmäßiger Kraft, der sich der Welt entsagt hat, um Erkenntnis zu gewinnen. Für mich ist er der *männliche Erkenntnisweg*, der mich in meiner Vergangenheit zuerst geführt hatte und der mir jetzt die Kraft gab, die mich mit alter ätherisch gewonnener Weisheit verbindet, tätiger Erkenntnis, die einfach vorhanden ist und ruht. Wie die hohen Berge einer Landschaft majestätisch ruhen. Ich fühle mich ausgespannt über die ganze Erde. Meine Arme werden sehr weit. Alles bin ich. Es ist ein beglückendes Gefühl, das das Herz öffnet.

Jetzt erblicke ich eine mittlere Achse, die von Norden nach Süden durch meinen Körper hindurch läuft, die Christusachse. Jesus thront oben im Norden auf dem Planeten Erde, ganz in helles weißes Licht getaucht, die Erde blau und sie nähern sich auf ihrer Achse meinem Körper, laufen durch mich hindurch. Mein Herz verbindet sich mit Jesus und der Erde, auf der er ruht. Im Herzen, dem Mittelpunkt meines Körpers angekommen, entfaltet sich diese Kraft wie ein großer flacher Stern mit vielen Strahlen, die wie Pipelines nach außen strahlen. Dieser Stern im Herzen strahlt rein weiß. Ich weine vor unmittelbarer Berührung. Diese Kraft macht mich ganz und heil. Ich halte beide Seiten in meinen Armen, so ausgespannt zu sein zwischen der Kraft des Ostens und der Kraft des Westens, zwischen Norden und Süden. Und der Mittelpunkt dieser Himmelsrichtungen und ihrer Kraft ist Jesus Christus, die reine Liebe.

Diese Landschaft und große Landkarte meines Weges und meiner alten Wurzeln leuchtet wie das Kreuz eines Wegweisers in mir und über mich hinaus! Es ist eines der stärksten Bilder und Zeichen, die ich je empfangen habe. Ich war und bin sehr dankbar für dieses Geschenk und trage es in meinem Herzen, in jeder Einzelheit seiner Ganzheit. Es ist nicht nur in meinem Gefühl, es ist in meinem Körper verankert.

Für mich wurde es – und das nicht nur durch dieses innere Geschehen – offensichtlich, dass es *jetzt* die Zeit der Erde und ihrer Wandlung ist, mit all ihren Elementen, eingedenk der Lehren, die um ihre Weisheit wussten. Und die Erde ist nicht nur Sinnbild des Weiblichen, sie ist unsere erste Mutter, unsere Geburt und unser Tod. Wir alle sind aus ihr geboren, jeder Mann und jede Frau. Die Erde ist das göttlich Weibliche, der Himmel ist auch *in ihr*, nicht nur über ihr. Viele indianische Zeichnungen, viele Bilder zeigen und belegen diese Weisheit. Es ist jetzt die Zeit all ihrer heiligen Qualitäten, die nun zum Durchbruch, zum Quantensprung kommen. Uns in die neue Dimension leiten. Davon sprechen viele Lehrer und Bücher, wie die z.B. von Marko Pogacnik über die Erdwandlung und ihre geistige Qualität des Weiblichen, der Göttin; Bücher indianischer Weisheit, wie die von Dhyani Ywahoo „Die Botschaft der Erde", von Lynn Andrews „Die Medizinfrau" und von Tom Kenyon über die Hathoren-Zivilisation.

Dieser Weg, der seine Aufmerksamkeit auf die Erde, die göttliche Urmutter des Lebens und des Weiblichen an sich richtet, ist zur Zeit sehr notwendig und offensichtlich. Viele werden aufgerufen, ihm zu folgen. Ich spüre diesen Ruf als einer unter vielen und folge ihm. Die Erde als göttliche Mutter mit ihren Elementen und ihrer Natur sind mir heilig. Wir haben uns vor langer Zeit schon abgeschnitten von diesen heiligen Wurzeln im Zeichen des Fortschrittes und der Vorherrschaft des Intellektuellen. Wir haben vieles getötet, um es nicht wahrzuhaben, dass wir die Erde und alles Lebendige brauchen. Wir wollten „über" der Erde stehen mit unsere Wissenschaft und dem reinen Verstandesdenken, wir Menschen des Westens und der fortschrittlichen Zivili-

sation, die sich erhaben gefühlt haben über die Menschen der so genannten Naturvölker.
Jetzt entdecken wir sie wieder, in Amerika, in Hawaii, in Tibet, in Afrika und in Australien. Ihr Wissen darüber, im Einklang mit der Natur zu leben, wird wieder ausgegraben. Altes Wissen und alte Weisheit, die verloren schienen, werden wieder heimgeholt und anerkannt. Das ist nicht nur mit Huna und Hawaii zu beobachten – oder den ayurvedischen Lehren. Die Natur, die ewig weibliche, die empfängt und produziert, rührt sich selbst, ihre Schwingung wird schneller und lichter. Ihr Geistwesen und ihr Emotionalwesen rühren sich. Für uns die Gelegenheit, unsere Wurzeln, die notwendig in der Erde gedeihen, wieder zu finden und im den Boden zu verankern. So können wir wachsen.
Lausche der Botschaft deines Baumes, deines Klanges, deines Wassers, dies verbindet dich. Such die Orte deiner Verbindung zur Natur. Sie wird zu dir sprechen. Ein achtsames Danke für die geschenkte Lebenskraft wirkt Wunder.

Kirschblüten

Ein Meer von Kirschblüten weiht sich diesem Tag
der gleich jedem anderen
den Himmel über sich vereint
und seinen festen Platz im Rad des Lebens hat.

Im blauen Dunst
steigt die Sonne klar
zum Himmel heute auf.
Verspricht diesem Tag
die Reife des Augenblicks
der – so wie er anbricht –
auch vergehen will.

In den Armen der Vergänglichkeit
die nichts festhalten will
und doch alles in sich trägt
liegt ewiges Sein.

Die Kirschblüten öffnen sich
von der Knospe ins springende Farbenlicht
der offenen Blüte, die schon vergeht. –
Die Blüte spricht:
„Willkommen!"

Voller Hingabe ist sie an diesen Tag
dem sie sich versprochen hat.

Jede Kirschblüte ist ein Gedicht
vollendet in ihrer Gestalt
so wie sie ist.

Sie liebt dich mit ihren Blüten so zart
schenkt Dir ihren Duft
in diesem Augenblick –
Bald fliegen ihre Blätter
mit dem letzten Sonnenstrahl...

Doch ihre Schönheit
strahlt in dir.

Ein Meer von Kirschblüten weiht sich diesem Tag.

RK. 2004

Die Vision Heliankar

Centre of Sound, Light and Nature

Folge deinen Träumen und erschaffe sie neu.
Dein Vertrauen in die Unendlichkeit Gottes schenkt dir Kraft
und hält Wunder für dich bereit,
wenn du bereit bist, alles loszulassen
nichts fest zu halten
und unberührt von den Hindernissen
deines Weges voran zu gehen.

Mein Traum von meinem Weg nach Westen begleitet mich jetzt in den zweiten Sommer hinein. Vieles hat sich gefunden und begonnen zu entwickeln. Große Dinge haben eine längere Vorlaufzeit und brauchen neben dem ursprünglichen Traum viel Geduld, Ausdauer und Glauben – vor allem an sich selbst: „Alle Macht kommt von innen", verrät das *Mana* (das sechste Prinzip, siehe: Die sieben Energieprinzipien des Bewusstseins) aus der Huna Philosophie. Kleinere Dinge haben einen kleineren Spielraum und erfüllen sich schneller. Das ist sehr hilfreich bei den großen Dingen. Die *Intuition* hüpft voran und der *Verstand* arbeitet sich hintendrein, formulierte einmal Nietzsche aus eigener Erfahrung. Beide Kräfte sind wie Yin und Yang aufeinander angewiesen und sind allein nicht vollständig. Sie sind eben *polar* in ihrem Zusammenspiel, wie männliche und weibliche Energie.

Geduld ist eines der großen Dinge hier auf der Erde, die ich habe lernen müssen; – vor allem, wenn du eine Vision hast. Zeit ist so sehr relativ und Zeitprognosen sind etwas sehr Gefährliches. Die Materie scheint andere Zeiten der Entwicklung und Entfaltung zu

benötigen, als dein Geist mit Hilfe seiner Vorstellung und der Idee es meint, wenn er beginnt zu planen.
Pläne sind dazu da, um wieder über Bord geworfen zu werden, und zwar in den Fluss des Lebens! Trotzdem wollen sie gemacht sein. Das habe ich schon in der Schule so erfahren, als ich unterrichtet habe und das Planschreiben sehr exzessiv gang und gäbe war, bei mir aber der Unterrichtsfluss meist seine eigene Dynamik entwickelte – und die Schüler sowieso. Eine mühsame Sache, wenn man selbst ein Freidenker ist und von so vielen Reglementierungen in Lehrplänen und Didaktiken und Benotungsvorschriften nicht so viel hält. Es wurde die schwerste Zeit meines Lebens, durch die ich mich wirklich hindurch gekämpft habe. Meine Geduld wurde sehr auf die Probe gestellt, weil für mich vieles unverständlich eng und rollenhaft vorgeschrieben war, vor allem die ständigen Unterrichtspläne und didaktischen Vorschriften. Die Referendarzeit wurde eine Zeit größter Ärgernisse in meinem Leben. Aber ich bin doch Lehrerin geworden –, was ich jetzt auf Umwegen in einem anderen Bereich erst wirklich erfülle…
Ich hätte damals die Schüler, die überhaupt nicht wollten und störten und beim besten Willen nicht zu motivieren waren, gern nach Hause geschickt und darauf gewartet, bis sie freiwillig wiederkommen oder nicht. Ich wollte mit freiwilligen interessierten Menschen arbeiten, nicht mit denen, die aus irgendwelchen Zwängen dort sitzen und nicht dabei sind. In der Schule wird heutzutage, im absoluten Gegensatz zu früher, der Lehrer zum Moderator, der mit allen erdenklichen Motivierungsspielen aufwarten muss, damit der Unterricht auch für alle, die dort sitzen, interessant sein könnte. Was er freilich nicht ist. Über die Freiheit des Menschen ist nicht hinweg zu kommen. Wenn er nicht will und nicht irgendeine Motivation im Inneren schon hat, lässt sie sich auch nicht erspielen oder moderieren oder didaktisch an Mann oder Frau bringen. Motivation entsteht von innen und freiwillig. Ich kann sie nur ehrlich durch die Sache selbst „anregen". Freiwilligkeit und Ehrlichkeit in der Kommunikation scheinen mir ein wesentliches Ziel im Umgang zu sein.

Mir haben die Schüler und Lehrer oft leid getan und ich wollte schon ein Buch über Sinn und Unsinn in der Lehrerausbildung schreiben. Habe ich dann glücklicherweise nicht getan, da diese Energie sofort weg war, als ich mein Examen glücklich und auch noch gut gemacht hatte. Übrigens hatte ich mir in der Endphase ein Herz gefasst und mit meinem „Vorgesetzten", mit dem ich es so gar nicht konnte, ein offenes ehrliches Wort über *meine* Schwierigkeiten gesprochen. Das hatte Wunder gewirkt und er wurde auf einmal für mich menschlich. Er war aufgetaut.

Dann kam neues Land in Sicht.

Bevor ich hätte fix in die Schule gehen können, hat es mich – dank der Begegnung mit Wolfgang und seiner *anderen Sicht* auf Medizin, Psychologie und Therapie – in diesen anderen, alternativ- therapeutischen Bereich verschlagen, in dem ich meine Freiheit und Liebe zu dieser Arbeit mit Menschen entdeckt habe, die normalerweise aus eigenem Entschluss kommen. Die Freiheit und Selbstverantwortung zu nutzen und nicht abzugeben, ist in diesem ganzheitsmedizinischen Bereich, wo keine Krankenkasse dahinter steht, die die „Arbeitsfähigkeit" wiederherstellen will, besonders wichtig. Gesundheit und heil sein, selbst etwas für sich tun wollen, für die persönliche Entfaltung, das Wohlfühlen sind immer wichtiger geworden. „Gesundheit" ist auch wirtschaftlich gesehen für die Zukunft Thema oder *„Destination Nr.1"*!

Mit der Zeit ist es in der Klangtherapie oder Körperarbeit ähnlich wie in der Schule, *nur* ist es hier erlaubt, dass es länger dauern kann. Es läutet keine Glocke zum Stundenschluss. Ich bin frei und trage Verantwortung für den Prozess, der in einer Sitzung zu Ende kommen muss, damit der andere nicht mit einem offenen Problem oder Schmerz nach Hause geht. Es ist eher ein Wunder, wenn du in der Therapie öffnend arbeitest, dass es sich meist doch so gut in der Zeit ausgeht. Und die Zeiten wurden aus der Erfahrung bestimmt. Wolfgang und ich nehmen uns jeweils auch die Zeit, die es eben *braucht*. Das ist eines der wichtigsten Dinge, wenn ich für den *anderen* und sein Anliegen ganz da sein will.

In den letzten zwei Jahren begann ein still vorbereiteter, langsamer innerer Umbruch –, wobei im großen gesehen alles stimmte: Beziehung, Kind, Familie, Beruf, Haus- und Gartenpflege… Ich begann, *meinen Platz* zu suchen, nicht nur meinem Mann treu zur Seite zu stehen und zu arbeiten, sondern auch meinen eigenständigen Bereich zu finden, meinem Ruf zu folgen, der allmählich deutlicher wurde. Lange war das Gefühl da gewesen, dass „meine Zeit noch nicht gekommen sei", ohne dass sich dies näher konkretisierte. Ich fühlte mich auch immer wie zwischen zwei Stühlen –, nirgendwo wirklich an meinem Platz oder in meiner wirklichen Aufgabe angekommen, wenn sich auch schon viele neue Horizonte aufgetan hatten und ich mich in meinem zweiten Beruf *gerufen* fühlte und mit Liebe und vollem Einsatz therapeutisch arbeitete. Auch hatte ich mit meinem Mann vor sieben Jahren beim Aufbau des Gesundheitszentrums, wie heute noch, wo notwendig, sehr gut zusammengearbeitet, alle wesentlichen Entscheidungen trafen wir miteinander etc… Auch schrieb ich zwischendurch Gedichte, zeichnete etwas, wenn ich etwas für mich tun wollte. In aller Zufriedenheit und Dankbarkeit für das, was war und ist – ich liebe auch ein häusliches Leben, bin gern zu Hause und im Garten –, murmelte doch zaghaft leise eine Stimme im Hintergrund. Irgendetwas fehlte, für das es jetzt Zeit wurde.

Eines Tages hatte ich mitten in der Sauna ein Erlebnis, das sich heilbringend auf mein Empfinden und meine Einstellung auswirkte. Eigentlich wollte ich mich nur entspannen und etwas ausschwitzen.

Plötzlich versank, wie ich so vor mich hin dachte und atmete, mein Umfeld und die Menschen verschwanden. Alles wurde unwichtig – und dabei war es sehr voll in der Dampfsauna. Die Realitäten vertauschten sich und doch war ich klar da in der Sauna, wo neben mir die Menschen schnauften. Ich war auf einmal ganz allein woanders. Eine andere Ebene senkte sich in diese Realität und dünnte sie aus. Da stand ich plötzlich vor einem großen weißen Turm, ungefähr sechseckig und in Nebelschwaden eingehüllt, mit verschiedenen Stockwerken, die Dachterrassen hatten, so wie der Gesundheitsturm von Friedensreich Hundertwasser. Es gab einen

dunklen Sternenhimmel mit Sternenlicht und auf dem großen Turm standen auf jedem Stockwerk draußen vor, wie auf einem Aussichtsturm, Engelwesen mit Kerzen, die mir entgegen leuchteten. Alle waren in Bewegung im Kreis und sangen und leuchteten mit ihren Kerzen in die Umgebung. Nur schemenhaft wie bei Nacht nahm ich alles wahr. Es waren viele Wesen unterwegs, ein reges Treiben verschiedener Lichtgestalten. Eine achtsame und feierliche Atmosphäre herrschte hier. Sie erinnerte mich ein bisschen an die Besichtigung einer Stupa in Heviz vor Jahren, die auf einer ähnlichen Lichtung im Wald stand.
Als ich andächtig vor dem schönen Turm mit seinen sechs Ecken und ungefähr sieben Stockwerken stand, fühlte ich, wie mich zwei Engelwesen empor hoben und auf eine neue, in dem Fall höhere Stufe stellten, als die, auf der ich mich zuvor befunden hatte. Zugleich nahm ich ein Gefühl wahr und eine Stimme: „Es ist Zeit. Erkenne dich und nimm deinen Platz auf deiner Stufe ein!"
Das war kurz und prägnant in der Aussage und im Bild, auf die richtige Ebene versetzt zu werden und zwei Kerzen dafür zu erhalten, die mir brennend von diesen lichten Wesenheiten gereicht wurden. Es war ein feierlicher Akt, wobei ich so nebenbei eingegliedert wurde mit einer klaren Handlung und Anweisung innerhalb dieser großen Feier. Es tat gut, hier auf der „richtigen", in dem Fall höheren Etage zu stehen und mit den anderen einen Kreis zu bilden und meine zwei Kerzen auch leuchtend nach oben zu halten. Es war eine viel bessere Aussicht von hier, was ich immer schon liebte. Ich war am richtigen Platz angekommen.
Und es gab ein sehr befreiendes, ruhiges und klares Gefühl, das sich dann in mir mehr und mehr ausbreitete. Da schien sich etwas korrigiert zu haben, was ich vorher nicht bemerkt und was mir vorher oft viel Anstrengung verursacht hatte: nämlich mein eigener innerer Platz, auf den ich mich gestellt hatte. Und ich erkannte plötzlich mit allen Sinnen, dass wir uns wohl oft, vor allem, wenn wir uns von angreifenden oder störenden Einflüssen so schnell beeindrucken lassen, *kleiner* machen als wir sind und unser Licht nicht mehr erkennen können. Diese negativen Ein-

drücke prallen nämlich dann, wenn du auf deinem richtigen Platz stehst, besser ab, weil du auf dieser Ebene, wo du wirklich hingehörst, stärker bist. Weil du hier mehr in *eigene Resonanz* gehst und nicht mehr so sehr in Resonanz mit niedriger schwingenden Kräften, weil du etwas anderes ausstrahlst und auf *gleicher Ebene* schon in „*guter Verbindung*" bist! Du lässt dich dann nicht mehr so leicht „hinunterziehen".

Wir trauen uns unsere *eigentliche Größe* – ich möchte sagen unsere innere Göttlichkeit – oft nicht voll zu! Das scheint mir wichtig zu sein, dass wir vielleicht mehr Angst vor der eigentlichen inneren *Größe* haben als vor unserer Kleinheit und Schwäche, und wir machen uns dann klein, vielleicht auch, um nicht aufzufallen. Wir träumen lieber von unserer inneren Größe und hoffen – vor allem wir Frauen –, dass der Prinz kommt, der sie uns erlaubt und uns befreit aus unserem Dornröschenschlaf.

Nelson Mandela hat 1994 diesen wichtigen Gedanken oder besser diese innere Beobachtung in ein Gedicht gefasst. Dieser Text ist mir neulich auf einer Tagung wieder begegnet und ich erinnerte mich an mein Erleben:

„Unsere tiefgreifendste Angst ist nicht,
dass wir ungenügend sind.
Unsere tiefgreifendste Angst ist,
über das Messbare hinaus kraftvoll zu sein.

Es ist unser Licht, nicht unsere Dunkelheit,
die uns am meisten Angst macht...

Sich selbst klein zu halten dient nicht dieser Welt.
Es ist nichts Erleuchtendes daran
sich selbst klein zu machen,
dass andere um dich herum sich nicht unsicher fühlen.

Wir sind alle bestimmt zu leuchten,
wie es Kinder Gottes tun...
Und wenn wir unser eigenes Licht erscheinen lassen
geben wir unbewusst anderen die Erlaubnis, dasselbe zu tun.
Wenn wir von unserer eigenen Angst befreit sind,
befreit unsere Gegenwart automatisch andere."

Nachdem ich solche Botschaften erhalten hatte, die mich auch weiter trugen und mir Vertrauen in meine Wünsche und Ziele gaben, machte ich mich im letzten Jahr, ohne einen rechten Anhaltspunkt zu haben, auf die Suche nach dem *„richtigen Platz"*. Die Idee, einen „Platz" suchen zu wollen, regte sich schon länger in mir, was auch immer das real bedeuten mochte. Ich dachte und fühlte aus dem Wesen des lebendigen Baumes heraus. Er wurde mein Leitbild.
Eines Tages setzte ich mich einfach ins Auto und fuhr los. Ich folgte meiner inneren Landkarte und dem Gefühl für den Kraftplatz, fuhr nach Südwesten von uns aus gesehen, bewegte mich dann so zwischen Bergen und Seen, wo sich die Berge immer wieder zu breiteren Tälern und Hochebenen öffneten. Das erschien mir gut. Aus meinem Dornröschenschlaf erwacht, tat ich etwas Verrücktes, einen geträumten Kraftplatz zu suchen – ohne auf Gründe zu achten. – Was suchte ich überhaupt mitten in einer fremden Landschaft, ohne einen Anhaltspunkt, ohne reale Fakten? Wanderte ich im Traum oder wurde Traum Wirklichkeit?
Zugleich festigte sich eine Vorstellung von Eigenständigkeit und Autonomie, Authentizität mit dem Tun, die sich dann *zufällig* eines Tages im herbstlichen Klima ganz von selbst zu einer großen Vision entfaltete: Ich sah ein eigenständiges Heilzentrum namens Heliankar, wo sich sieben Sterne um die auf- und untergehende Inka-Sonne bewegen, auf ihren eigenen Himmelsbahnen. Die Sonne hatte unterschiedliche Strahlen, vier Hauptstrahlen, gleich den Himmelsrichtungen und viele Nebenstrahlen gleich einer Monstranz, die den Platz zwischen den Himmelrichtungen ausfüllten. Bilder sprachen zu mir und fügten sich in ihrer Bedeutung im Laufe der Zeit zusammen zu einem großen Gesamtbild. Das Gesamtbild

gab Auskunft in seiner symbolischen Sprache über Platz, über Idee des Zentrums, der Aufgabe dort und wer die geistigen Auftraggeber seien, über die Wichtigkeit, zurück zu unseren alten Wurzeln indianischer Herkunft und zu unserer Seelenverwandtschaft zu gehen etc.

Heliankar meint übrigens: ein zentraler Platz an der Sonne; es kommt wahrscheinlich aus der mesopotamischen Sprache, noch vor Ägypten und seiner Blüte. Wolfgang empfing diesen Namen vor langer Zeit, als wir uns gerade das erste Mal begegnet waren, in einem Museum in London.

Auch „Der Herr der Ringe" von J. R. R. Tolkien hat mich mit seinen wunderbaren Elben, der Elbenkultur und Elbenlandschaft, die schließlich im Film auch sichtbar wurde, sehr inspiriert und darin begleitet. War der „Elb" nicht die Vision eines vollständigeren Menschen, der seine Pole geeint hatte? Der Film wurde übrigens in Neuseeland gedreht, dessen Landschaft ja einem alten ursprünglichen Europa gleicht, wo die Landschaft noch voller und weniger zersiedelt war.

Die *Elben* stellen ein Ideal, eine „höhere Form" des Menschen dar, so wie es Nietzsche auch in seinem Zarathustra anstrebte, einer, der „sich selbst überwunden hat", der *jenseits von gut und böse* steht und *dionysisch* (schöpferisch Grenzen überschreitend) in seinem Charakter geworden ist, ohne dass er den apollinischen Schein verloren hätte, die klar gegliederte Schönheit unserer menschlichen Natur.

In meiner Vision säumten mir zwei hohe Gestalten von Elben die Eintrittspforte zu Wasser wie zu Lande, um dieses Reich der Mitte und des Lichtes zu betreten. Es lag in einer geschützten, kräftigen Landschaft mit vielen Wassern und Quellen. Diese hohen Schutzgestalten, die den Eingang säumten, stellten sich als Landschaftsengel vor, die diesem Projekt zugetan sind: Muriel und Joganan. Weiblich und männlich. Es war ein prächtiger, gut geschützter und mystisch verborgener Eingang in ein neues Land.

Eines Tages saß ich einmal in der Badewanne und das Wasser floss

und rieselte an mir hinunter, da war es mir, als sähe ich unzählige Tränen einen Bach hinunter fließen und die Erde tränken, die schon blutgetränkt war. Sie rieselten an mir hinunter in die Badewanne hinein und ich musste auch weinen, so sehr berührten mich diese Tränen, die mit dem Wasser meinen Körper hinabflossen, unendlich viele. Und wieder sah ich – aber als einen Zustand, nicht als einzelne – die ungezählten Toten, die Weisen, Frauen und Kinder der Indianer, die in Amerika ermordet worden waren im Laufe der Eroberung und Besiedelung durch die Weißen. Und das war nicht nur im Krieg. Es geschah überall unter vielen Vorwänden und immer wieder, fast fünfhundert Jahre lang. Das war keine Kleinigkeit, auch wenn es solches Leid anderswo auch gibt, zum Beispiel in Tibet. Und wieder marterte mich die Frage: Wozu? – Und die vielen Tränen verwandelten sich an mir in weiße Perlen, unendlich viele weiße Perlen. Jede Träne, die geweint, bringt eine Frucht aus dem Herzen, tönte es leise in mir. Ich lächelte. –
Das Wasser transformierte das Leid und brachte das Wissen wieder. Die Elemente, die Kraft der Erde hilft mit, schoss es mir durch den Kopf. Und perlend strömte das Wasser weiter und weiter in die Badewanne und wusch mich rein. Ich gelobte, am rechten Ort, auf einem kleinen moosigen Hügel, wo unten ein Bach vorbeifließen würde, eine Kapelle zu bauen, eine Meditations- und Gedenkstätte der Weisheit und der Versöhnung der Kulturen.
Wenn die Weißen aus Europa damals den indianischen Völkern das Land systematisch weggenommen und es dann eingezäunt und als ihren eigenen Besitz erklärt hatten– wo nach Auffassung der Indianer kein Mensch „Erde besitzen" und kaufen kann –, dann werden wir ihnen hier im Herzen Europas ein Stück wunderbares Land schenken und ihrem Geist der Weisheit und der Versöhnung weihen. Dieser Platz existiert schon, wo das wunderbar passen würde. – Und was „passt", findet sich. –

Ich reiste also eines Tages einfach so durch die Lande, nachdem ich vorher eine Landkarte angeschaut hatte und meine innere bei mir trug.

Und über Ostern des letzten Jahres fand es sich, dass innerhalb einer Woche Auszeit, die ich dort zwischen einem See und den Bergen verbrachte, ich den Platz meiner Suche am 5. Tag meiner langen Wanderungen fand, von dem ich, ohne ihn zu sehen, geträumt hatte. Ich war mit meinem Sohn unterwegs, ging von Südwesten aufwärts und bemerkte schon bald, dass sich hier die Landschaft veränderte. Die Bodenflora wurde sehr kräftig, viel Heidekraut und Waldbeeren, viele Hügel, große Steine, kleine Bachläufe und ein kleiner See. Jeder Meter des Weges bot neue Abwechslung und kräftige dichte Natur. Die Berge schützen die Täler, Wiesen und Lichtungen, die sich versteckt den Blicken öffnen. Und viel Wald, alter Boden, unberührte bemooste Hügel und stille Sumpfwiesen.

Ich habe erst nicht gewusst, dass ich gefunden hatte, was ich suchte. Es war so ungewöhnlich anders. Dem Verstand schien es ungeeignet: ein Heilzentrum in diese Landschaft hinein? Erst als Wolfgang und Laura, später auch viele andere sehr begeistert waren und die Heilkraft dieses geistig sehr lebendigen Platzes spürten, wo man sich in ein, zwei einsamen Stunden total erholen konnte, wurde es sehr klar. Ein wirkliches Heilzentrum, das aus der Natur erwächst, mit Formen der Natur in sie hineingebaut, die wieder in ihr verschwinden und in absolutem Einvernehmen mit ihr und ihrem Geist hier vor Ort – das war die Idee. Ein wirkliches Retreat für absoluten Rückzug, Regeneration und Verwandlung für alle Menschen, die so etwas brauchen und eine Insel des Lichts mitten im Herzen Europas suchen würden: mit eigenem Quellwasser, keltischem Ursprung in der Landschaft und verbunden durch eine Kraftlinie mit dem heiligen Berg hier in Österreich, dem Großglockner.

Heilung beginnt in der Natur und mit unserem Wohlfühlen an einem Ort, an dem alles stimmig und im Einklang mit allem ist und das zuerst einmal mit der Erde, dann mit dem, was wir errichten. Das war unser Versprechen, als wir die Naturwesen befragten und ein Ja vernahmen, dass dies hier möglich wäre und sie mitspielen würden. Wir machten Rituale mit Feuer und brachten kleine Gaben mit, die wir der Erde weihten und dem Feuer übergaben, wenn wir zu Besuch kamen und die Landschaft erwanderten, um dort dem Geist der Natur zu lauschen. Auch die Wassergeister wurden sehr aktiv, sie murmelten und sprudelten und gluckten nur so aus dem Bach. Während die alten majestätischen Bäume stumm ächzten und ruhig im leichten Wind eines frühsommerlichen Nachmittages ihre Kronen ins Licht streckten. Wir entzündeten ein kleines Feuer mitten auf einer Sumpfwiese mit Zweiglein und Ästen von Weiden und Fichten und den vereinzelten Buchen, die hier wuchsen und sangen leise ein altes Lied. Gemeinsam rauchten wir eine Pfeife, Wolfgang und ich, in alle vier Himmelrichtungen und streuten etwas Tabak ins Feuer. Emanuel, unser Sohn, wollte auch Rauch blasen und ahmte uns nach.

Leise fing es an zu nieseln, und Feuer und Wasser verbanden sich hier auf dem Boden. Niemand war hier weit und breit zu sehen. Wir schauten ins kleine Feuer, bis es ausgeglüht war. Die Tropfen bedeckten unser Haar. Die längliche Wiese mit den zwei Bächen, die sich hier verbinden, glänzte silbrig-grau und langsam zogen Nebelschleier auf. Wir gingen noch zum Fels und zum Moosberg, die einsam in der Landschaft thronten. Ich blickte auf diese wunderbar geschützte Sumpfwiese zurück, die durch das Versickern und Abzweigen des kleinen Baches entstanden war. Geschützt wurde sie vom Wald auf der einen Seite, die langsam anstieg und vom steileren Berghang auf der anderen Seite. Sie lag mit dem ständigen Wasserglucksen, das überall zu hören war, ideal für einen Ort der Heilung, sie war das Heilzentrum selbst. Muschelförmig sah ich es da liegen. Wundersam eingepasst in die Landschaft, silbrig-weiß glänzend und leicht gewölbt mit feinen runden Säulen im offenen Eingangsbereich, wo sich die Muschel erhebt und öffnet. Viele Fenster und viel Licht, nicht höher als die umliegenden Baumwipfel. Weiter weg die Holzhütten und Iglus und Berghanghäuschen mit abgerundeten Dächern oder Gras- und Strohdächern, vorgezogenen Veranden und kleinen Gärtchen. Idyllische Plätze, die leicht von außen nach innen gleiten, mit Wintergärten, Lauben, die Gemütlichkeit und beschauliche Ruhe ausstrahlen. Mein Auge glitt über die Wiesen und Hügel und sah, was entstehen könnte. Eine Auen – oder Elbenlandschaft?

Ein Dorf wie in alten Zeiten für Heilung und Ausbildung in entsprechenden Bereichen, wie der transpersonalen Klangtherapie, der Lomi Lomi Nui, der Esalen Bodywork und anderen wirklich systemischen und integrativen Heilmethoden, mit Wurzeln aus der ganzen Welt. Ein Dorf mit einer Gemeinschaft, mit einem Klangwald, wo zwischen den Bäumen Glocken und Gongs hängen, leichte Klangspiele und mit steinernen Plätzen für Rituale und Naturfeste: Es würde immer klingen und rauschen hier an besonderen Tagen wie dem Johannistag, Beltane und den Sommer- oder Winter-Sonnwendfeiern. Es könnten Bänke und stille Plätze für Meditation und Kontemplation im Wald und am Bach stehen und einladen. Licht und Schattenspiele des Lichts wären daheim, die durch den Mischwald glänzen, wenn wieder mehr Buchen und Ahorn hier wachsen, die lichtvoll sind, wo meist nur Fichten angepflanzt wurden. Die Waldkultur würde wieder, wie heute von V. Schauberger und der Permakultur erforscht, wie in alten Zeiten revitalisiert sein, indem wir sie natürlich gemischt, also nicht soldatisch monoman aufgeforstet, sondern individuell angepflanzt, in Familien und Gruppen wachsen ließen.
Die Blätter strahlen in den letzten Sonnenstrahlen des heutigen Tages. Wir lieben die Zeit des Sonnenunterganges hier, wo die Vögel und Tiere lebhaft werden, während alles zur Ruhe kommt und die Dunkelheit sich einschleicht. Wir pirschen noch durchs Gestrüpp, die Zweige knacken leise. Bald sind wir auf dem westlichsten Teil angekommen und ein Pfad führt aus dem sternförmigen Landschaftsgebiet mit einem Wasser- und Wiesenzentrum in der Mitte wie das Yin und Yang Zeichen hinaus ins Freie.

Wer führte mich an diesen Platz? Und wer sind die „Auftraggeber“ für eine solche Vision, die wir aus unserer Kraft allein nie erschaffen könnten? Nicht einmal so zu Träumen hätte ich gewagt, wenn es mir nicht *gegeben* worden, *zugefallen* wäre. Und das Vertrauen darauf, dass wir gut geführt sind. Das Vertrauen, aber auch ob wir reinen Geistes sind, sollte noch oft geprüft werden. Die Zeit floss dahin. Wie eine Schwangerschaft vergingen neun Monate, nachdem die Zeugung und die ausgereifte Idee mit sieben Freunden und Weggefährten, die wir fanden – wie im „Herr der Ringe“ – geteilt worden und auf dem Platz besiegelt worden war, an einem strahlend frischen Spätsommertag.

Was wollen wir dort? Nun, natürlich arbeiten mit dem, was wir gelernt haben und es auch jetzt schon tun; für uns und mit anderen zusammen, nur kompromissloser in jeglicher Hinsicht. Es ist eine wahrhafte Friedensarbeit. Frieden im Inneren der Seele, Frieden in unseren Beziehungen, Frieden in der Natur. Dies geschieht durch eine bewusste Transformation und eingeleitete Bewusstseinsdynamik oder Seelenarbeit. Eine Unterstützung der Selbstentwicklung – und Heilung durch Liebe und Versöhnung. –
Und was tun wir *eigentlich*, was ist hinter dem Sichtbaren? – Eines Tages fiel es mir ein, in Assoziation zum Schluss der Ringträgergeschichte von Tolkien. Ich begriff es, als ich sie zum dritten Mal sah, unserem Sohn zuliebe. Symbolisch gesprochen könnte man sagen: „Wir werfen den Ring der Macht weg“, jeder Einzelne. Wir unterstützen diesen Prozess der Selbstfindung, wenn wir bereit sind, diesen langen Weg zu gehen, nicht um die Macht zu ergreifen, sondern „den Ring der Macht“ wegzuwerfen, in die Berge der Schicksalsklüfte zurück. Dann werden wir die *Macht von innen* wahrhaft spüren und erkennen. Wir werden die wahre „Macht von innen“ zurückgewinnen und bereit für sie sein, für die *Transzendenz* aus unserem innersten Kern heraus, in der wir ganz in die Schwingung des Lichts eintauchen. Denn unsere Macht ist nichts anderes als die Macht des „großen Geistes“, Gott.
Wir halten so unser Pendel der Polarität in Balance: Das meint, wir erkennen und nehmen es an, dass zu Mut Demut gehört, zum Herrschen das Dienen, zur Stärke die Schwäche, zur Macht die Ohnmacht, zur Klugheit die Naivität, zum Kampf das Geschehenlassen, zum Tun das Empfangen, zum Sehen das innere Sehen, zum

Hören das Fühlen. Und wir *leben das,* ohne besser oder schlechter sein zu wollen – oder glauben zu sein, als wir sind.

Wir haben beide, Wolfgang und ich, unseren Weg mit diesem geistigen Auftrag verspürt und ernst genommen. Ergänzen wir uns nicht wunderbar und jeder hat seinen eigenen Aufgabenbereich? *Die neue Kraft ist männlich und weiblich geeint.* Nur zusammen geht ein solches Projekt. Nur als Gemeinschaft und Netzwerk, wo es ein Herzstück, einen Kern gibt, aus dem die Idee geboren und gelebt wird, kann so etwas funktionieren. Und sich dann Weggefährten finden, die für dieselbe Sache einstehen und sich begeistern, sie mittragen. So erst entsteht das Licht einer neuen Idee und Vision, die sich in und auf der Erde inkarnieren möchte. Ein Reich der *Mitte,* die uns vereint und leicht macht. Das ist überall und jederzeit, in jeder Form möglich. Wir träumen unseren Traum, sei es in der Wirklichkeit des Traumes oder der scheinbaren Realität. Was ist die stärkere Wirklichkeit? Aber *zusammen*stimmen muss alles, zusammenklingen in wahrer Harmonie, vom Größten bis ins Kleinste, dass es zur rechten Zeit geboren werde.

Die wirklichen Auftraggeber befinden sich in der geistigen Welt, sind indianischer oder polynesischer Herkunft und hohe Wesenheiten, die ihre geistigen Helfer, Engel und Fürsprecher und Vermittler hier haben, eben unsere Begleiter, wie jeder Mensch geistige Begleiter um sich hat und Kontakt zu vielen Ebenen, die wir oft nur in der Traumwelt bereisen, aufnehmen kann. Uns kam einiges ins Bewusstsein und wir machten auch Astralreisen, wo wir Botschaften erhielten. Alles funktioniert nur, wenn ich es freigebe, für mich auch zu-fällig: Es lässt sich nicht programmieren oder mit dem Willen lenken, etwas zu empfangen, sondern es fällt mir zu –, *wenn es an der Zeit ist.* Ich kann mich nur bereit machen, meinen Sender auf Empfang stellen und erlauschen, wann die rechte Zeit gekommen ist. Dann muss ich voll da sein, mich hingeben, egal was meine Vorstellungen und mein Wille vorher wollten. Die Zeit hat ihre eigene Dynamik, in die ich mich als ein kleines Wesen im großen Weltenraum der vielen Wirklichkeiten und Himmelsebenen nur einfinden kann, um mitzuschwingen, möglichst harmonisch in Resonanz zu kommen, sonst falle ich heraus und bin allein.

Wir erinnern uns, wer wir sind, wenn wir auf unsere tiefe Musik im Innersten lauschen, sie allein kennt alles und erklingt in den Liedern aller Zeiten, die du je erlebt hast.

Hast du einmal gelauscht? Setze dich einmal unter einen Baum, ans Wasser, wenn du nach innen lauschst: Lass alles andere sein – und du hörst seine Geschichten und auch deine. Alles spricht. Wie jeder Baum wächst du nur *von innen* nach außen, nie umgekehrt. Er entfaltet sich bis zum letzten Blatt, wenn du ihn lässt, ganz ohne etwas zurück zu behalten. Und er nimmt alles von außen nach innen auf. Sei wie der Baum. Dann sind wir frei. In dieser Haltung *der Liebe* sind wir frei. Wir sind „jenseits von gut und böse" angekommen. Ein Blick in die Zukunft. Möge er uns leiten, anzukommen –, so wie die Sonne *jetzt* aufgeht.

Über die Autoren

Dr. phil. Ruth Kölbl

Geboren am 11.01.1961, BRD, lebt und arbeitet sie inzwischen mit ihrem Mann Wolfgang Kölbl in Österreich, in der Nähe von Graz.
Sie studierte Musik, Philosophie und Pädagogik und promovierte in Philosophie. In dieser Zeit entstanden Schriften & Gedichte zur Beziehung von Mensch und Kunst.
Durch die Begegnung mit Wolfgang Kölbl hat ihr Leben eine völlig andere Richtung genommen, seit 1992 beschäftigt sie sich intensiv mit holistischer Medizin und alten Heiltraditionen und hat sich in vielen Heilweisen aus verschiedenen Kulturen ausbilden lassen.
In langjähriger gemeinsamer Arbeit mit ihrem Mann entstand die Transpersonale Klangtherapie NACH KÖLBL®, die sich zu einer international anerkannten, tiefenwirksamen Bewusstseinsarbeit auf der Basis von Medizin, Musik und interkultureller Philosophie entwickelt hat.
Im Jahre 1997 begann der gemeinsame Aufbau des Gesundheitszentrums Rogner-Bad Blumau, Austria, in dem sie auch therapeutisch tätig ist.

Ihre Ausbildungen in holistischen Disziplinen der Körper- und Bewusstseinsarbeit in Europa, Nord & Südamerika sind vielfältig, es gehören dazu: ESALEN® Massage & Bodywork; Chakra & Energiearbeit; Hawaiianische Tempelmassage LOMI LOMI NUI; Studium der HUNA Philosophie und Medizin; Schamanische Ausbildung in Südamerika & Hawaii; Systemisches Familienstellen nach B. Hellinger; Fortbildung in Musiktherapie; Transpersonale Klang- & Maltherapie.

Im Jahre 2000 ist ihre erste CD zur Transpersonalen Klangtherapie herausgekommen. Sie leitet Seminare und Workshops, hält

Vorträge und gibt Meditative Konzerte im In- und Ausland; die Themen einiger Co-Seminare sind: Klangtherapie & Körperarbeit oder Klangtherapie & Familienstellen.
Seit 2003 ist Ruth Kölbl Begründerin und Leiterin des *Centrums für Transpersonale Klangtherapie & Lomi Lomi Nui Körperarbeit* zusammen mit Dr. med. Wolfgang Kölbl. Sie ist ebenfalls Gründungsmitglied des Vereins zur Förderung *Transpersonaler Körperarbeit Hawaiian Spirit* in Austria. Ein weiteres Aufgabengebiet ist ihre Lehr- und Ausbildungstätigkeit in Transpersonaler Klangtherapie & Lomi Lomi Nui.

Dr. med. Wolfgang Kölbl
Geboren am 2.11.1951, Österreich. Facharzt für Allgemeinmedizin, 12 Jahre Kassenpraxis mit Hausapotheke. Zahlreiche Ausbildungen & Fortbildung in naturheilkundlichen & alternativen Behandlungsmethoden wie Akupunktur & TCM, Bachblüten, Neuraltherapie, Orthomolekular Medizin. Energiemedizin mit bioenergetischen Messmethoden, F. X. Mayr Arzt, Primärtherapie.

Durch eine Burnout-Krankheit und die Begegnung mit Ruth Kölbl 1992: existenzieller Umbruch. Aufgabe der Kassenpraxis. Freie Praxis. Ausbildungen in Reinkarnationstherapie und schamanischen Techniken aus Süd- und Nordamerika, Ayurveda, der Huna-Lehre und der Hawaiianischen Tempelmassage Lomi Lomi Nui.
Langjährige gemeinsame Entwicklung der Transpersonalen Klangtherapie NACH KÖLBL® zu einer international anerkannten klangenergetischen Bewusstseinsarbeit in Verbindung mit Trancetechnik auf der Basis von Medizin, Musik und Philosophie. Entwicklung einer spezifischen Art der Reinkarnationstherapie auf der Basis von Klang.
Seit 1997 Aufbau und Leitung des Gesundheitszentrums für Ganzheitsmedizin im Rogner-Bad Blumau, „Hunderwasser-Therme“, Austria. Spezialgebiet: emotionale Prozessarbeit mit primärtherapeutischen und schamanischen Elementen.

Zahlreiche Seminar- und Vortragstätigkeit im In- und Ausland, Konzerte. Medical-Advise-Committee der ISPA Europe. Wissenschaftliche Leitung „Bio Vital Operator und Manager“ BFI. Mitarbeit in Wellbeing Destination, Best Health Austria, Rogner Academy bei dem Qualitätsgütezeichen für Österreichische Gesundheitsbetriebe. 2003 Mitbegründer & Leitung des Centrums für Transpersonale Klangtherapie & Lomi Lomi Nui Körperarbeit.

Information zur Transpersonalen Klangtherapie NACH KÖLBL®

Wir arbeiten zusammen im Gesundheitszentrum, dem Heilzentrum der Rogner Therme Rogner-Bad Blumau in Austria. Das liegt zwischen Wien und Graz, bei Graz im südöstlichsten Zipfel Österreichs. Wir haben dieses Gesundheitszentrum innerhalb des größten Gesamtkunstwerkes von Friedensreich Hundertwasser, der dieses Spa architektonisch geschaffen hat, als ein ganzheitsmedizinisches interkulturelles Zentrum zusammen gegründet und aufgebaut:
Eine Verbindung von östlicher & westlicher Medizin, die zu ihren Wurzeln *einer Kunst der Heilung* zurückkehrt.
Vor elf Jahren entwickelten wir beide miteinander, als wir uns kennenlernten und unserem gemeinsamem Ruf folgten, die auf alten Wurzeln fußende, ganzheitliche Heilmethode mit Klängen und Obertönen, die Transpersonale Klangtherapie NACH KÖLBL®, eine *synthesis* aus freiem Klang, Ritual und schamanischer Trance-Arbeit. Diese Therapie entfaltete sich zu einer ganz eigenständigen Behandlungsmethode, die sich von anderen Formen der Klangarbeit wie der Klangmassage unterscheidet. Transpersonale Klangtherapie NACH KÖLBL® arbeitet im *transpersonalen Bereich* als eine am Körper ansetzende Bewusstseinsarbeit. Sie wirkt im Feld des *erweiterten Bewusstseins*, ist vergleichbar mit dem für den Schamanismus typischen Zustand der schamanischen Ekstase, wo sich der Mensch im *Sein* als *seiend* erfährt, und das Raum- und Zeitgefühl sich von

selbst aus den Angeln hebt. Das ist ein Zustand tiefster Gelassenheit und zugleich höchster Inspiration und Berührung, wo sich die Seele äußert und die Selbstheilungskräfte um ein vielfaches mehr als im Alltagsbewusstsein angeregt und verstärkt werden. Tief zu den Wurzeln des Selbst unterwegs zu sein, wirkt *selbst erkennend* und zutiefst *heilsam*, also heilend.

Wir bieten im Gesundheitszentrum „Finde dich" im Rogner-Bad Blumau Einzeltherapie auf dem Monochord mit großem Instrumentarium und in der großen Klangpyramide, sowie Klangmeditationen, Seminare, Workshops, Ausbildungen und meditative Konzerte mit Vorträgen an, die sich intern, aber vor allem auch extern europaweit ausgeweitet haben. Eine rege Tätigkeit hat sich um die Transpersonale Klangtherapie herum entfaltet, die seit Beginn ein Highlight im „Hundertwasser Spa" Blumau darstellt.

Kontaktadressen:

Heliankar
Centrum für Transpersonale Klangtherapie NACH KÖLBL®
& Traditionelle Hawaiianische Körperarbeit Lomi Lomi Nui
Gesellschaft für ganzheitliche Heilmethoden
& spirituelle Entwicklung GmbH
Dietersdorf 12, A-8282 Loipersdorf, Austria
Tel /Fax: 0043 (0) 33828855
Email: ruth.koelbl@telering.at

Rogner-Bad Blumau
Gesundheitszentrum
Dr. Wolfgang Kölbl, Dr. Ruth Kölbl
Blumau 100
A-8283 Bad Blumau, Austria
Tel. 0043 (0) 3383 51009700
Email: koelbl@rogner.com
Homepage: www.blumau.com

Ruth & Wolfgang Kölbl

Weltenklang
Die Reise in die andere Dimension
Musik zur Tiefenentspannung und Meditation mit Klangschalen Gongs, Monochord, Koto, Klangpyramide, Perkussion & Stimme.
Ein musikalischer Schöpfungsmythos in 7 Stücken mit Obertonklängen und sanften Rhythmen.
CD 70 min, € 20 ,00

Diese CD kann direkt bezogen werden unter der folgenden Adresse:

Heliankar
Gesellschaft für ganzheitliche Heilmethoden & spirituelle Entwicklung GmbH
Dietersdorf 12, A-8282 Loipersdorf, Austria
Tel /Fax: 0043 (0) 33828855
Email: ruth.koelbl@telering.at

Literaturverzeichnis

Andrews, Lynn: Die Medizinfrau, München 2001
Andrews, Lynn: Die Jaguarfrau, München 1987
Andrews, Lynn: Die Sternenfrau, München 1988
Andrews, Lynn: Die Kristallfrau, München 1999
Andrews, Lynn: Die Macht der Zauberin, München 2002
Andrews, Lynn: Der Flug des siebten Mondes, 1987, 2. Auflage Goldmann
Andrews, Ted: Animal Speak, The Spiritual & Magical Powers of Creatures, St. Paul MN 1997
Becvar, Dr. Wolfgang Larimar. das System der Symbolkräfte von Sirius B, Antasira, Graz 2002
Berendt, E.J.: Das dritte Ohr, Hamburg 1988
Berendt, E.J.: Ich höre, also bin ich, München 1993
Berendt, E.J.: Nada Brahma. Die Welt ist Klang, Frankfurt. a. M. 1983
Bischof, Marco: Biophotonen, das Licht in unseren Zellen
Bolten-Kölbl, R.: Das Pathos des Dionysischen. Philosophie und Musik bei Nietzsche, Diss. Bonn 2001
Borysenko, J.: Feuer in der Seele, Bauer-Verlag, 1995; Ein Wunder täglich, Freiburg 1996
Brennan, B. A.: Licht-Arbeit, München 1998
Brennan, B.A.: Licht- Heilung, München 1998
Castaneda, Carlos: Die Lehren des Don Juan, Fischer Taschenbuch 1457
Castaneda, Carlos: Das Feuer von innen, Frankfurt a. Main 1985
Castaneda, Carlos: Die Kraft der Stille, 1992 Fischer Taschenbuch 1480
Dahlke, R.: Krankheit als Sprache der Seele, München 1992
Dahlke, R.: Krankheit als Symbol, München 1996
Dahlke, R.: Reisen nach Innen, München 1994

Dahlke, R.: Moderne Reinkarnationstherapie – Erfahrungen aus 20 Jahren, Video, 100V, Auditorium Netzwerk, Mühlheim a. R.
Daskalos: Esoterische Lehren, München 1991
Dethlefsen, Th./Dahlke, R.: Krankheit als Weg, München 1982
Dethlefsen, Th.: Schicksal als Chance, 1979
Drewermann, E.: Glauben in Freiheit, München 1993
Drewermann, E.: Grimms Märchen – tiefenpsychologisch gedeutet, Marienkind, Olten 1989, Die kluge Else, Rapunzel, Olten 1991 etc.
Drewermann, E.: Was uns Zukunft gibt, Olten, 1991
Drewermann; E.: Tiefenpsychologie und Exegese (2Bde); München 1993
Dürckheim, K.G.: Vom doppelten Ursprung des Menschen, Weg zur Mitte; Von der Erfahrung der Transzendenz, Freiburg, 1984
Fasching, G.: Kaleidoskop der Wirklichkeiten, Wien 1999
Fereira, P.: Wasser und Salz, München 2001
Förster, H. von: 2 x 2 = grün, CD
Frankel, V.: Seinfrage und Psychotherapie, Video, Auditorium Netzwerk Mühlheim
Grof, St.: Das Mysterium von Tod und Wiedergeburt, Audiokassetten(5), Auditorium Netzwerk, Mühlheim
Hampjes, V.: Die geheimen Schlüssel des Schamanismus, bisher nur in spanisch veröffentlicht Quito (Ecuador), 1995, deut. Ausg. folgt 2002
Harner, Michael: Der Weg des Schamanen, München 1980
Hasselmann Varda, Schmolke Frank: Die Seelenfamilie, München 2001
Hawkins, St.: Eine kleine Geschichte der Zeit
Hellinger, B. /ten Hövel, G.: Anerkennen, was ist, Kempten 1996
Hellinger, B./Prekop, J.: Wenn ihr wüsstet, wie ich euch liebe, München 1998
Hellinger, B./Weber, G. (Hrg.): Zweierlei Glück, Kempten 2000
Hellinger, B.: Ordnungen der Liebe, Frankfurt a.M. 1999
Jung, C.G.: Der Mensch und seine Symbole, Sonderausgabe Walterverlag

Kant, I.: Grundlegung zur Metaphysik der Sitten; Kritik der praktischen Vernunft, Kritik der Urteilskraft, Werkausgabe in 12 Bänden, hg. Von W. Weischedel, Surkamp 197
Khan, H. Inayat: Musik und kosmische Harmonie, Heilbronn 1990
Kenyon, Tom, Essene, Virginia: Die Hathor-Zivilisation, KOHA 2001
King, Serge, Kahili: Der Stadt – Schamane, Freiburg 1991
King, Serge Kahili: Kahuna Healing, Freiburg BRD 2001
Kuhn, T.S.: Die Struktur wissenschaftlicher Revolutionen, Frankfurt a.M. 1962
Markides, K.C.: Der Magus von Strovolos, München 1988; Feuer des Herzens 1991
Mc Lean, Penny: Kontakte mit deinem Schutzgeist, Augsburg 1988
Mc Lean, Penny: Schutzgeister, Triologie, München 1998
Melchizedek, Drunvalo: Die Blume des Lebens, Koha-Verlag 2000
Monroe, R. M.: Der Mann mit den zwei Leben, Interlaken 1981
Neuhauser, J.: Wie Liebe gelingt. Die Paartherapie B. Hellingers, Kempten 2000
Nietzsche, Fr.: Sämtliche Werke, Krit. Studienausgabe hg. Von G. Colli/ M. Montinari in 15 Bänden: Band 5: Jenseits von Gut und Böse; Genealogie der Moral; Band 1. Geburt der Tragödie aus dem Geist der Musik; Über Wahrheit und Lüge im außermoralischen Sinne; Band 7: Nachgelassenen Fragmente (zur Entstehung von Sprache und Musik)
Ohlenschläger, G.: Freie Radikale, Regglin Verlag
Orban, P./Zinnel, I.: Der Tanz der Schatten, München 1986; Astrologie als Therapie, 1986
Pogacnik, M.: Erdsysteme und Christuskraft, München 1998; Wege der Erdheilung, München 1997
Pogacnik, Marko: Die Erde wandelt sich, Knaur 2001
Pogacnik, Marko: Die Tochter der Erde, 2001 AT Verlag, Schweiz

Riedel, M.: Hören auf die Sprache, Frankfurt a. M. 1990
Roberts, J.: Die Natur der persönlichen Realität, (Gespräche mit Seth), Genf 1985
Rorty, R.: der Spiegel der Natur, eine Kritik der Philosophie, Frf. 1981
Ruland, Jeanne: Das große Buch der Engel, Darmstadt 2003
Schopenhauer, A.: Welt als Wille und Vorstellung (2 Bände), Züricherausgabe in 10 Bänden 1974; darin: Metaphysik der Musik
Schulmann, M.: Karmische Astrologie, Neuhausen (Ch) 1993
Simon, J.: Philosophie des Zeichens, Berlin/New York 1989
Stangl, M. L.: Die Welt der Chakren, Düsseldorf 1984
Steiner, Rudolf: Vom Wirken der Engel, Stuttgart 1996
Storm, Hyemeyohsts: Die Weisheit der Medizinräder, München 1997
Swedenborg, Emanuel: Über das leben nach dem Tod, Zürich 1988
Walsch, N.D.: Gespräche mit Gott, Bd. 1-3, München 1997
Wauters, Ambika, Das Engel- Orakel, Kreuzlingen 2000
Wendel, M./York, U.: Maskenball der Seele, München 1993
Wiegel, Suzan H.: Die Botschaft der Kahunas, München 2002
Wiegel, Suzan H.: Kahuna Medizin, München 2001
Ywahoo, Dhyani: Dem Ruf der Erde folgen, Stuttgart 2004

Barbara Marx Hubbard

Vom Ego zur Essenz

In diesem Buch beschreibt Barbara Marx Hubbard einen wirklich praktikablen und nachvollziehbaren Weg, jenen essentiellen Wesenskern in uns hervorzubringen und zu leben, den wir alle in uns wissen und in einzelnen, gesegneten Augenblicken auch schon erfahren haben.

Es geht nicht darum, unser alltägliches Leben hinter uns zu lassen, sondern darum, diese Essenz zu leben – mitten im Leben. Barbara Marx Hubbard zeigt die Schritte auf, die sich auf ihrem persönlichen Weg vom Ego zur Essenz herauskristallisiert und inzwischen auch bei vielen anderen Menschen bewährt haben.

200 Seiten, gebunden

€ 17,40

ISBN3-936862-06-0

Holger Kalweit

Der Stoff aus dem die Seele ist

Meine Suche nach dem Lichtkörper und die Geburt der Plasmapsychologie

Stellen Sie sich auch manchmal die Frage: Wo bin ich, wenn ich tot bin? Wo komme ich her und wo gehe ich hin? Dass irgendetwas übrigbleibt, ist fast jedem klar, aber was genau ist es und was erwartet dieses Ich, die Seele, nach der Trennung vom Körper und auf seiner weiteren Reise? Was ist die Seele, was ist der Geist?
Bei seiner fundierten Suche in den alten Mythen, den Geheimlehren, wie der Alchemie und den Ergebnissen einiger moderner Forscher stieß Holger Kalweit auf eine verblüffende Einheit: Der Stoff, aus dem die Seele ist, die Seelendimension, ist gleichzeitig das „Totenreich" sowie der Ursprung der Welt.
Aus all diesem Wissen, zusammen mit seinen eigenen Erfahrungen und den Erkenntnissen aus der Nah-Tod-Forschung, entwirft Holger Kalweit ein lebendiges Bild dieser Seelen-, gleich Todesdimension. Für einen Augenblick hebt sich der Vorhang und wir erhaschen einen Blick in die andere Dimension, die Heimat unserer Seele – faszinierend, unheimlich und doch so vertraut.
312 Seiten, gebunden € 21,00
ISBN 3-936862-46-X